NATIONAL GEOGRAPHIC

LONDRES

Louise Nicholson

Sumario

Pág. 1: Tower Bridge
Pág. 2-3: vista nocturna de St. Paul's Cathedral y el Embankment
Izquierda: desfile oficial de la caballería real

Cómo utilizar esta guía

Ver la solapa posterior para la simbología y las leyendas de los mapas

National Geographic le ofrece lo mejor de Londres en forma de textos, fotografías y mapas. Dividida en tres secciones, esta guía empieza presentando una visión general de la historia y la cultura. A continuación, hay 13 capítulos con apartados que el autor ha escogido por su interés y que ha tratado con profundidad. Cada capítulo empieza con un sumario del contenido. Un capítulo final le sugiere algunas excursiones en los alrededores de Londres.

Un plano presenta cada zona de la ciudad y marca los lugares más interesantes. Los paseos, con planos propios, sugieren rutas a pie para descubrir lo más interesante de cada zona. Los recuadros ofrecen detalles curiosos sobre la historia, la cultura o la vida contemporánea.

La última sección, «Información práctica», presenta lo esencial para el viajero –preparar el viaje, cómo desplazarse por la ciudad, comunicaciones, asuntos de dinero y qué hacer en caso de urgencias. Además, también encontrará una selección de hoteles y restaurantes organizados por zonas, tiendas y ofertas de ocio.

Por lo que a nosotros respecta, la información que aparece en esta guía era exacta en el momento de imprimirla. No obstante, siempre es recomendable efectuar una llamada previa.

58

Códigos de color

Cada zona de la ciudad está marcada en un color. Encuentre la que desea en el mapa de la solapa anterior y busque el color en la esquina superior derecha de cada capítulo. El apartado **«Información práctica»** también sigue este código de colores.

Museum of London

- Plano pág. 56
- London Wall, EC2
- 020-7600 3699. Información 24 h: 020-7600 0807
- Cerrado lun.
- $$
- Metro: Barbican, St. Paul's, Moorgate o Bank

Información

En las columnas laterales se da información sobre las principales atracciones turísticas (ver la leyenda de los símbolos de la solapa posterior). La referencia indica la página en que aparecen los lugares tratados en el plano o mapa. El resto de detalles incluye la dirección, el teléfono, los días de cierre, el precio de la entrada que oscila entre $ (menos de 4 €) y $$$$$ (más de 25 €) y la parada de metro más cercana. La información de los lugares menos importantes aparece en el texto, entre paréntesis y en cursiva.

INFORMACIÓN PRÁCTICA

Precios de hoteles y restaurantes

En la sección «Hoteles y restaurantes» de la pág. 241 se da una orientación sobre los precios.

PLANOS

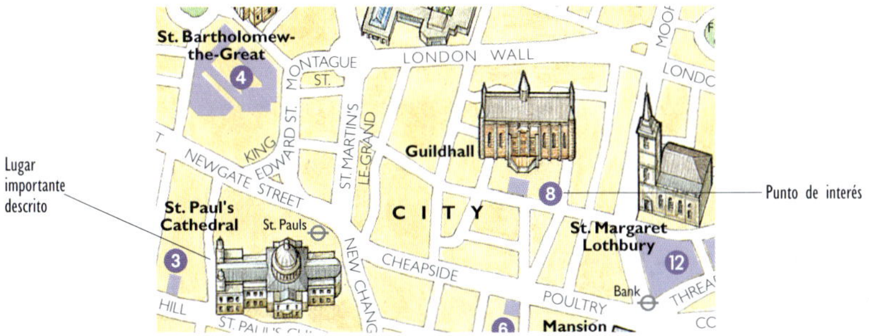

- Cada plano de una zona viene acompañado por un mapa de situación que muestra la ubicación de esa zona en el conjunto de la ciudad.

RUTAS A PIE

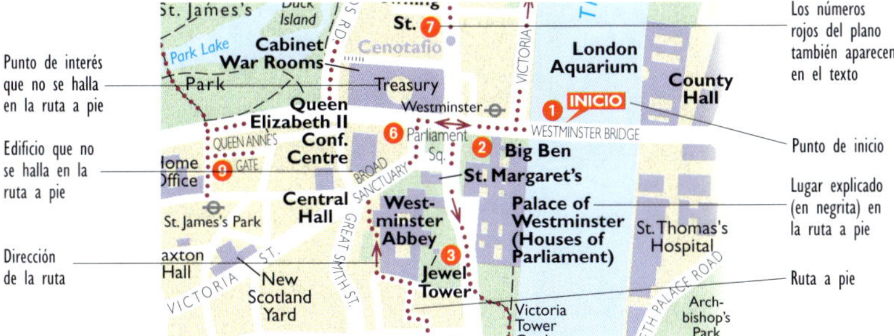

- Un recuadro informativo señala los puntos de inicio y final, el tiempo necesario y la distancia recorrida, así como los puntos de interés que se encuentran de camino.
- Cuando aparecen dos rutas en un mismo plano, la segunda está señalada en color naranja.

MAPAS DE EXCURSIONES

- Las poblaciones y los lugares que se incluyen en el capítulo de «Excursiones» (págs. 219-234) están marcados en amarillo en el mapa. Con un rombo rojo están señalados otros lugares sugeridos.

NATIONAL GEOGRAPHIC

LONDRES

Sobre la autora

Louise Nicholson vive en Londres desde 1976 y sigue pensando que es la ciudad más variada y excitante del mundo, donde siempre queda algo por descubir. Reconocida historiadora del arte, ha realizado trabajos de conservación y ha colaborado en campañas para salvar varios edificios londinenses. En el mercado del arte, ha trabajado en la casa de subastas Christie's. Desde 1985 combina el periodismo con la escritura; ha publicado 25 libros, 8 de ellos sobre Londres. Entre los premios que ha recibido está el de la London Tourist Board por el mejor libro sobre Londres publicado en la década de 1980.

Historia y cultura

Un guardia en Whitehall

Londres actual

LONDRES ESTÁ LLENO DE VITALIDAD Y CAMBIA CONSTANTEMENTE. LA grandeza de algunas ciudades radica en sus impresionantes monumentos históricos, sus centros gubernamentales, culturales o financieros; otras fascinan por su novedad. Londres es único, porque reúne todo esto en un solo lugar. Sin duda, se trata de la ciudad más rica, estimulante y dinámica del mundo.

Siempre hay mucho que hacer, ver, visitar y descubrir. Casi todos los turistas regresan para estar de nuevo en sus lugares favoritos o aprender un poco más de esta ciudad. Y cada vez, Londres es más rico de lo imaginado. Y vuelven otra vez, y otra,... De hecho, la ciudad recibe cada año unos 30 millones de visitantes.

Los cerca de siete millones de londinenses sienten la misma fascinación por su ciudad, aunque más del 30 % ha nacido fuera de Londres. Del resto, muchos pertenecen a la segunda o tercera generación de inmigrantes. ¿De dónde proceden? Algunos han cumplido el sueño de su niñez: trasladarse desde cualquier otra parte de Gran Bretaña a la capital. Otros han llegado de mucho más lejos; tras la segunda guerra mundial decidieron abandonar sus hogares en India, Pakistán o el Caribe. Otros proceden de China, Chipre, Italia, Kenia o Uganda. Por todo ello, Londres es una ciudad verdaderamente cosmopolita en la que se hablan casi 200 lenguas. El inglés predomina, pero podrá oír hablar en chino, gujarati, urdu, punjabi, bengalí, turco, árabe, italiano o español.

Llegar por primera vez a esta ciudad tan vibrante impresiona. En ningún otro lugar se combinan de igual forma cantidad y calidad, por ejemplo en el caso del arte. Mucha gente planea visitar el British Museum o el Victoria & Albert Museum, pero pocos son conscientes de que hay 300 museos más para escoger, sin contar una miríada de galerías de arte que convierten Londres en el centro mundial del negocio artístico. Otro ejemplo es el teatro. El londinense es legendario y, por supuesto, los visitantes quieren asisitir a una representación. Sin embargo, quedan sorprendidos al tener que escoger entre más de cien teatros. Además, algunos de los mejores espectáculos se representan en locales alejados del principal distrito teatral: el West End.

A menudo, los museos y los teatros son edificios soberbios, que encierran una pequeña parte de la historia londinense. De hecho, quizás la calidad de los edificios históricos de Londres no le sorprenda, pero la cantidad (casi 17.000 edificios protegidos) lo hará con seguridad. Por ejemplo, el de Buckingham no es el único palacio real; hay otros seis, entre ellos los de Westminster, Hampton Court y Kensington.

Estos palacios se reparten por todo Londres; así, el Hampton Court Palace, en el oeste, está a unos 29 km de Greenwich Palace, en el este. Incluso en el centro, el Big Ben está a unos 4 km, o a 20 minutos en metro, de St. Paul's Cathedral.

Hacerse una idea general de esta inmensa ciudad es un reto para cualquiera. El corazón de Londres se extiende por la orilla septentrional del río Támesis, la columna vertebral de la ciudad. La parte más antigua, la City (ciudad), es un abarrotado centro financiero, cuyos pulcros edificios, que se alzan alrededor de la cúpula de St. Paul y de otro centenar de iglesias, son el destino del millón de trajeados ciudadanos que, de lunes a viernes, viajan a Londres en tren o en coche.

Otros trabajadores cruzan la capital en metro (*tube* o tubo) o se apiñan, en las horas punta, en los autobuses rojos de dos pisos.

Fuera de la muralla este de la City, a orillas del río, se alzan la Tower of London y el Tower Bridge. Detrás, se extiende el East End, donde la historia de los inmigrantes y trabajadores portuarios se refleja en las calles de Whitechapel y Spitalfields: elegantes mansiones de hugonotes franceses tejedores de seda, sinagogas judías, comerciantes del mercado de Petticoat Lane gritando en cockney,

Entre los siete regimientos de guardias se escogen a los que protegen simbólicamente a la reina y los palacios reales.

EIIR

Algunos artistas callejeros actúan en el exterior de la iglesia de St. Paul, en el Covent Garden, una plaza peatonal llena de cafés, tiendas y museos.

y calles que huelen a especias, donde se han instalado muchos bengalíes. También está aquí la mayor concentración europea de artistas, diseñadores y músicos, que han convertido antiguos almacenes en estudios. Al este de la Tower of London, los 18 km de muelles que quedaron sin actividad cuando el puerto se trasladó a Tilbury han recobrado ya su vitalidad. Conocida como Docklands, la zona tiene su propia línea ferroviaria (Docklands Light Railway), edificios innovadores y grandes instalaciones deportivas. Desde esta zona es fácil llegar a dos puntos interesantes de la orilla sur: el antiguo Greenwich Palace y su pueblecito, y la península de Greenwich, que se revitalizó con la Millennium Dome (Cúpula del Milenio).

Muy cerca de la muralla norte de la City, están Clerkenwell, con sus ruinas monásticas, e Islington, una zona de elegantes mansiones, cada vez más teatros alternativos y gran cantidad de restaurantes.

Al oeste de la City se halla Westminster, el centro político y de la realeza. Al norte del Westminster Bridge, se alzan las Houses of Parliament, la Westminster Abbey y Whitehall, la sede del gobierno. Los palacios de Buckingham y St. James's están cerca, rodeados por St. James's Park y Green Park. Aquí nació el Londres residencial, que ha conservado su carácter. En St. James's y Mayfair hay algunas de las tiendas con más estilo, galerías de arte, restaurantes, así como clubes de caballeros, las casas de subastas Christie's y Sotheby's y hoteles de lujo como el Ritz. Más al oeste, Londres se convierte en los elegantes distritos comerciales y residenciales de Belgravia, Knightsbridge y Chelsea. Seguidamente, se encuentran Kensington,

Los Yeoman Warders (*Beefeaters*) de la Tower of London aún visten al estilo Tudor.

Holland Park y South Kensington, el emplazamiento de los museos de la ciencia, de historia natural y del Victoria & Albert. Fíjese en las fachadas de los edificios, a menudo con puertas decoradas, frisos de terracota o placas azules, que indican que algún famoso vivió allí. Más al oeste, se alzan antiguas mansiones aristocráticas, que ahora se diluyen en los distritos de las afueras: Osterley, Syon House, Kew Palace y sus jardines, y, finalmente, el Hampton Court Palace.

La zona entre la City y Westminster tiene pesonalidad propia. En la orilla norte del Támesis, las antiguas avenidas y plazas de Holborn, Bloomsbury, Covent Garden y el Soho, acogen los teatros del West End y muchos museos y restaurantes. En cambio, en la orilla sur del Támesis, se hallan una serie de lugares para visitar, desde la Tower of London hasta los puentes de Westminster, que incluyen, entre otros, el Royal National Theatre y la Tate Modern.

Los tribunales londinenses se extienden por Holborn, desde Gray's Inn hasta Inner y Middle Temple, en la orilla del río. Las frondosas plazas de Bloomsbury acogen el British Museum, gran parte de la University of London y varios museos especializados que llegan hasta Covent Garden: una zona de teatros, restaurantes, tiendas y calles con ofertas de ocio. Al oeste de Covent Garden está Trafalgar Square, donde la National Gallery tiene vistas a las fuentes y palomas de Whitehall y St. James's. A pocos minutos al norte de Trafalgar Square, Leicester Square, punto clave de la vida nocturna, señala el inicio del Soho. Su zona sur la constituye Chinatown y, al norte, una mezcla de bares, restaurantes y tiendas de comida europea. La avenida Shaftesbury, repleta de teatros, se extiende desde el Soho hasta

Piccadilly Circus. Regent Street, con sus tiendas elegantes, serpentea hacia el norte, cruza el este de Mayfair y llega a Regent's Park. Más allá, encontrará las zonas residenciales de St. John's Wood, la colina de Hampstead y Highgate.

Londres cuenta con una variada oferta gastronómica; podrá comprobarlo en sus casi 6.000 restaurantes. Los aproximadamente 5.000 pubs y bares, muchos en viejos edificios o en elegantes locales cerca del río, también sirven comida, y en algunos hay música en vivo o se utilizan como teatros.

Si para usted relajarse equivale a ir de compras, visite Oxford Street, la calle comercial más larga de Europa, o Harrods, en Knightsbridge, tan grande que en su interior hay 19 restaurantes. Los 344 mercadillos incluyen las tiendas de antigüedades de Portobello Road y sus puestos ambulantes. Si prefiere pasear por un parque, disfrute de los 112 km² de parques londinenses. Si, en cambio, desea escuchar música, podrá deleitarse con la dulce melodía de más de mil conciertos semanales, celebrados en auditorios, escuelas de música, iglesias y museos.

A pesar de tanta oferta, es posible que los visitantes de Londres se sientan tan agobiados por la gran cantidad de turistas que sean incapaces de captar la esencia de la capital británica. En estos casos, lo mejor es pasar por alto las paradas en Madame Tussaud o la Tower of London, e ir en autobús o metro hasta alguna de las zonas con mayor colorido de la ciudad. Pruebe con el Soho o Islington, o pasee por la orilla sur del Támesis, desde Westminster hasta el Tower Bridge.

LA CREACIÓN DE LONDRES

El serpenteante Támesis, el río más largo de Gran Bretaña, fue durante siglos la columna vertebral de la ciudad. El Londres romano creció en su orilla septentrional, junto con su bullicioso puerto. Posteriormente, en la época de los Tudor, el río, con las abundantes idas y venidas de barcos mercantes y de guerra, otorgaría a la ciudad poder internacional. Londres se enriqueció y se convirtió en la capital de lo que sería un gran imperio. Mil años después de la llegada de los romanos, Eduardo el Confesor construyó su nuevo palacio y monasterio a la orilla del río, en el oeste, en las marismas de Westminster, y así nació la segunda ciudad de Londres. Guillermo el Conquistador consolidó el papel de Westminster como capital real, política y religiosa, mientras que soberanos posteriores iniciaron la construcción de una serie de palacios a orillas del Támesis, desde Hampton Court hasta Greenwich.

Londres creció con rapidez. Hacia 1700 contaba con 575.000 habitantes que la convertían en la mayor ciudad de Europa. Pronto albergó a una décima parte de la población de Inglaterra. La City se expandió por el oeste, el norte y, en el siglo XIX, por el sur, gracias a nuevos puentes, y por el este, alrededor de los muelles. Hacia 1830 su población alcanzó el millón de habitantes.

En la actualidad, a pesar de haber trasladado el puerto a Tilbury, el río sigue siendo un factor clave del desarrollo londinense. La revitalización de los muelles ha supuesto la mayor renovación urbana de Europa. Además, a los edificios históricos a orillas del río, como la Tower of London o las Houses of Parliament (Parlamento), se han unido otros nuevos, incluido el Embankment Place y la mayor cúpula del mundo, en la península de Greenwich.

PARQUES

Los londinenses que quieren hacer una escapada los fines de semana no necesitan salir de la ciudad, donde hay unos 1.700 parques. Van desde el amurallado Chelsea Physic Garden (ver pág. 169) y los minúsculos patios de las iglesias de la City (ver pág. 58) hasta el enorme Richmond Park (ver pág. 178) y los pulcros Royal Botanic Gardens (ver pág. 180). De hecho, más de una décima parte de Londres está dedicada a zonas verdes.

Los reyes fueron los primeros que protegieron los grandes espacios al aire libre como zonas de caza. Los ávidos constructores de la época tuvieron que conformarse con los alrededores de estas propiedades reales. Hoy, estos cotos de caza se han convertido en magníficos parques reales (ver pág. 89). Hyde Park, que antes se consideraba el centro elegante de Londres, a pesar de estar en el West London, ofrece magníficas vistas y un gran número de actividades. El ambiente

infantil del vecino Kensington Park, con el telón de fondo de su palacio, es bastante distinto. Regent's Park conserva la grandeza de una aristocrática finca de campo. En St. James's Park, cerca del Buckingham Palace, tienen lugar pomposas celebraciones , y en el cercano Green Park podrá encontrar tranquilidad y relajarse a la sombra de los árboles. En el Londres más occidental, Richmond, el mayor parque real, tiene unas vistas maravillosas desde sus colinas, mientras que el Bushy Park, con su enorme avenida de castaños y sus ciervos, comparte historia con el Hampton Court Palace. Al este, Greenwich Park se aleja de la lujosa Queen's House y ofrece la mejor panorámica de Londres.

Otras zonas verdes londinenses han evolucionado de formas distintas. Hampstead Heath (ver pág. 142) fue una zona de pastoreo. Battersea Park y Victoria Park, inaugurados en 1858 y 1846 respectivamente, se crea-

Trafalgar Square, con el almirante Nelson en la cima de su columna, es uno de los lugares más visitados por los turistas.

ron para mejorar la infraestructura del área. El suelo de la City of London Corporation incluye el Highgate Wood, que permanece abierto al público en beneficio de los habitantes de la City. En los cementerios y patios de las iglesias se puede encontrar también paz y tranquilidad. St. Dunstan-in-the-East (ver pág. 64) tiene un jardín secreto en el interior de una iglesia en ruinas con una magia especial. Los jardines en el interior de cada manzana, una peculiaridad londinense, han permitido crear un gran número de verdes oasis en medio del ajetreo de la ciudad.

FAUNA Y NATURALEZA

Londres es un santuario natural, con cuya riqueza y diversidad no puede rivalizar ninguna otra capital. Las abejas londinenses

producen una miel excelente y las 200 especies de escarabajos de Richmond Park lo han convertido en un lugar de especial interés científico.

Londres estaba rodeado por frondosos bosques, que se talaron en beneficio de la agricultura. Entre sus remanentes están los bosquecillos de Highgate Woods y Holland Park, y algunos de los antiguos robles de Richmond Park. A medida que Londres crecía, los parques reales adquirieron una importancia mayor debido a su fauna salvaje. En el siglo XVIII, la Ilustración y los movimientos de la época despertaron el interés de la población por la naturaleza. Fue entonces cuando se crearon los Royal Botanic Gardens de Kew (ver pág. 180).

En el siglo XIX, los victorianos sustituyeron muchos de los tilos, olmos y castaños tradicionales por plátanos, que pueden crecer en una atmósfera contaminada. También controlaron sus parques introduciendo

Los londinenses se relajan, toman picnics y juegan en St. James's Park, una de las muchas zonas verdes de Londres.

robles de hoja perenne, doradas hayas, falsas acacias, madroños y árboles del cielo.

Hay otras zonas de Londres en auténtico estado salvaje, cementerios abandonados habitados por erizos, comadrejas, ranas y zorros. Algunos pájaros como los colirrojos reales, los cernícalos y las garzas están regresando a Londres, para unirse a las palomas, los gorriones y las gaviotas.

Hay tres rincones de Londres que vale la pena destacar. En St. James's Park los sauces llorones, las higueras y los plátanos bordean las orillas del lago cerca de Duck Island. Los plátanos de Berkeley Square se plantaron en 1780. En el Queen Mary's Rose Garden del Regent's Park, diseñado en 1938, las rosas, las azaleas, los iris y los lirios crean un paraíso que le transportará muy lejos de la ciudad. ■

Historia de Londres

EL PUEBLO ES QUIEN HA MODELADO, A LO LARGO DE LOS SIGLOS, EL Londres actual. Algunos dejaron una herencia tangible: los romanos, su templo de Mithras; Samuel Pepys, su diario, y William Hogarth, sus dibujos de la vida cotidiana en el siglo XVIII. Algunos héroes tienen estatuas, como sir Winston Churchill en Parliament Square. Otros londinenses son famosos, como sir Christopher Wren o el Dr. Johnson. Algunos merecerían ser más conocidos, como Joseph Bazalgette, que transformó Londres en el siglo XIX. Sin embargo, los principales protagonistas son los gobernantes de las dos ciudades de la capital. En la City debemos citar a Thomas Gresham, fundador del Royal Exchange, y en la ciudad política y real de Westminster podemos nombrar desde Eduardo el Confesor hasta Margaret Thatcher. Hoy, Londres es la creación de todos los que han formado parte de sus 2.000 años de historia.

EL LONDRES ROMANO

Probablemente Londres nació en 54 a.C., cuando Julio César y los ejércitos romanos atacaron a los habitantes de dos colinas junto al Támesis, donde el río se podía vadear fácilmente. Pero César regresó a la Galia. Con el emperador Claudio, en 43 d.C., los romanos volvieron y fundaron el puerto de Londinium en el mismo lugar. Construyeron el primer London Bridge, que unía sus puertos en la costa sudeste (Kent) con Camulodunum (Colchester), la capital de su provincia británica.

Tras una rebelión encabezada por la reina de los icenios, Boadicea, que quemaron la ciudad en 61 d.C., los romanos convirtieron Londinium en su capital. Una muralla protegía a sus habitantes, entre 30.000 y 60.000. Lo edificios públicos incluían baños, templos, jardines, una basílica y un foro. En 410, en pleno declive de Roma, las tropas romanas abandonaron Londres.

SAJONES Y VIKINGOS

Al marcharse los romanos, la población de Londres disminuyó. Sin embargo, su localización estratégica aseguraba la continuación del comercio y su riqueza atraía a los invasores. En los tres siglos siguientes, los anglos y los sajones del noroeste de Alemania establecieron gradualmente pequeños reinos en Inglaterra: Kent, Mercia, Wessex, entre otros. En 604, el rey Adalberto de Kent (560-616) construyó una pequeña iglesia de madera en Ludgate Hill para Mellitus, el obispo de Londres, aunque la sede del primado de Inglaterra estaría en Canterbury. La iglesia estaba dedicada a san Pablo y, tras varias reconstrucciones, sería reemplazada por la obra maestra de Wren.

Pero Londres tenía otros pretendientes, Desde finales del siglo VIII, grandes barcos vikingos zarpaban de Noruega, Suecia y Dinamarca para construir aislados monasterios y, más tarde, pueblos en la costa de Kent. En 842 y 851, los vikingos daneses tomaron Londres, y en el año 872 establecieron allí su sede. Fue Alfredo (871-899), el rey cristiano de la región de Wessex, quien recuperó la ciudad en 886 y firmó la paz con los daneses. Aunque Winchester era la capital real, Alfredo convirtió Lundenwic en el centro del poder y trasladó un antiguo asentamiento sajón al Strand, donde los barcos grandes podían amarrar fácilmente, en el interior de las murallas. Reparó las murallas y fortaleció el comercio, al tiempo que controló la moneda y creó un código legal, un sistema de impuestos y el servicio militar. También promocionó la enseñanza, tradujo textos de la lengua vernácula y fundó monasterios. Cuando los daneses regresaron en 980, el país era capaz de defenderse, aunque fuera necesario comprar la paz con las pesadas monedas *danegeld*.

El último pago en danegeld se entregó al danés Canuto (1016-1035). En vez de Winchester, Canuto eligió Londres como

En la Tower of London se guarda la corona de san Eduardo, que se utiliza en la ceremonia de coronación de los soberanos.

capital, trajo prosperidad al país y apoyó a la Iglesia. Londres se convirtió en el corazón de Inglaterra, famosa por su paz, sus leyes y sus adecuados impuestos.

LONDRES MEDIEVAL

Westminster se convirtió en la sede de la monarquía y, por otro lado, los mercaderes de la City ejercían un poder cada vez mayor sobre la ciudad y sus reyes.

Cuando Eduardo el Confesor (1042-1066) temió peregrinar a Roma por miedo a un golpe de Estado en su ausencia, el papa León le permitió reconstruir la modesta abadía de Westminster. Así, empezó uno de los proyectos arquitectónicos más importantes de Londres: el monasterio, la iglesia de la abadía y el palacio real de Westminster. Pero fue el primo de Eduardo, Guillermo (1066-1087), duque de Normandía, quien convirtió Westminster en la sede del poder real y estatal. Invadió Inglaterra en 1066 y venció al sucesor de Eduardo, Harold, en la batalla de Hastings. Un gobierno normando sustituyó al anglosajón y, para controlar a los mercaderes de la City, Guillermo construyó la Tower of London.

El *Domesday Book*, el gran informe sobre los impuestos realizado por Guillermo, reflejaba una sociedad organizada que florecería bajo los normandos y los Plantagenet. Entre 1077 y 1136 se construyeron 13 monasterios y 126 iglesias dentro y fuera de las murallas de Londres, incluidos la iglesia y el hospital de St. Bartholomew. En Westminster, Enrique III (1216-1272) empezó, en 1245, la reconstrucción gótica de la abadía.

En la City, los mercaderes lograron la autonomía en 1191. Poco después, Henry FitzAilwin se convirtió en su primer lord mayor o alcalde y Ricardo I (1189-1199) cedió a los mercaderes de la City el lucrativo control del comercio en el Támesis a cambio de que financiaran sus cruzadas. En 1215, el rey Juan sin Tierra (1199-1216) selló la Carta Magna, que limitaba su poder. Hacia 1295, según el modelo parlamentario de Eduardo I (1272-1307), se gobernaba por consentimiento, no por ley.

Los siglos siguientes estuvieron marcados por la epidemia de la Peste Negra (1348-1350), en la que murió la mitad de la población; la revuelta campesina que Ricardo II (1377-1399) sofocó en Smithfield; y la guerra de las Dos Rosas (1455-1485) por la sucesión al trono. Como nota positiva, en 1477, William Caxton imprimió el primer libro de Inglaterra en Westminster.

LONDRES EN LA ÉPOCA TUDOR

Cuando Enrique VII (1485-1509) subió al trono e inició la dinastía Tudor (1485-1603), la prosperidad y el estatus de Londres aumentaron; dejó atrás el mundo medieval para entrar en el Renacimiento y en la escena internacional.

La Inglaterra marcada por la guerra se recobró bajo gobiernos fuertes y la ciudad más beneficiada fue Londres. El comercio se expansionó. Los muelles llenaron las orillas del río. En 1566, Thomas Gresham construyó el Royal Exchange para que los financieros y los mercaderes londinenses pudieran competir con Antwerp. La población de Londres pasó de 75.000 a 200.000 habitantes, siendo la ciudad que experimentó un crecimiento más rápido de Europa, e igualó en tamaño a París y Milán.

El comercio floreció cuando los mercaderes ampliaron sus rutas comerciales: a Asia en busca de seda y especias, y a América para el tabaco y el azúcar. En Deptford y Woolwich se construyeron los barcos que en 1588 se impusieron a la Armada Invencible de Felipe II y que permitieron a Francis Drake, Walter Raleigh y John Hawkins, entre otros, explorar nuevas rutas comerciales y asentar los cimientos del Imperio británico.

La Iglesia, sin embargo, vivía una época turbulenta. Enrique VIII (1509-1547), al no tener un heredero varón, quiso obtener el permiso papal para divorciarse de Catalina de Aragón. Al no conseguirlo, el rey rompió las relaciones con Roma y se convertió en el jefe supremo de la iglesia anglicana. Promovió las ideas protestantes, tradujo la Biblia al inglés y disolvió los monasterios (1536-1540). Se cerraron unos 800 centros religiosos, 20 en los alrededores de Londres. La atmósfera de la capital sufrió una gran alteración cuando el poder secular sustituyó a la influencia religiosa.

A Enrique le sucedieron su hijo, el joven Eduardo VI (1547-1553), y sus hijas María I

Mapa de Londres del *Civitates Orbis Terrarum*, c. 1580, donde se ve el London Bridge y la Tower of London.

(1553-1558) e Isabel I (1558-1603). Ésta última dio nombre a un periodo: el Renacimiento isabelino. Ésta fue la época de los primeros teatros construidos por encargo (en los que se representaban las obras de Shakespeare), de los mecenas del arte, de una corte lujosa y de una ostentosa City.

LOS ESTUARDO Y LA REVOLUCIÓN

Los londinenses acogieron a Jacobo VI de Escocia como su Jacobo I de Inglaterra (1603-1625) con ocho arcos del triunfo. Pero el reinado de los Estuardo (1603-1714, exceptuando la República entre 1649-1660) no consiguió unir a católicos y protestantes.

El Parlamento se volvió contra estos extravagantes monarcas y los protestantes se marcharon al Nuevo Mundo. Los papistas amenazaron de muerte al rey, los conspiradores católicos intentaron hacer desaparecer a la familia real y al parlamento en 1605. Finalmente, después de que Carlos I (1625-1649) fuera ejecutado por traición, Oliver Cromwell y sus seguidores puritanos formaron el protectorado (1653-1659).

Este Londres puritano no duró mucho. Tras la muerte de Cromwell, la monarquía fue restaurada y Carlos II (1660-1685) subió al trono. Este hecho marcó el inicio de la Restauración, una época repleta de figuras clave, como el dramaturgo John Dryden, el compositor Henry Purcell, el científico Isaac Newton, el pintor William Hogarth y el arquitecto Christopher Wren. Los intentos del parlamento para restringir el poder real no tuvieron mucho éxito.

Cuando el sucesor de Carlos el Católico, Jacobo II (1685-1688), huyó a Francia, la incruenta Revolución inglesa fue testigo de la

invitación del Parlamento al príncipe holandés Guillermo de Orange (1689-1702) y su esposa María (1689-1694), ambos protestantes, a ocupar el trono. Firmaron la Declaración de derechos (Bill of Rights, 1689), que definía y limitaba el poder del monarca y mantenía a los católicos apartados del trono. Durante esta época, evolucionaron elementos modernos de gobierno, tales como los partidos políticos, el consejo de ministros y la limitación del plazo parlamentario. Posteriormente, bajo el reinado de la reina Ana (1702-1714), Escocia e Inglaterra firmaron el Acta de unión (1707).

Mientras, la población había sufrido la Gran Plaga de 1665, en la que fallecieron unos 110.000 ciudadanos. En 1666 tuvo lugar el Gran Incendio de Londres, que duró cuatro días y quemó las cuatro quintas partes de la City, construida en madera. Posteriormente al Gran Incendio, las clases altas se trasladaron hacia el oeste. La catedral

La catedral de St. Paul en llamas durante el Gran Incendio de 1666, según una obra de Lieve Verschuier (1630-1686).

de St. Paul, de Wren, y otras iglesias confirieron un nuevo carácter a la City. Un *boom* financiero estimulado por el nuevo Bank of England (1694) de William Paterson generó las nuevas ideas financieras que darían lugar al Stock Exchange, el Baltic Exchange y el Lloyd's.

EL LONDRES GEORGIANO

Cuando la reina Ana falleció sin heredero directo, la corona fue a parar a manos del bisnieto de Jacobo I, Jorge, Elector de Hanover y de lengua alemana. Así, empezó la dinastía Hanover, que continua en la actualidad y que en 1917 tomó el nombre de Windsor.

Bajo el reinado de los Jorges –Jorge I (1714-1727), Jorge II (1727-1760), Jorge III (1760-1820) y Jorge IV (príncipe regente,

1811-1820, y rey, 1820-1830)–, Londres prosperó como nunca. El comercio y las artes florecieron, la población se duplicó y alcanzó el millón de habitantes. Londres se convirtió en la mayor ciudad europea.

Esta enorme metrópolis necesitaba nueva viviendas. Los más acomodados se trasladaron al oeste –primero hacia la corte,

La Carlton House del príncipe regente (actualmente demolida) reflejaba su idea de la reurbanización de Londres.

en St. James's, y posteriormente más allá de los campos de Bloomsbury– y hacia el norte hasta Islington, Hampstead y Highgate. Inspirados por la plaza de Covent Garden, diseñada por Inigo Jones en 1631, y el lucrativo desarrollo de St. James's Square de Henry Jermyn, de la década de 1660, los constructores llenaron las aristocráticas fincas londinenses de terrazas y plazas, y crearon Mayfair, Marylebone y, un poco más tarde, Belgravia, la extensa propiedad que pertenecía a la familia Grosvenor. Londres también se expandió hacia el sur: Westminster Bridge se inauguró en 1750. En el norte, entre 1811 y 1828, el extravagante príncipe regente y su arquitecto, John Nash, diseñaron Regent Street, Regent's Park y Regent's Canal.

También se construyeron grandes mansiones privadas, como Apsley House, Kenwood, Syon y Osterley, donde el arquitecto escocés Robert Adam introdujo el neoclasicismo. De hecho, el clasicismo y la curiosidad intelectuales fueron claves para la Ilustración del siglo XVIII. En Londres, se reflejó en el diccionario del Dr. Johnson (1755), el teatro clásico de David Garrick, la villa palladiana de lord Burlington en Chiswick y la creación de sociedades culturales y artísticas, como la Royal Society of Arts (1754) y la Royal Academy (1768).

La riqueza de Londres residía en el comercio. La Revolución industrial y la expansión del Imperio hicieron de Londres el mayor puerto del mundo en 1800: hasta 8.000 barcos podían navegar por el Támesis al mismo tiempo. Para acelerar la descarga de las mercancias, los comerciantes construyeron almacenes en un complejo de unos 20 km de largo terminado en 1921.

EL LONDRES VICTORIANO

En 1837 la joven Victoria ascendió al trono. Reinó 63 años y dio nombre a una época de cambios, crecimiento y contrastes, sobre todo en Londres, el centro de un imperio que se extendía por el mundo. El colonialismo se convirtió en imperialismo y en 1877 Victoria fue proclamada emperatriz de la India.

Durante el siglo XIX, la población de Londres pasó de uno a más de seis millones de habitantes. A pesar de su riqueza, suponían un gran reto los problemas de transporte, abastecimiento de agua y alcantarillado.

Como Londres era demasiado amplia para cruzarla a pie y muy extensa para recorrerla en los barcos del Támesis, en 1829 se inauguró el primer servicio de transporte público. Los autobuses tirados por caballos de George Shillibeer podían transportar a 22 pasajeros desde Paddington hasta Islington, y hacia la City. Posteriormente, se fundó la London General Omnibus Company, en 1856. Los tranvías eléctricos se inauguraron en 1901 y los autobuses con motor en 1905.

La St. Pancras Station y el Grand Midland Hotel, de sir George Gilbert Scott, pintados por John O'Connor, son todavía lugares de interés.

El primer tren de Londres se inauguró en 1836. Dos años más tarde se terminó la estación de Euston y hacia 1899 había una docena más, que facilitaban el acceso a la capital. Desde 1851, la North London Link traía a los trabajadores de los pueblos de las afueras de Londres hasta los muelles. La necesidad de establecer horarios precisos conllevó la crea-

Los bombardeos de la segunda guerra mundial trajeron el caos a todo Londres, sobre todo a la City y a los Docklands.

ción del *British Standard Time* (Horario Estándard Británico) en 1884. El primer tren subterráneo del mundo se inauguró en 1863, y las primeras líneas del metro, conocido como el *tube* (tubo), en 1890.

Mucha gente llegaba del campo o de otros países. Tras la hambruna irlandesa de la patata, entre 1845 y 1848, 100.000 irlandeses se hacinaron en casas de alquiler, sin agua corriente ni sistemas de alcantarillado, que muy pronto se convirtieron en descuidados suburbios. Posteriormente, en la década de 1880, llegaron más de 100.000 judíos huyendo de las persecuciones de Rusia y la Europa del este. Muchos se instalaron en Whitechapel, en el East End.

Londres había estado superpoblado desde la década de 1830 y sus infraestructuras estaban colapsadas: más de 400 alcantarillas desembocaban en el Támesis. El tifus, la viruela y el cólera abundaban, y la esperanza de vida para un obrero era de 22 años. Tras la epidemia de cólera de 1848-1849, el ingeniero Joseph Bazalgette diseñó el primer sistema de alcantarillado. Entre 1864 y 1874 creó los Embankments robando tierra al Támesis para construir un colector, una línea de metro, conductos de gas y agua, con una carretera y unos jardines públicos en la superfície.

Mientras tanto, los filántropos adoptaron un papel predominante. Entre ellos, el séptimo conde de Shaftesbury luchó por introducir mejoras en las fábricas y en las viviendas para los pobres. El médico misionero Dr. Thomas John Barnardo fundó su primer hogar para niños huérfanos en 1867. El predicador evangelista William Booth fundó, en 1878, el Ejército de Salvación.

El príncipe Alberto, consorte de la reina Victoria, llevó a cabo un plan para promover la cultura y el comercio. El 1 de mayo de 1851 se inauguró la Exposición Universal en un gran edificio de cristal, en Hyde Park. Más tarde, Alberto se propuso crear un escaparate permanente de la ciencia y las artes en South Kensington. Empezando en 1855 por el Victoria & Albert Museum, fundó una serie de museos, colegios e instituciones que pronto cubrieron un área conocida como Albertopolis.

Pero los londinenses también necesitaban diversión. En la década de 1890 había 38 teatros en el West End y la ciudad se había convertido en la capital mundial del teatro. En el East End, Marie Lloyd fue una de las estrellas que cantó en más de 30 escenarios musicales, con una capacidad de hasta 1.400 espectadores. Al mismo tiempo, se homenajearon con estatuas a múltiples héroes del Imperio, la ciencia y las artes. La más destacada es la del almirante Nelson en Trafalgar Square.

EL LONDRES DEL SIGLO XX

Bajo el reinado de Eduardo VII (1901-1910) la grandeza victoriana adquirió cierta decadencia. Jorge V (1910-1936) vio como su capital sufría bombardeos, desempleo y superpoblación con la llegada de un gran número de inmigrantes. Jorge VI (1936-

1952) fue testigo de las bombas de la segunda guerra mundial en el Blitz, de la llegada de los refugiados polacos, la disolución del Imperio y, en 1948, de la creación de la Commonwealth. Desde1952 su hija, Isabel II, ha reinado sobre un Londres genuinamente multicultural, cuyo aspecto cosmopolita permite que sus innovaciones culturales influyan al resto del mundo.

Durante el siglo XX, Londres vivió muchos cambios. Todo empezó cuando Aston Webb trazó un recorrido para los desfiles reales, que iba desde Buckingham Palace, a lo largo del Mall, hasta Admiralty Arch. Tras la segunda guerra mundial, algunos lugares bombardeados como el Barbican, se llenaron de altos edificios. Por otro lado, los especuladores derribaron la mayoría de las mansiones de Mayfair. Esto promovió un movimiento conservacionista, cuyos defensores lucharon por salvar Covent Garden, Islington y otras áreas.

Cuando el puerto de Londres se trasladó a Tilbury, los muelles empezaron a cerrar. Entonces, en 1981, se inició un gran programa de remodelación urbanística. El «Big Bang» de 1986 llevó a la City a reconstruir la mitad de sus espacios de oficinas y, al año siguiente, Fleet Street dejó de ser el el centro periodístico londinense.

La población de Londres también había cambiado. Cuando Londres alcanzó los 10 millones en los años 1930, había pocas viviendas, mucha contaminación y un millón de personas trabajando en los muelles. Los refugiados políticos llegaban a miles: los judíos al East End y zonas septentrionales como Golders Green, Edgware y Stamford Hill; los chipriotas turcos se instalaban en Haringey y Stoke Newington, y los italianos en Clerkenwell. Tras la segunda guerra mundial, más de un millón de londinenses se mudaron a los verdes distritos de las afueras, mientras las casas se dividían a menudo para acoger a los miles de inmigrantes provenientes de la Commonwealth.

Londres fue testigo de la primera emisión radiofónica en 1922, del derecho al voto de las mujeres de más de 21 años en 1928, del primer programa de televisión en 1936, y, en 1951, del Festival de Gran Bretaña. Se celebró en la orilla sur del Támesis para levantar la moral a los londinenses tras la posguerra y marcó el inicio de un nuevo flujo de energía creativa. Hoy, la orilla sur es uno de los mayores complejos artísticos de Europa.

Llegó la década de 1960, con grandes innovaciones en la música, el arte, la arquitectura y la moda. Terence Conran, Andrew Lloyd Webber, Norman Foster, Vivienne Westwood y muchos otros demostraron la gran categoría de Londres. La ciudad volvía a ser un lugar interesante para vivir y trabajar, con una gran oferta lúdica y cultural.

Moda al estilo Beatle para los jóvenes de la década de 1960 en la Carnaby Street del West End.

EL MILENIO

La carrera hacia el nuevo milenio tuvo un interés particular. El primer tren Eurostar cruzó el Canal de la Mancha en 1994. La transformación de los Docklands (muelles) revitalizó el Londres ribereño, tanto con edificios públicos como la Tate Modern en el Bankside, como con los almacenes convertidos en viviendas. Otros proyectos fueron el Millennium Dome, la Great Court del British Museum, la Wellcome Wing para el Science Museum y el Milenium Bridge, cerca de St. Paul's Cathedral. ■

El arte

LONDRES NO DESTACA POR SU COHESIÓN CULTURAL, SINO POR SU diversidad. Tiene todo lo que desea ver, sólo se trata de encontrarlo. Son mil años de arquitectura, que se remonta al gótico, a estatuas romanas y a música y teatro de todo tipo. Si busca una buena fortaleza diríjase a la Tower of London, el mejor ejemplo de la arquitectura medieval británica. Si desea ver pintura barroca, no se pierda Banqueting Hall, donde sir Peter Paul Rubens pintó su enorme techo. Si desea ver las innovaciones urbanísticas más actuales, recorra los muelles con el Docklands Light Railway o pasee por la orilla sur del Támesis. Los museos, las galerías de arte, las iglesias y los edificios pueden ser abrumadoramente ricos. Si el Victoria & Albert Museum le parece demasiado grande para visitarlo, diríjase a las Courtauld Galleries o la Whitechapel Art Gallery, menos extensas. También puede ver palacios privados como Osterley House o casas-museo como la del escritor Thomas Carlyle.

El arte es inevitable: las galerías y las casas de subastas muestran el arte actual; los parques y las calles londinenses están llenos de esculturas, y tanto las casas privadas como los edificios públicos pueden estar decorados con un delicado trabajo en hierro o frisos de terracota, sólo tiene que levantar la vista para contemplarlos.

En cuanto al estilo de vida, en Londres es de una variedad impresionante. En agosto, los italianos de Clerkenwell celebran una fiesta en honor a la virgen María. La comunidad caribeña de Brixton organiza su propio mercado, mientras que los saris de seda, los vendedores de especias, la música de películas de Bombay y los restaurantes de Southall le transportarán a un mundo de ensueño subcontinental. El diseño moderno internacional, con sus cafés, restaurantes y su gente preocupada por estar siempre a la moda, se puede hallar en Knightsbridge y en zonas no tan céntricas como Islington.

ARQUITECTURA

En Londres hay ejemplos soberbios de prácticamente todos los tipos de arquitectura británica. La historia de Westminster incluye grandes edificios públicos como la Westminster Abbey, los palacios y parques reales, las mansiones aristocráticas y sus lugares de recreo. En la misma City encontrará una rica mezcla de restos de antiguas sedes de gremios, oficinas y mercados que culminan en Broadgate y otros proyectos más recientes.

Ruinas prenormandas

Las pruebas de la ocupación normanda del área de Londres se remontan a 500.000 a.C., pero los restos prenormandos más destacados son romanos. Se han localizado el foro, la basílica, el anfiteatro, el palacio del gobernador y las termas. El Museum of London exhibe algunos mosaicos y pinturas murales de Southwark. En la City, quedan algunos fragmentos de la gruesa muralla romana, en Trinity Square y Tower Hill.

Iglesias y castillos normandos

Las casas de los mercaderes y artesanos normandos y sajones de Londres eran de madera, de escasa duración. Justo antes de la conquista normanda, el rey sajón Eduardo el Confesor construyó la Westminster Abbey (consagrada en 1065). El románico se conoce en Gran Bretaña como estilo normando.

Guillermo I construyó varios castillos cerca de la capital, incluido el de Windsor. Su White Tower (1078-1097), el núcleo de la Tower of London, es un ejemplo importante de la arquitectura militar normanda. Construida con piedra de Caen, tiene gruesos muros y su planta cuadrada. Las cúpulas de las torres se añadieron en el siglo XIV.

En Londres, la mejor iglesia normanda que se conserva es St. Bartholomew-the-Great, construida en 1123 como parte del priorato y el hospital. Otra obra maestra de

El musical *Cats* de Andrew Lloyd Webber, representado durante más de veinte años.

la arquitectura eclesiástica normanda es St. John's Chapel, en la White Tower; minúscula, sencilla y con dos grandes arcos.

La arquitectura medieval

Las murallas medievales de Londres, con torres y siete entradas dobles, todavía se identifican por los nombres de las calles: Aldersgate, Aldgate y Bishopsgate. Rodeaban una ciudad formada por endebles casas de madera, sedes gremiales y unas 140 iglesias.

La circular Temple Church, empezada en 1160 y ampliada en 1220, es uno de los primeros edificios góticos, con los arcos apuntados y los posteriores pilares de la cancillería, los capiteles y las ventanas ojivales.

Entre los edificios seculares medievales que han llegado a nuestros días se encuentran el laberinto de Inner y Middle Temples datados en 1350 y Lincoln's Inn, de 1400. El Westminster Hall de Ricardo II, con su espectacular techo de vigas, se empezó en

Desde el aire, se pueden ver los meandros del Támesis y sus diversos puentes, desde Westminster hasta la City.

1394. Los mercaderes de la City construyeron la Guildhall (1411-1440). El arzobispo Morton levantó la casa del guarda de su Lambeth Palace, de ladrillo rojo, hacia 1495.

El edificio religioso medieval más impresionante, de los 20 que hay en Londres, era la Westminster Abbey, la abadía real de san Pedro. En 1245, Enrique III la demolió y construyó una iglesia gótica. Al norte de la City había cuatro edificios religiosos: St. Bartholomew's Priory, Charterhouse Monastery, St. John of Jerusalem's Priory y Clerkenwell Nunnery. La puerta de entrada a St. John evoca su grandeza.

Edificios de estilo Tudor

Algunos de los grandes edificios de Londres se construyeron para expresar la importancia creciente de la ciudad durante el reinado de la dinastía Tudor, desde 1485 a 1603. Enrique VII añadió, entre 1503 y 1512, una altísima capilla a la abadía de Westminster. La bóveda en forma de abanico y las grandes ventanas típicas de este período le dieron un aire de elevada espiritualidad. Un raro edificio que ha sobrevivido es el patio del lavadero de la Charterhouse Priory; construido en 1500-1535 ofrece un gran contraste.

Un gran catalizador de este crecimiento fue la Disolución de los Monasterios de Enrique VIII (1536-1540), que dejó gran cantidad de tierra disponible para los miembros de la realeza, la aristocracia y los constructores. Mientras los monarcas se concentraban en sus parques y palacios, los aristócratas y los obispos levantaron edificios a lo largo del Strand, la zona ribereña entre la City y Westminster. Sólo se recuerdan estos edificios en los nombres de algunas calles: Bridewell, Savoy o Northumberland.

El Old Hall de Lincoln's Inn, construido en 1492 como sala de reunión de los abogados que se alojaban allí, nos da una idea del aspecto de Londres en la época Tudor. También está Staple Inn, construida en 1586, un grupo de casas particulares del siglo XVI. Las filas horizontales de ventanas, los altos gabletes y los pisos superiores que sobresalen son típicos de la época, aunque también se construían casas de ladrillo con chimenea y ventanas de cristal.

Los Tudor se dieron cuenta de la importancia de demostrar su poder. Así, Enrique VII inició la construcción de edificios civiles con el Richmond Palace y el Baynard's Castle en Blackfriars, ambos terminados en 1501. Cuando Enrique VIII subió al trono en 1509, heredó estos lugares, además de la Tower of London, Eltham Palace y otros edificios: un total de 16 residencias a un día de distancia cabalgando desde la capital.

Enrique VIII construyó en Greenwich pistas de tenis, una palestra y una gran armería real. Con la caída del cardenal Wolsey, embargó Whitehall Palace y construyó lugares de recreo y una serie de Apartamentos de estado junto al río, pintando los ladrillos de color rojo, blanco y negro. En el enorme Hampton Court Palace de Wolsey construyó una gran sala, una capilla, cocinas y habitaciones para los empleados. También se apropió del antiguo hospital de leprosos de St. James's. Es en estos dos últimos edificios donde hoy en día se puede apreciar mejor el estilo Tudor.

La sobrepoblación conllevó la masiva ocupación de las casas, poca higiene, más incendios, pobreza e incremento de las epidemias. Una orden real de 1580 prohibió la construcción de casas nuevas y la subdivisión de las ya existentes.

En la City la riqueza abundaba, aunque casi no queda ningún edificio Tudor que lo demuestre. El poder estaba en manos de los gremios y de los oficiales del alcalde en Guildhall. Los miembros de los gremios vestían una ropa especial llamada *livery*; de ahí el nombre de Liverymen; los gremios se conocían como *livery companies.* Eran los que controlaban la City. Dick Whittington, un mercero fallecido en 1423 fue en tres ocasiones alcalde de Londres.

El Londres estuardo y georgiano

Inigo Jones dio al Londres de los estuardos sus primeros edificios palladianos: Queen's House en Greenwich (1616), Banqueting House en Whitehall (1619), Queen's Chapel en St. James's Palace (1623-1627), St. Paul's Covent Garden (1631-1638) y la Covent Garden Piazza (1631).

El Gran Incendio de 1666 propició más cambios. En 1667 se aprobó la primera Acta de Construcción: todas las paredes estructurales debían ser de ladrillo o piedra, y los únicos salientes permitidos eran los balcones. También había normas sobre los cimientos, la madera cerca de las chimeneas, la altura de las casas y la amplitud de las calles. El objetivo era establecer unas normas de construcción y seguridad, y planificar la ciudad. Como resultado, a medida que Londres se expandía se construyeron plazas y manzanas de casas sobre los campos, creando el clásico aspecto del Londres residencial georgiano.

En arquitectura, el personaje más importante después del incendio fue sir Christopher Wren. Reconstruyó la catedral de St. Paul, empezando en 1675, proyectó 51 iglesias para que la rodearan, y trabajó para la realeza en los palacios de Kensington y

Enormes columnas normandas rodean el coro de St. Bartholomew-the-Great.

Hampton Court, así como en los hospitales de Chelsea y Greenwich.

En el siglo XVIII, la Ilustración atrajo a gran cantidad de magníficos arquitectos clásicos a Londres. La Christ Church de Nicholas Hawksmoor, terminada en 1714, y St. Martin-in-the-Fields de James Gibbs, finalizada en 1721, fueron dos de las muchas iglesias nuevas.

Los impresionantes edificios públicos incluían la Treasury (1733) de William Kent, la Somerset House (1776) de William Chambers y el British Museum (1823) de Robert Smirke.

Por otro lado, la Chiswick House de 1725, de lord Burlington, y la remodelación que hizo Robert Adam de las mansiones de Syon, Osterley y Kenwood en la década de 1760 confirieron una ligereza y una elegancia nuevas a los edificios clásicos. Por último, el príncipe regente encargó a John Nash Regent Street y Regent's Park, ambos envueltos en un blanco y brillante estuco y creados entre 1816 y 1828.

Arquitectura victoriana y eduardiana

A medida que el Londres de la reina Victoria se convertía en la enorme capital de un imperio, hubo cambios significativos. En arquitectura, el clasicismo se vio desafiado por un renacimiento del gótico y el regreso al estilo típico de ladrillo rojo inspirado por Christopher Wren.

Los constructores del siglo XIX siguieron la línea de los creadores georgianos, caracterizada por las plazas ajardinadas. Belgravia, de Thomas Cubbit, cerca de Buckingham Palace, fue el mayor proyecto de la época. Otros logros fueron las fincas de Cadogan y Ladbroke, así como las plazas de Islington. El Bedford Park, empezado en 1875, y el

Hampstead Garden Suburb, en 1906, renovaron el concepto de zona residencial.

Proliferaron los edificios públicos con fines educativos, entre ellos la National Gallery (1832) de William Wilkins, y los invernaderos de Kew. Los edificios de South Kensington, estimulados por la Exposición Universal de 1851, incluían el Natural History Museum de Alfred Waterhouse y la Royal Geographical Society de Norman Shaw, ambos de 1873, además del Victoria & Albert Museum de sir Aston Webb, de 1899. Otros edificios públicos fueron hoteles como el Ritz de Arthur Davies y mercados como el de Smithfield, construido en 1866. Westminster cambió radicalmente. Las Houses of Parliament sufrieron un desastroso incendio en 1834; A. W. N. Pugin y Charles Barry las reconstruyeron en un elaborado estilo neogótico victoriano.

El gran crecimiento de Londres comportó la necesidad de nuevas infraestructuras. El trabajo de ingeniería de Joseph Bazalgette en los terraplenes del río incluía un conducto de drenaje, mientras que las Royal Courts of Justice de G. E. Street, terminadas en 1882, supusieron la centralización del sistema legal. Nuevos sistemas de comunicación implicaban nuevos tipos de edificios. Sir George Gilbert Scott proyectó la estación ferroviaria gótica de St. Pancras y el hotel adyacente entre 1868 y 1874. La amplia Shaftesbury Avenue fue una de las nuevas calles que absorbían el creciente volumen de tráfico rodado.

El Londres del siglo XX

La población actual de Londres es más o menos la misma de 1900, cuando, con unos 7 millones de habitantes, era la ciudad más poblada del mundo (Nueva York tenía 4 millones de habitantes y París 2,7).

En las décadas de 1920 y 1930, la aglomeración, la contaminación y la suciedad provocaron el éxodo de la clase media hacia los distritos de las afueras, acelerado tras la segunda guerra mundial. Estas zonas ajardinadas se consideraban la solución para huir de las enfermedades de la vida urbana. Pero, la población y las fronteras de la ciudad siguieron extendiéndose y, en los años 1930, alcanzó los 10 millones de habitantes.

En el centro de Londres, el Penguin Pool (1934), proyectado por Bethold Lubetkin para el zoo de Londres, introdujo las ideas modernas continentales. Los británicos proyectaron edificios como las monumentales centrales eléctricas de Battersea y Bankside (1929-1935) de sir Giles Gilbert Scott, así como el Waterloo Bridge (1939), la Sun House (1931) de Maxwell Fry y el edificio del *Dayly Express* (1932) de Owen William.

Tras la segunda guerra mundial, la construcción se concentró en la necesaria creación de viviendas. Un ejemplo fue el enorme Barbican Estate de la City, comenzado en 1959. En el sector público, Robert Matthew levantó el Royal Festival Hall para el Festival de la Gran Bretaña de 1951, y marcó el inicio del South Bank Arts Complex.

Aunque Londres contaba con muchos teatros interesantes, desde el Theatre Royal de John Nash o el Haymarket (1831) hasta el Palace Theatre de Thomas Collcutt (1890), muchos más se añadieron durante el siglo XX. Entre ellos, el Savoy (1929), el Royal National Theatre (1967-1977) de sir Denys Lasdun y la nueva versión del Globe Theatre, inaugurado en 1997 (en los dos últimos se pueden visitar los camerinos).

En la década de 1960, los planes para destruir el mercado de Covent Garden, St. John's Wood y otras zonas, estimularon el movimiento conservacionista y el deseo de un cambio de estilo. Los edificios de Frederick Gibberd, James Stirling, Richard Rogers, Terry Farrell y Nicholas Grimshaw supusieron un soplo de aire fresco. Además, en la década de 1980 empezó la revitalización de los Docklands, el «Big Bang» económico promovió la reconstrucción de la City y la ribera del río revivió. Empezó a construirse el mayor de los 30 edificios proyectados para el milenio, la Partnership's Millennium Experience de Richard Rogers, en la península de Greenwich.

PLACAS Y ESTATUAS

Miles de héroes y villanos británicos llenan las calles y plazas londinenses con sus esta-

Iniciado en 1514, Hampton Court combina la arquitectura Tudor con las estancias reales clásicas de Wren (1690).

Caricatura de William Hogarth (siglo XVIII) sobre las elecciones políticas anteriores al voto secreto (Sir John Soane's Museum).

tuas o tienen dedicadas placas conmemorativas en fachadas o incluso en fuentes.

Algunos monumentos son importantes, como la estatua de Nelson, sobre una altísima columna situada en Trafalgar Square, llamada así en honor a su gran batalla. Otros son bastante modestos, como el de John Nash, el arquitecto de la gran renovación del centro de Londres, que tiene un busto en la columnata de All Souls Church, en Langham Place, proyectada por él mismo. Otros tienen varios monumentos: los logros del príncipe Alberto le son reconocidos a través del Albert Memorial de los Kensington Gardens, de la estatua ecuestre de Charles Bacon en Holborn Circus y en la fachada del Victoria & Albert Museum, entre otros lugares. Pero es el duque de Wellington, que no fue ni rey ni príncipe sino uno de los generales más importantes, quien tiene tres estatuas ecuestres: en la St. Paul's Cathedral, enfrente del Royal Exchange y frente a Apsley House.

GRANDES MUSEOS

Londres tiene más de 300 museos y salas de exposiciones, grandes y pequeños, generales y especializados. Algunos están construidos para las obras que deben albergar; otros son casas de coleccionistas, pero todos existen gracias a gente extraordinaria.

El British Museum, la primera colección pública nacional, es un ejemplo. Cuando sir Hans Sloane murió en 1753, dejó al país su gran biblioteca y su colección de fósiles, monedas, minerales y demás objetos, a cambio de 20.000 libras para sus hijas. El museo abrió en Montague House en 1759 y se trasladó al edificio de Robert Smirke en 1838.

La National Gallery, fundada en 1824, nació gracias a la donación de 38 pinturas del financiero John Julius Angerstein. Otras colecciones nacionales son la National Portrait Gallery, el National Maritime Museum, el Science Museum y el Victoria & Albert Museum, que contiene la colección nacional de artes decorativas. La Tate Gallery se divide en dos secciones: la Tate Britain, que exhibe el arte británico en Millbank y la Tate Modern, que expone arte moderno internacional en la remodelada central eléctrica de Bankside.

Otras colecciones privadas son la Dulwich Picture Gallery, inaugurada en 1814 como la primera galería de arte pública del país; la Iveagh Bequest, en Kenwood House, y la Suffolk Art Collection, en Ranger's House. En las casas-museo aún se percibe más la personalidad del coleccionista, ya sea en Ham House, Osterley Park, Apsley House, la Wallace Collection o en el Sir John Soanes's Museum, más íntimo, y en Leighton House. Los palacios también desempeñan este papel, sobre todo Kensington y Hampton Court.

Finalmente, se hallan las colecciones temáticas, como la Percival David Foundation of Chinese Art, el Design Museum, el Museum of London, que cuenta la historia de la capital, y el nuevo Museum in Docklands.

LOS ARTISTAS EN LONDRES

Desde artistas de fama mundial hasta otros menos conocidos, todos han ido dejando su huella desde el siglo XVI.

Hans Holbein pintó retratos de los nobles, mientras Wenceslaus Hollar, de Praga, trabajó para el conde de Arundel y dibujó las imágenes más detalladas del Londres del siglo XVII. Posteriormente, el mecenazgo alcanzó su punto culminante bajo el reinado de Carlos I. Empleó a sir Anthony Van Dyck durante nueve prolíficos años y también encargó a sir Peter Paul Rubens que pintara el techo de la Banqueting House. Thomas Rowlandson y William Hogarth caricaturizaron la cara vulgar de la ciudad. Por el contrario, Canaletto, Claude Monet, Joseph Mallord, William Turner, James Whistler y André Derain elogiaron al Támesis.

En los palacios de Hampton Court y de Buckingham, al igual que en algunos museos y galerías de arte, se exhiben pinturas de artistas que trabajaron en Londres.

El Museum of London contiene 20.000 pinturas, grabados y dibujos. Entre ellos destacan una tela impresionante de un artista holandés que muestra el Gran Incendio de 1666 y una pintura de Abraham Hondius del Támesis helado (1677). Roderigo Stoop muestra la procesión de la coronación de Carlos II, mientras que Henry Moore reflejó el impacto de la segunda guerra mundial en los londinenses.

Holbein el Joven llegó a Londres en 1526 y entró al servicio de Enrique VIII. En el Bridewell Palace de Fleet Street, pintó el destacado retrato *Los Embajadores*, que se encuentra en la National Gallery (ver pág. 101). Allí mismo se pueden ver obras de Van Dyck, sir Peter Lely, que llegaron en la década de 1640, y Thomas Gainsborough, que visitó Londres por primera vez en 1740. Justo al lado, la National Portrait Gallery contiene gran parte de las personalidades que fueron pintadas en su ciudad natal. Algunos ejemplos son Samuel Pepys según John Hayl y el director teatral sir Peter Hall, pintado por Tom Phillips. El Imperial War Museum cuenta con una rica colección de pintura del siglo XX de artistas como Paul Nash, Stanley Spencer, William Roberts, Edward Ardizzone, Richard Eurich y David Bomberg. Entre los museos más pequeños, el de sir John Soane reúne la colección de Hogarth y Kenwood House acoge pinturas de sir Joshua Reynolds, que residió en Londres desde la década de 1740.

Algunas casas de artistas londinenses han sobrevivido como museo. El desenfreno de lord Leighton se muestra en Holland Park, y la abarrotada casa de Linley Sambourne se conserva en Kensington. La casa de campo de Hogarth se oculta entre una ruidosa glorieta y la elegante Chiswick House.

La Tate Britain exhibe muchas obras de artistas londinenses. La Tate's Clore Gallery alberga las obras de Turner, que nació en Londres, mientras que los principales edificios de la Tate pueden exhibir en cualquier momento obras como *La inauguración del puente de Waterloo*, de John Constable; *Piccadilly Circus*, de Charles Ginner; y obras de R. B. Kitaj, Peter Blake, Howard Hodgkin y artistas más jóvenes como Rachel Whiteread, Damien Hirst y Fiona Rae.

En Londres viven artistas de todo el mundo; se estima que en el West End residen unos 10.000. Howard Hodgkin, Lucian Freud, Richard Hamilton, Gilbert & George, y Maggie Hambling se encuentran entre la generación de artistas más veteranos que vive en Londres. El Turner Prize, que se entrega anualmente, es el galardón más pres-

Alberto, el príncipe consorte, está sentado en el Albert Memorial de sir George Gilbert Scott en Hyde Park, con vistas al complejo museístico de South Kensington.

tigioso del arte contemporáneo y marca las tendencias artísticas. Hodgkin fue uno de los primeros en obtenerlo; Damien Hirst (famoso por sus animales conservados en formol) y Rachel Whiteread (que representa los espacios interiores como una materia densa) también lo han ganado. El vencedor de 1998, Chris Ofili, marcó el regreso a la pintura representativa. También debemos citar a Gillian Wearting, Garry Hulme y Jenny Saville, que sabe reflejar la textura del cuerpo humano como nadie desde Rubens.

Para conocer los nuevos movimientos artísticos, visite las muestras en la Whitechapel Art Gallery (ver pág. 199), que también contiene información sobre el Whitechapel Open, cuando centenares de artistas del East End abren sus estudios al público. Cerca de aquí, las nuevas galerías comerciales del edificio Truman's Brewery, en Brick Lane, y otras de Hoxton Square muestran las últimas tendencias del arte. En el West End, las exposiciones en la Photographers Gallery y en Anthony d'Offay son interesantes. Otras están incluidas en la London Galleries Guide (que se obtiene gratuitamente en la mayoría de galerías de arte). La Serpentine Gallery, en Kensington Gardens, es algo totalmente innovador en el conservador Kensington.

EL LONDRES LITERARIO

A lo largo de 2.000 años de historia, londinenses y visitantes han documentado la vida de la ciudad en diarios, crónicas, poesías y obras de ficción. La descripción más antigua es del historiador romano Tácito, que narra la venganza de Boadicea. De épocas posteriores hay detalladas descripciones de la ciudad, incluida una del Londres isabelino redactada por John Stow en su obra *A Survey of London* (1598).

Por otro lado, el primer poema en inglés sobre Londres, *To the City of London* (*c.* 1501), antaño atribuido al escocés William Dumbar, empieza con «*London, thou art of towns A per se*» y termina con el elogio «*London, thou art the flower of cities all*».

Han sobrevivido algunos diarios de los siglos XVII y XVIII. Samuel Pepys (1660-1669) describió sobre todo detalles de su vida diaria, sus viajes en barco desde la City hasta Whitehall Palace, su música, sus visitas a la iglesia... El diario refleja vívidamente la restauración de los Estuardo y es especialmente interesante su descripción del Gran Incendio de 1666. Igualmente, el diario de John Evelyn, de 1640 a 1706, describe tanto el nuevo Kensington Palace de Guillermo y María, como la llegada de una ballena a Greenwich o el funeral de Cromwell «el funeral más alegre que he visto». El escocés James Boswell escribió su *London Journal* en 1762-1763, donde expresa su decepción por «la vergonzosa escena» del Parlamento, se enorgullece de su amistad con el empresario teatral David Garrick y, al igual que Pepys, no es nada discreto con su vida amorosa.

Muchos londinenses del siglo XIX escribieron un diario, desde el escolar John

Thomas Pocock hasta la reina Victoria, o visitantes como los franceses Gustave Doré, Blanchard Jerrold y Nathaniel Hawthorne. La vida londinense se refleja en las grandes novelas victorianas. *La feria de las vanidades*, de Thackeray, describe la sociedad londinense durante el período de la Regencia, cuando Knightsbridge estaba prácticamente en el campo y Belgravia no existía. En cambio, las novelas de Charles Dickens muestran la miseria y la dureza de la vida. En *Esbozos por Boz*, las barriadas de St. Giles se describen como «casas ruinosas con ventanas rotas cubiertas por trapos y papel... Suciedad por todas partes, una alcantarilla delante de las casas y un canal de drenaje detrás».

Para imaginar la variedad de estilos de vida en el Londres del siglo XX haría falta sumergirnos, por ejemplo, en el diario de Beatrice Webb, la autobiografía de Bertrand Russell y los diarios de Arnold Bennett y George Orwell, la autobiografía de Laurie Lee, las cartas de Raymond Chandler, los escritos de Winston Churchill, los poemas de John Betjeman y las novelas de Martin Amis.

Sin embargo, es la brillante descripción de la ciudad de William Wordsworth, en su soneto *Upon Westminster*, escrito en 1802 después de cruzar Westminster Bridge en la diligencia del alba, el texto que mejor muestra el romanticismo londinense. La poesía empieza «La Tierra no tiene nada más bonito que mostrar; ...La ciudad lleva ahora, como un vestido/La belleza de la mañana; silenciosa, desnuda, /Barcos, torres, cúpulas, teatros y templos reposan/...Todos ellos brillantes y resplandecientes en el aire sin humo».

Pocos autores contemporáneos pueden igualar la gran calidad de la prosa que se ha escrito sobre Londres a lo largo de los siglos. Esto explica por qué gran parte de ella todavía se publica. Martin Amis es una excepción, vista en sus novelas *Dinero* y *Campos de Londres*, al igual que Michael Moorcock, cuyos muchos libros incluyen *Mother London*. Peter Ackroyd escribe tanto biografías (la de Dickens, por ejemplo) como novelas que transcurren en un Londres medio contemporáneo y medio histórico. Su *La sombra de Hawksmoor* transcurre en Spitalfields, mientras que *The House of Doctor Dee* trata sobre un alquimista isabelino. Pero quizás es Iain Sinclair quien mejor retrata el ambiente del Londres actual, situando muchos de sus libros en la City y los Docklands. Sus novelas incluyen *Lud Heat*, sobre el fundador de Londres. *Lights Out for Territory* es su colección de recorridos por las zonas poco conocidas de la capital. De los diarios modernos, los apuntes de Alan Clark del Parlamento y de sir Roy Strong sobre el arte y la sociedad son buenas lecturas.

Durante nueve años, Samuel Pepys, un ingeniero naval (1633-1703) lo anotó todo en su diario: su vida amorosa, las intrigas de la corte y los detalles de su negocio naviero.

LOS ESPECTÁCULOS

En la actualidad se celebran cientos de conciertos semanales en Londres. También hay óperas, obras de teatro, musicales y ballet en teatros, jardines, iglesias... de hecho en todo tipo de lugares.

Londres siempre ha contado con una oferta lúdica abundante e innovadora, los visitantes quedan asombrados por la gran cantidad de obras y espectáculos a los que pueden asistir. En 1599, Thomas Platter, un visitante de Basle, destacó que «cada día a las dos del mediodía se representan dos y a veces hasta tres obras en distintos escenarios, con lo que el pueblo se junta alegremente y el que lo hace mejor se lleva más público».

El escenario isabelino fue, en su primera época, una mezcla de las tradicionales obras seculares que se representaban en los patios de las posadas, con danza, canto y luchas de osos y toros. Los puritanos de la City prohi-

Una acuarela del Globe Theatre original, en Southwark.

bieron el teatro en 1574. Dos años más tarde, James Burbage construyó el primer teatro permanente de Londres en Shoreditch City. En 1587 el Rose fue el primero de los cuatro teatros de Southwark, que pronto se convirtió en el centro de espectáculos de la ciudad. Aquí Burbage inauguró el Globe en 1599. Más de 2.000 espectadores se agolpaban en los teatros de madera con gradas, para contemplar obras de Shakespeare, Ben Jonson y Thomas Dekker, aunque estos auditorios al aire libre dependían del buen tiempo. Por otro lado, en las Navidades de 1603 se representaron para Jacobo I más de 30 obras en el Great Hall del Hampton Court Palace.

Con la restauración de Carlos II, el teatro volvió a la ciudad. Las representaciones eran cotidianas en Whitehall Palace. El rey concedía el permiso para producir obras a Thomas Killigrew, que inauguró el Theatre Royal (1663) en Drury Lane y a William D'Avenant, cuyo teatro en Lincoln's Inn Fields tuvo la primera embocadura e instalaciones para colocar y cambiar los escenarios durante la representación.

A lo largo del siglo XVIII sólo hubo dos teatros y compañías autorizadas en toda la City: Drury Lane y la Opera House en Covent Garden; el resto eran ilegales. El teatro de Londres fue perseguido más tarde, cuando las sátiras de Henry Fielding en el antiguo Royal Theatre de Haymarket provocaron que lord Chamberlain introdujera la censura en 1737, que duró hasta 1968.

A pesar de la estricta censura, el teatro y las diversiones florecieron. David Garrick fue el empresario teatral que revitalizó el teatro clásico y que trató a Shakespeare con un respeto renovado. Exigió que los actores se aprendieran sus papeles, mejoró la producción y cambió el comportamiento del público, ya que hasta entonces la gente se paseaba por el escenario para hablar con algún amigo durante la representación. Los programas cambiaban cada la noche. La obra más importante empezaba a las 18.00 y le seguía una «obra posterior» que solía ser una pantomima, una farsa o una ópera bufa. En 1728, la primera representación de la *Ópera del mendigo* de John Gay significó el inicio de la ópera inglesa. Mientras tanto, el Londres del siglo XVIII se llenó de actividades musicales. Se inauguraron salas de conciertos y teatros para acoger la creciente demanda de conciertos, óperas y bailes de máscaras: Mozart actuó en las Hanover Square Rooms, J. S. Bach y Haydn dirigieron sus propias composiciones, y Händel compuso óperas, conciertos y música de cámara.

A partir de la década de 1840, Londres fue testigo de un *boom* del teatro, las variedades y todo tipo de espectáculos. Las variedades nacieron de representaciones populares en tabernas, como la antigua Canterbury de Westminster, el primer teatro de variedades de Londres. Hacia finales de siglo, se construyeron enormes salas: el Coliseum, inaugurado en 1904, tenía un escenario

Pág. siguiente: la Shaftesbury Avenue es el centro teatral del West End.

LYRIC
APOLLO
APOLLO THEATRE
AIN'T MISBEHAVIN'
"PURE GENIUS"
PETER BOWLES
LISA HARROW
IN PRAISE OF LOVE
RACHEL WEISZ
NOEL COWARD
SEAN MATHIAS
LYRIC THEATRE
TODAY
A great way to behave

capaz de albergar una carrera de cuadrigas, con un aforo de 2.558 personas y que sigue siendo el mayor de Londres. Estos teatros de variedades atrajeron a una audiencia nueva: el visitante de clase media. La calidad aumentó, de forma que Sarah Bernhardt actuó en el Coliseum y sir Thomas Beecham dirigió *Tannhäuser* en el Palladium.

El «Proms», un programa de conciertos de seis semanas que se celebra en el Royal Albert Hall, sigue ofreciendo cada verano música a precios asequibles.

En el teatro, el poder lo detentaban los grandes empresarios: Herbert Beerbohm Tree construyó Her Majesty's Theatre y representó *Sueño de una noche de verano*, con conejos de verdad que saltaban por el decorado, y en 1895 *Un marido ideal*, de Oscar Wilde. Sir Henry Irving convirtió a Ellen Terry en su primera actriz en el Lyceum, que dirigió durante 24 años desde 1879. Richard D'Oyly Carte representó operetas de Gilbert y Sullivan, incluido *El Mikado*, en su Savoy Theatre, con tanto éxito que las ganancias financiaron la construcción del hotel Savoy.

Entre los momentos clave de la escena teatral londinense destacan Richard Wagner dirigiendo *El anillo de los Nibelungos* en la Royal Opera House, en 1867, y Anna Pavlova debutando en el ballet londinense en el Palace Theatre, en 1910. En este teatro, restaurado por Andrew Lloyd Webber, el *Jesucristo Superstar* de Tim Rice se convirtió en el musical más representado hasta que fue eclipsado por otra de sus producciones: *Cats.*

Por otro lado, Harley Granville-Barker asombró a los londinenses en el Royal Court en Chelsea, donde representó 32 obras entre 1904 y 1907, incluidas las primeras representaciones de *Candida*, de George Bernard Shaw. Más recientemente, sir Peter Hall fue el primer director del National Theatre cuando abrió en 1976.

En la actualidad, sir Peter dirige su propia compañía de teatro, que representa obras clásicas en varios escenarios. En los teatros Royal Court, Almeida Hampstead, Old Vic, Young Vic y Donmar Warehouse se representan muchas de las producciones de calidad más innovadoras. Otros teatros vanguardistas están a menudo en pubs y almacenes, y se reparten por toda la capital. Los de vanguardia incluyen King's Head, Riverside Studios, The Bush, BAC y Tricycle; otros, a menudo poco conocidos son el Etcetera Theatre, Old Red Lion y The Finborough (ver pág. 263).

Menos vanguardistas son los cinco auditorios del Royal National Theatre y del Royal Shakespeare Theatre (en el Barbican Centre), financiados por el Estado, representan obras clásicas y contemporáneas, y algunos musicales. Esto permite a los visitantes ver gran cantidad de producciones cada semana. Los tradicionales teatros victorianos y eduardianos del West End representan obras más convencionales y musicales de gran éxito. Entre ellos están *El fantasma de la ópera*, *Cats y Les Misérables* de Andrew Lloyd Webber (este último se representa en el restaurado Palace Theatre). Otros edificios restaurados son los teatros Criterion, de estilo art decó, y Richmond. El Sadler's Wells Theatre se reconstruyó totalmente y se inauguró en 1998 para centrarse en el ballet y la ópera. En la actualidad, la mayoría de óperas se representan en el Coliseum, mientras que la Covent Garden's Royal Opera House finalmente reabrió en diciembre de 1999 tras una reconstrucción compleja y cara. ■

El gran río Támesis pasa serpenteante ante edificos que atestiguan su papel en la historia: aduanas, muelles de descarga, palacios, edificios parlamentarios, centrales eléctricas y la Tower of London.

El Támesis

Una barcaza cargada de contenedores río abajo

El Támesis

EL TÁMESIS DICE MUCHO SOBRE LONDRES. CUANDO FLUYE HACIA Hampton Court Palace, el río es todavía estrecho y está sujeto a las mareas del distante Mar del Norte hasta Teddington Lock. Cruza serpenteante las antiguas poblaciones rurales de Twickenham, Richmond, Kew, Chiswick y Barnes, actualmente engullidas por el Greater London (Gran Londres). El Támesis continua hacia el este, al centro de la ciudad. Los ocho últimos puentes de los 33 que cruzan el Támesis en Londres forman el corazón de la capital: Westminster y la City. Más allá del último puente, Tower Bridge, las aguas del ancho río rodean lentamente la península de la Isle of Dogs y cruzan la Thames Barrier, la red de seguridad para prevenir las inundaciones.

A lo largo del curso del Támesis hay edificios que atestiguan el papel del río en la historia. Durante siglos, fue la principal vía de comunicación de los londinenses y una fachada tras la cual se alzaban vistas prestigiosas, que todavía lo son. La St. Paul's Cathedral (catedral de St. Paul), la Tower of London (Torre de Londres) y las Houses of Parliament (Cámaras del Parlamento) en Westminster están cerca del Támesis.

Reyes y reinas, acompañados por cortesanos y músicos, han recorrido el Támesis desde sus palacios en Greenwich, la Tower of London, Whitehall, Westminster, Richmond y Hampton Court. Los aristócratas han escogido a menudo pequeños pueblos rurales cerca del río, aguas arriba de la ciudad, para construir sus mansiones. Ham House, Syon House y Marble Hill House son las más impresionantes. También hay varios parques ribere-

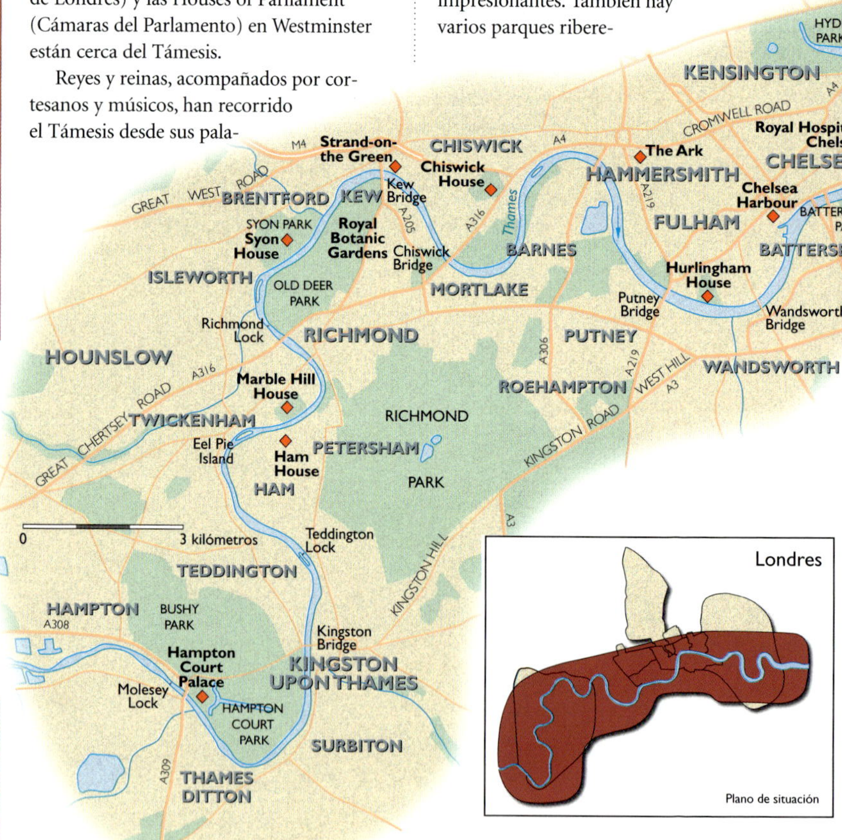

ños: Greenwich, río abajo, y Battersea, Kew, Richmond, Hampton Court's Home y Bushy Parks en su curso superior.

Importantes edificios simbolizan el renacer del Támesis. La revitalización de los Docklands, y en particular de la Isle of Dogs, ha sido contagiosa. Edificios que habían perdido su función inicial, como la central eléctrica de Bankside y County Hall, han vuelto a la vida con nuevos objetivos. Se han añadido impresionantes edificios modernos, incluida la sede del M16 en Vauxhall.

Puertos olvidados como St. Katharine y Chelsea se han renovado. En Putney Bridge se ha construido un restaurante y el nuevo Millennium Bridge cruza el río desde St. Paul's hasta Bankside. En cuanto a los paseos, con la nueva avenida junto al Támesis, los londinenses se vuelven a acercar a él. ■

Teddington Lock, hasta allí el Támesis está sujeto a las mareas.

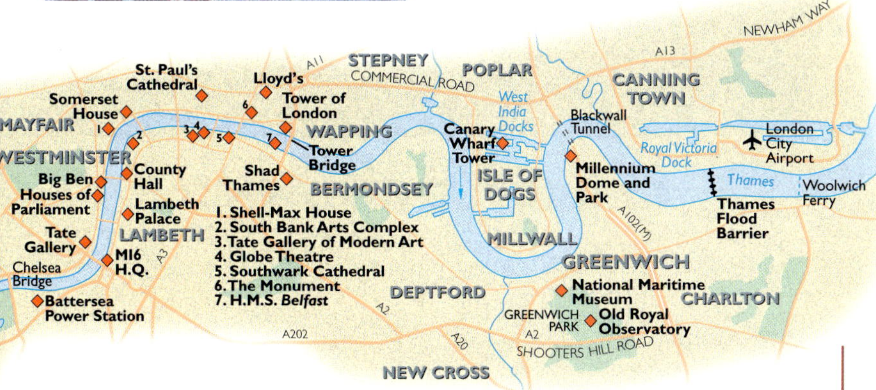

En Quinlan Terry's Riverside, Richmond, se empleó el estilo neogeorgiano para adaptarse a las casas originales de este popular barrio residencial londinense.

El puerto histórico

Antaño el mayor puerto del mundo, ya hace tiempo que ningún barco de carga navega por el Támesis. Los botes que lo recorren en la actualidad, de recreo o transporte, no son comparables con los del pasado, cuando gran parte de la riqueza de Gran Bretaña fluía por el río.

El puerto romano, que contaba con un puente de madera, almacenes y muelles, estaba en el actual Cornhill. Los anglosajones comerciaron primero con Francia y Renania, luego se aventuraron más lejos, hasta el Báltico y Oriente Medio. En la época Tudor, los mercantes reconstruyeron el puerto: 40.000 personas vivían allí, desde los constructores de barcas y botes hasta los estibadores, y 2.000 barcos transportaban a la gente por el río. En los siglos XVII y XVIII, Londres se convirtió en el mayor puerto del mundo. En 1802 se abrieron los diques y el denso tráfico se aligeró. Hacia 1900, un millón de personas trabajaban en el puerto; pero cuando en 1965 lo trasladaron a Tilbury, el río quedó silencioso.

Entre tanto bullicio comercial, el boato londinense a orillas del río fue siempre impresionante. Los mejores espectáculos del Támesis eran los protagonizados por el Lord Mayor. Desde 1422 hasta 1846, las barcas de la Livery Company escoltaban anualmente al alcalde electo hasta Westminster para que recibiera la aprobación real.

A mediados del siglo XIX, el río era poco más que una cloaca a cielo abierto que transportaba los residuos industriales y domésticos de Londres hasta el mar. Sin embargo, en 1857, el ingeniero Joseph Bazalgette proyectó el primer sistema de alcantarillado de Londres. También halló una solución a la falta de higiene del Támesis y a las frecuentes heladas invernales que convertían Londres en un caos. Animado por Wren a construir una muralla en el río, diseñó un plan que lo hizo más estrecho y permitió que el agua fluyera a mayor velocidad. En este terraplén construyó una carretera que alivió el tráfico de la congestionada ciudad, unos jardines públicos y un alto muro que evitaba las inundaciones.

Arriba: *El Támesis en el día del alcalde* (c. 1747), de Canaletto. Izquierda: los remeros de la carrera de Doggett's Coat & Badge visten trajes gremiales. Abajo: en la década de 1930, las carretas descargaban arena y gravilla de la barcazas durante la marea baja.

LA REVITALIZACIÓN DEL TÁMESIS

Cuando los muelles se trasladaron y se prohibió la concentración industrial a orillas del río, la calidad del agua mejoró mucho. Hoy, en el Támesis viven más de 100 especies de peces, incluido el amenazado salmón. Con el agua más limpia, los puentes rehabilitados y los nuevos edificios en la orilla del Támesis, los londinenses han redescubierto su zona ribereña.

El resurgimiento empezó en la década de 1980. El proyecto gubernamental de los Docklands nació en 1981. El objetivo era urbanizar los 13 km^2 de muelles en desuso. Los viejos almacenes se convirtieron en apartamentos para los trabajadores de la City y luego para los de los propios Docklands. Se edificaron nuevos bloques de oficinas, reflejados en las aguas de los viejos muelles, conservados como zonas de recreo.

En Hammersmith, el arquitecto Richard Rogers convirtió en 1987 un depósito de petróleo en oficinas y apartamentos, creando una nueva comunidad obrera. Cerca de allí, The Ark, construido por Ralph Erskine en 1991, es un edificio de oficinas ecológico.

Chelsea Harbour, donde las barcazas de carbón descargaban hasta la década de 1960, se convirtió entre 1986 y 1987 en una lujosa comunidad ribereña. En la orilla opuesta, en una antigua fábrica, Norman Foster proyectó en 1990 un sobrio edificio de metal y hormigón para alojar su propia Foster Associates, con apartamentos en los pisos superiores.

En Vauxhall, la nueva sede del M16 construida por Terry Farrell, Vauxhall Cross, se completó en 1993 con una avenida a la orilla del río. La nueva estación de bomberos flotante, amarrada en Lambeth Pier en 1991, es más modesta y práctica.

En el centro de Londres, el principal añadido a orillas del Támesis es el Embankment Place, construido por Terry Farrell entre 1987 y 1990 como un edificio de oficinas, que queda suspendido sobre la estación ferroviaria de Charing Cross. La enorme reedificación de la City prácticamente no afectó a la orilla, dejando aparte la remodelación de Richard Roger del mercado de pescado de sir Horace Jone's Billingsgate, de 1875.

Río abajo empieza la revitalización de Southwark con la conversión de la central eléctrica de Bankside en la sede de la Tate Modern. Más allá, están los almacenes remodelados de Shad Thames y los Docklands. ■

Arriba: la St. Paul's Cathedral y el Southwark Bridge vistos desde Bankside. Derecha: la Canary Wharf Tower es el centro de la revitalización de los Docklands. Abajo: el Embankment Place está sobre la estación de Charing Cross.

Lo más notable de todos los recorridos en barca son las vistas del Big Ben y las Houses of Parliament.

Compañías que ofrecen recorridos en barco desde Westminster:

Thames Cruises
Hasta la Thames Barrier
☎ 020-7930 3373
🕒 Marzo-nov.
Duración: 1 h. 15 min.

Westminster Passenger Service
Río abajo hasta Greenwich
☎ 020-7930 4097
🕒 Todo el año
Duración: 1 h.

Dos paseos por el Támesis

NAVEGAR POR EL TÁMESIS ES UNA FORMA RELAJANTE DE apreciar cómo este río fue el eje alrededor del cual se desarrolló Londres. Desde el embarcadero de Westminster, el corto recorrido urbano río abajo pasa frente a la City of Westminster y la City of London, deteniéndose en la Tower of London y, más allá de los Docklands, en Greenwich. Algunos recorridos siguen hasta la Millennium Dome y la Thames Barrier. El recorrido rural río arriba es más largo, se aleja de la ciudad y pasa ante pueblos y casas de campo hasta detenerse en Kew, Richmond y en el Palacio de Hampton Court. Desde allí, puede regresar a la ciudad en tren.

RÍO ABAJO: DE WESTMINSTER A GREENWICH

Desde el embarcadero de Westminster, algunos botes rodean el Westminster Bridge para contemplar las Houses of Parliament, dejando County Hall a la derecha. En el Victoria Embankment de Bazalgette, a la izquierda, están el Norman Shaw Building, Whitehall Court, en forma de castillo, y el National Liberal Club, construido en la década de 1880. Tras las Whitehall Stairs –escaleras que permiten acceder al río– se alza el Whitehall Palace.

Pasado el Hungerford Railway Bridge, se pueden contemplar las oficinas construidas por Farrell, suspendidas sobre la estación de Charing Cross. El South Bank Arts

Complex se halla a la derecha y el Charing Cross Pier y los Embankment Gardens, a la izquierda, donde la puerta marítima del Duke of Buckingham evoca el pasado del Strand. En la línea del horizonte destaca la silueta de la Shell-Mex House (1932), con su reloj, y un ala del Hotel Savoy, construida por Macmurdo entre 1903 y 1904. En el Victoria Embankment se encuentra el monumento más antiguo de Londres, un obelisco de granito rosa traido de Heliópolis (Egipto) y conocido popularmente como el Cleopatra's Needle (1450 a.C.).

Bajo el Waterloo Bridge, verá, a la derecha, el Royal National Theatre. Somerset House se halla a su izquierda, seguida por los Inner Temple Gardens y los grifos de hierro de la orilla del río que marcan las fronteras de la City. Tras la carretera de Blackfriars y los puentes del ferrocarril, verá la Canary Wharf Tower. La St. Paul's Cathedral y el edificio Lloyd destacan por encima de la aglomerada City, a la izquierda. La central eléctrica de Bankside, que ahora forma parte de la Tate Modern, se halla a la derecha, con el nuevo Globe Theatre detrás.

A continuación encontrará el Southwark Bridge y la Cannon Street Railway Bridge, con la columna dórica que conmemora el Gran Incendio. Le sigue un London Bridge moderno que marca el origen romano de la ciudad. Billingsgate Market y la Custom House (aduana) se hallan a la izquierda, frente a la Hays Galleria, y el H.M.S. *Belfast*, a la derecha.

La Tower of London está a la izquierda y el Tower Bridge cruza el río justo al lado. Los Docklands se alinean a lo largo del río, cada vez más ancho, a medida que se escabulle por el Pool of London. A la derecha están las áreas de Shad Thames, Bermondsey, Rotherhithe y Deptford. A la derecha se encuentran los distritos de Wapping, Shadwell y Limehouse, antes de llegar a la gran península de la Isle of Dogs, cuya punta meridional se halla enfrente de Greenwich. Detrás se alza la Millennium Dome, el centro de exposiciones de la península de Greenwich. Río abajo está el Thames Flood Barrier, una serie de relucientes verjas de acero que cruzan el río en Woolwich.

Westminster Passenger Service
Río arriba hasta Kew y Hampton Court
☎ 020-7930 2062

Abril-oct.

Un momento para filmar: pasando bajo el Tower Bridge.

RÍO ARRIBA: DE WESTMINSTER A HAMPTON COURT

Desde el embarcadero de Westminster, los botes pasan bajo el Westminster Bridge. A la derecha se encuentran las Houses of Parliament y los Victorian Tower Gardens, mientras que a la izquierda podrá ver el Lambeth Palace y la estación de bomberos. Tras cruzar Lambeth Bridge, en los terraplenes de Bazalgette, verá la Tate Britain, a la derecha.

Después de cruzar el Vauxhall Bridge, divisará a la derecha los apartamentos de Dolphin Square, que antes recibían la energía sobrante de la Battersea Power

City Cruises
A la Tower of London
☎ 020-7930 9033
Todo el año
Duración: 20-25 min.

Una maravillosa puesta de sol veraniega sobre el Támesis.

Station, al otro lado del río. Pasado el Chelsea Bridge hallamos el Battersea Park, con su Peace Pagoda a la izquierda y, a la derecha, los jardines del Royal Hospital Chelsea, donde se celebra el Chelsea Flower Show. A la derecha se encuentra el Albert Bridge. Cruzado Battersea Bridge está Chelsea Harbour. Turner pintó puestas de sol desde la torre de la iglesia de St. Mary, en Battersea.

El río traza una curva y pasa ante Hurlingham House (derecha), construida en 1760. El Putney Bridge de Bazalgette sustituyó en 1729 a otro de madera. A la derecha se halla Bishops Park y a la izquierda, casas de alquiler de botes de remos. Aquí empieza la competición entre Cambridge y Oxford. Las oficinas del arquitecto Richard Rogers y The Ark, de Ralph Erskine, se hallan a la derecha, antes del Hammersmith Bridge.

A lo largo de Chiswick's Malls, a la derecha, se alienan elegantes casas; la bonita aldea de Barnes está a la izquierda. Tras Duke's Meadows, a la derecha, llegan Chiswick y su puente, el ferrocarril de Kew y los puentes viales, con las casitas de Strand-on-the-Green, a la derecha. Los Royal Botanic Gardens (ver pág. 180), en Kew, se hallan a la izquierda, con su palacio a orillas del río, y en el lado opuesto la Syon House (ver pág. 185). Tras Richmond Half-Tide Weir y Footbridge, se encuentran los puentes de Twickenham y Richmond. Allí se hallan los restos del Richmond Palace. Richmond Park y Ham House vienen a continuación, a la izquierda, con Marble Hill House a la derecha.

Teddington Lock y Weir señalan el final del tramo con mareas. Tras Kingston Bridge y la curva del río hasta pasar Home Park, las puertas fluviales de Tijou anuncia la presencia del Hampton Court Palace (ver pág. 187). ■

Las iglesias de Wren y los rascacielos de oficinas se aglomeran en un laberinto de callejuelas que se remonta a los orígenes de Londres, cuando era un pequeño puerto del imperio romano, muy distinto de la capital financiera actual.

La City

Detalle decorativo de las verjas victorianas del mercado de Smithfield

La City

LA MAYOR PARTE DE LOS 2.000 AÑOS DE HISTORIA DE LA CITY SE REFLEJAN en el plano. Dos colinas de fácil defensa atrajeron a los romanos hasta este lugar: Ludgate, con St. Paul's Cathedral, y Cornhill. Aquí, a unos 65 km del mar, el río se podía vadear fácilmente y su lecho permitía construir puentes. La orilla septentrional era firme y los arroyos provenientes de Highgate y Hampstead les proporcionaban agua. El Walbrook cruzaba el nuevo asentamiento y el Fleet definía su frontera oeste.

La basílica y el foro romanos se hallaban en Cornhill, en la actual Lombard Street. Los restos de uno de sus templos, dedicado en 240 d.C. a Mithras, se pueden contemplar en Queen Victoria Street. Hacia 200 d.C., los romanos rodearon la ciudad con una muralla de piedra de casi 5 km de longitud y con siete puertas. Hoy en día quedan algunos restos de la muralla, con añadidos medievales, en el Barbican Centre, la Tower of London y Noble Street, entre otros lugares. Las puertas sólo han sobrevivido en los nombres de los lugares: Aldgate, el hogar del poeta Geoffrey Chaucer (1374-1386); Bishopsgate, cuyo camino llegaba hasta la muralla de Adriano en el norte de Inglaterra; Moorgate, más allá del cual se encuentran marismas; Cripplegate, que conducía a un suburbio medieval y a Islington; y Aldersgate, por donde se llegaba a los monasterios de Clerkenwell y al mercado de Smithfield.

Cuando el Londres medieval creció fuera de las murallas, lo hizo hacia el oeste, acercándose a su rival: Westminster. Las fronteras de la City apenas cambiaron. El apodo de la City, «la milla cuadrada», es una descripción adecuada del asentamiento romano.

Entonces tuvieron lugar dos hechos significativos. La peste era endémica en Londres, pero en abril de 1665 estalló el brote más grave desde el comienzo de la Peste Negra en 1348-1350. Todos los que pudieron huyeron –Carlos II se fue a Oxford– pero el alcalde permaneció en la ciudad para controlar los trabajos de socorro. La Gran Plaga mató aproximadamente a 110.000 londinenses antes de que llegara el frío y le pusiera fin.

Al año siguiente, el 2 de septiembre de 1666, el fuego empezó hacia la una de la madrugada en la panadería de Thomas Farrinor, en Pudding Lane. Por la mañana se habían incendiado 300 casas y parte del London Bridge. El fuerte viento alimentaba el fuego a medida que éste engullía los edificios de madera. La gente huía, a menudo en busca del bote más cercano. Durante los dos días siguientes las llamas recorrieron Lombard Street, Cheapside, la St. Paul's Cathedral y el Inner Temple. El 5 de septiembre el viento amainó y el fuego quedó controlado, no sin antes quemar cuatro quintas partes de la City, incluidas 13.000 casas, 87 iglesias y 44 sedes gremiales. Por suerte, no murió mucha gente.

Carlos II anunció la reconstrucción de la ciudad. El sueño de sir Christopher Wren, una ciudad de amplias avenidas era impracticable, en parte porque los gremios no cederían sus terrenos. En su lugar, se construyeron casas de ladrillo, a prueba del fuego, siguiendo el trazado medieval de las calles. ■

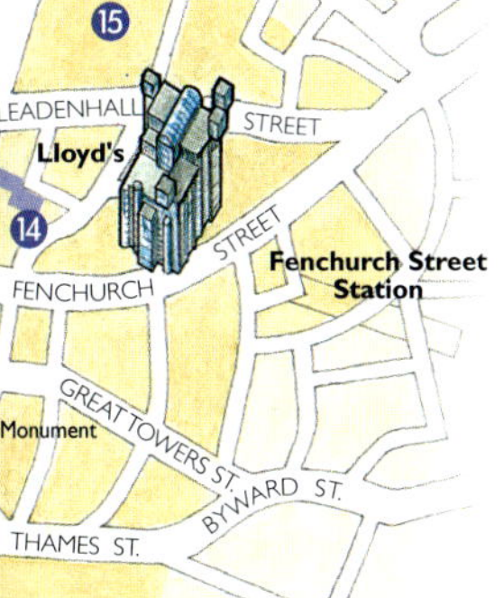

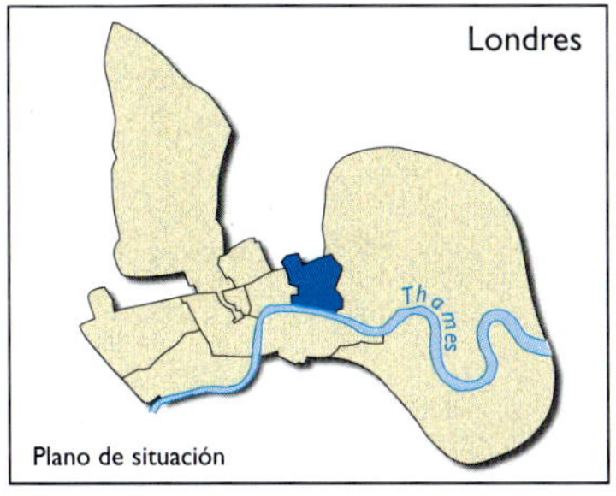

Iglesias de Wren

El interior de St. Bride, la iglesia de los periodistas e impresores de la cercana Fleet Street.

EL DOBLE DESASTRE DE LA GRAN PLAGA DE 1665 Y EL Gran Incendio de 1666 cambiaron para siempre el aspecto de la City. Las clases ricas la abandonaron e impulsaron el desarrollo del área residencial de St. James's. La reconstrucción de la City la convirtió en un lugar más seguro, con amplias calles y casas mejor construidas. Los mercados y algunas tiendas se trasladaron al oeste, más cerca de sus clientes. La nueva catedral de sir Christopher Wren y sus iglesias le dieron una cohesión arquitectónica que todavía se percibe a pesar de los edificios victorianos y del siglo XX.

De las 51 iglesias construidas por Wren a partir de 1670, quedan 23: 19 fueron bombardeadas durante la segunda guerra mundial y las otras se perdieron por distintos motivos.

Sus diseños varían considerablemente. **St. Mary-at-Hill** *(Lower Thames St.; Tel 020-7626 4184)* y **St. Stephen Walbrook** *(Walbrook; Tel 020-7283 4444)*, ambas en el centro de Londres y con bonitas cúpulas; **St. Bride** *(Fleet St.; Tel 020-7353 1301)* es grandiosamente barroca, y la fachada de **St. Lawrence Jewry** *(Guidhall; Tel. 020-7600 9478)* se basó en el gran proyecto de Wren para la St. Paul's Cathedral. Vale la pena visitar **St. Magnus the Martyr** *(Lower Thames St.; Tel 020-7626 4481)* por su diseño clásico y su suntuoso interior, que T. S. Eliot describió en su novela *La tierra yerma* (1922) como «un inexplicable esplendor de blanco y oro jónico». Se refiere a las columnatas que soportan la bóveda de la nave, que conduce a los retablos originales. Además de las estatuas y altares barrocos destacan la pila bautismal y la caja del órgano. El campanario, añadido en 1705, es una de las mejores obras de Wren; otros de sus campanarios notables son el de St. Bride (1701-1703) y el de St. Mary-le-Bow.

Algunos interiores contienen elementos propios o de otras iglesias anteriores. En **St. Margaret Lothbury** *(Lothbury; Tel 020-7606 8330)* encontramos de los dos tipos. En el exterior, Wren añadió una torre en forma de obelisco. En el interior, los magníficos muebles de la nave rectangular incluyen el diseño de Wren para el baldaquíno y la reja, cuyas columnas y águila se concibieron originalmente para All Hallows-the-Great (demolida en 1876). Los retablos, el comulgatorio y la pila bautismal, atribuida a Grinling Gibbons, provienen de St. Olave, Old Jewry (demolida en 1888).

Prácticamente todas sus iglesias tienen algo especial, por ejemplo el interior de la preciosa **St. Mary Abchurch** *(Abchurch Lane; Tel 020-7626 0306)*. Wren reunió a sus amigos de mayor talento y su trabajo permanece casi intacto. Bajo la cúpula, pintada por William Snow, se pueden contemplar algunas de las mejores tallas en madera de la City del siglo XVII, que conservan su color rojo oscuro. Se pueden admirar los marcos de las puertas, la tapa de la pila bautismal y el comulgatorio de William Emmett, la pila bautismal de Christopher Kempster, el púlpito de William Gray y el retablo de Grinling Gibbons, la obra maestra de esta iglesia.

St. Margaret Pattens *(Eastcheap; Tel 020-7623 6630)*, que debe su nombre a los zuecos de madera o *pattens* que se fabricaban cerca en el siglo XIII, también tiene un interior especial. Aquí están algunos de los pocos bancos con dosel de Londres, y uno, con un «CW 1686» grabado, se cree que fue de Christopher Wren.

También hay un reloj de arena al lado del púlpito, para controlar la duración de los sermones, un banco de castigo para los parroquianos descreídos y, en la capilla lateral, ganchos para que los caballeros colgaran sus pelucas. La esbelta aguja del campanario de Wren se alza sobre otro bonito interior, el de **St. Martin within Ludgate** *(Ludgate Hill; Tel 020-7248 1817)*. El altar, el púlpito, la pila bautismal y la caja del órgano son magníficos ejemplos del arte de la talla de finales del siglo XVII.

En **St. Mary Aldermary** *(Queen Victoria St.; Tel 020-7248 5139; concertar visita)*, su pináculo, añadido entre 1702 y 1704, da una pista sobre su aspecto interior. Es la única iglesia gótica de Wren. La elaborada bóveda de yeso en abanico es el único trabajo de este tipo realizado en la City en el siglo XVII. Debajo, su trabajo original en madera incluye el pulpito, la pila bautismal y un portaespadas. ■

El campanario de St.Mary-le-Bow. Para ser un auténtico londinense (cockney) es necesario nacer dentro del alcance del sonido de sus campanas.

St. Paul's Cathedral

St. Paul's Cathedral
Plano pág. 56
Ludgate Hill, EC4
020-7246 8348
Cerrado dom. excepto para servicios y ocasiones especiales
Catedral y cripta: $$. Galerías: $$ extra.
Metro: St. Paul's Mansion House, o Blackfriars
Tren: City Thameslink

SE TRATA DE LA CATEDRAL DE LA DIÓCESIS DE LONDRES, una iglesia para los londinenses, mientras que Westminster Abbey sirve a toda la nación. St. Paul fue fundada por el rey Adalberto de Kent para el monje misionero Mellitus. La iglesia actual, la quinta reconstrucción, es la única catedral barroca del país, tiene una sola cúpula y fue construida entre la Reforma y el siglo XIX. También fue la primera edificada por un solo arquitecto: sir Christopher Wren.

La primera piedra se colocó el 21 de junio de 1675. Se trajo piedra de Portland desde Dorset hasta los muelles más cercanos, y el coste lo cubrió parcialmente un impuesto sobre el carbón que entraba al puerto. El cuerpo de la iglesia se construyó hacia 1679. El hijo de Wren colocó la última piedra en la linterna de la cúpula de tres cuerpos en 1708, y la catedral se terminó en enero de 1711.

EL EXTERIOR

Antes de entrar, deténgase en Ludgate Hill y contemple St. Paul en toda su grandiosidad. El edificio está formado por cuatro grandes volúmenes, que se distinguen claramente desde el exterior: la cúpula y el crucero, la nave y el coro, los transeptos, y el ala oeste. La cúpula descansa sobre un amplio tambor, con una terraza al aire libre, y está formada por una cúpula interior de ladrillo, un cono intermedio también de ladrillo que soporta la linterna y una capa exterior de madera cubierta de plomo. En el extremo oeste hay una gran fachada: un pórtico doble flanqueado por dos torres y, en el frontón, un relieve que muestra la conversión de san Pablo. Las pilastras y los frontones le otorgan movimiento y opulencia.

EL INTERIOR

Al entrar en el edificio obtendrá una primera visión de la longitud de la nave y del coro, así como del moderno altar, muy alto. Esta magnífica disposición ha resaltado grandes eventos como los funerales de Nelson (1806) y Churchill (1965), las celebraciones de los jubileos reales o la boda del príncipe Carlos y lady Diana (1981).

La cúpula y el crucero

El crucero es impresionante. Siéntese debajo y observe la cúpula, que se apoya sobre ocho enormes arcos. Columnas corintias se alzan hasta la cúpula, donde las únicas decoraciones originales son los frescos de la vida de san Pablo, pintados por sir John Thornhill entre 1716 y 1719. Los mosaicos de los profetas, de Alfred Stevens, y de los evangelistas, de G. F. Watts, se añadieron a finales del siglo XIX.

Wren realizó varios diseños para St. Paul, que se exhiben en la **cripta,** adonde se llega desde el crucero sur. Hay una maqueta de la antigua St. Paul, que Wren debía restaurar antes del Gran Incendio de 1666. Después del incendio, Wren fue nombrado Surveyor General (1669) y ya estaba proyectando las nuevas iglesias de la City cuando diseñó la primera maqueta de la nueva catedral en 1670. Su «Great Model» de 1673-1674, con una planta de cruz griega, fue considerado demasiado modesto. Cuando el clero rechazó el proyecto porque no se adecuaba a las procesiones del obispo, Wren realizó un tercer diseño, con una cúpula pequeña y una nave muy

Pág. siguiente: vista de la nave y el coro con la ventana de la American Memorial Chapel al fondo.

OMNES
PECORA
QVAE
MOVENTVR
IN
OMNIA
AQVIS
OMNES
VOLVCRES
COELI

larga. El clero lo aprobó y recibió la autorización del rey para seguir adelante en 1675. Entonces amplió la cúpula, retiró la aguja, levantó las paredes de la nave y creó tres intercolumnios, de modo que la forma de la iglesia quedó lo más parecida posible a su «Great Model».

En la cripta hay todavía otras cosas de interés, incluidos un programa audiovisual, el tesoro y la tumba de Wren. En la inscripción de su tumba se lee *lector, si monumentum requiris, circumspice* (lector, si buscas su monumento, mira a tu alrededor), y estas palabras se repiten en el suelo, cerca de la cúpula. En la cripta están enterrados el almirante lord Nelson y el duque de Wellington, y, cerca de la tumba de Wren, también yacen los artistas Joshua Reynolds, J. M. W. Turner y John Singer Sargent.

La pila bautismal de Francis Bird, de 1727, se alza en el crucero norte. Las rejas de Jean Tijou cierran el santuario. La **American Memorial Chapel** se hallá detrás del altar. En la **Lady Chapel** se encuentra el altar original de Wren**.** Cerca de allí hay un monumento al poeta John Donne (1571-1631), dean de St. Paul y gran predicador. Tanto la sillería del coro como la caja del órgano fueron tallados por un grupo dirigido por el joven Grinling Gibbons. En la nave sur se halla la pintura de Holman Hunt *La luz del mundo*, una copia que realizó el artista de su original (en el Keble College, Oxford).

GALERÍAS

Las escaleras que llevan a las galerías y la cúpula son muy altas, pero el esfuerzo queda recompensado por unas magníficas vistas de Londres. Los 560 peldaños empiezan con unos escalones de inclinación suave que llevan a la **Whispering Gallery** (Galería de los Suspiros). Allí hay un diagrama sobre la construcción de la cúpula, en la pared de la escalera. Si no llega temprano, no habrá suficiente silencio y tranquilidad para que sus suspiros den la vuelta a la galería. Unos escalones más empinados, con vistas al cono que aguanta la linterna, conducen a la amplia **Stone Gallery** (Galería de Piedra), exterior, que se apoya sobre el tambor de la cúpula. Finalmente, una escalera de caracol conduce a la **Golden Gallery** (Galería Dorada), estrecha y apta sólo para los valientes. Desde allí se obtienen magníficas vistas de la City, el Támesis y las agujas del Parlamento en Westminster. ■

Pórtico oeste

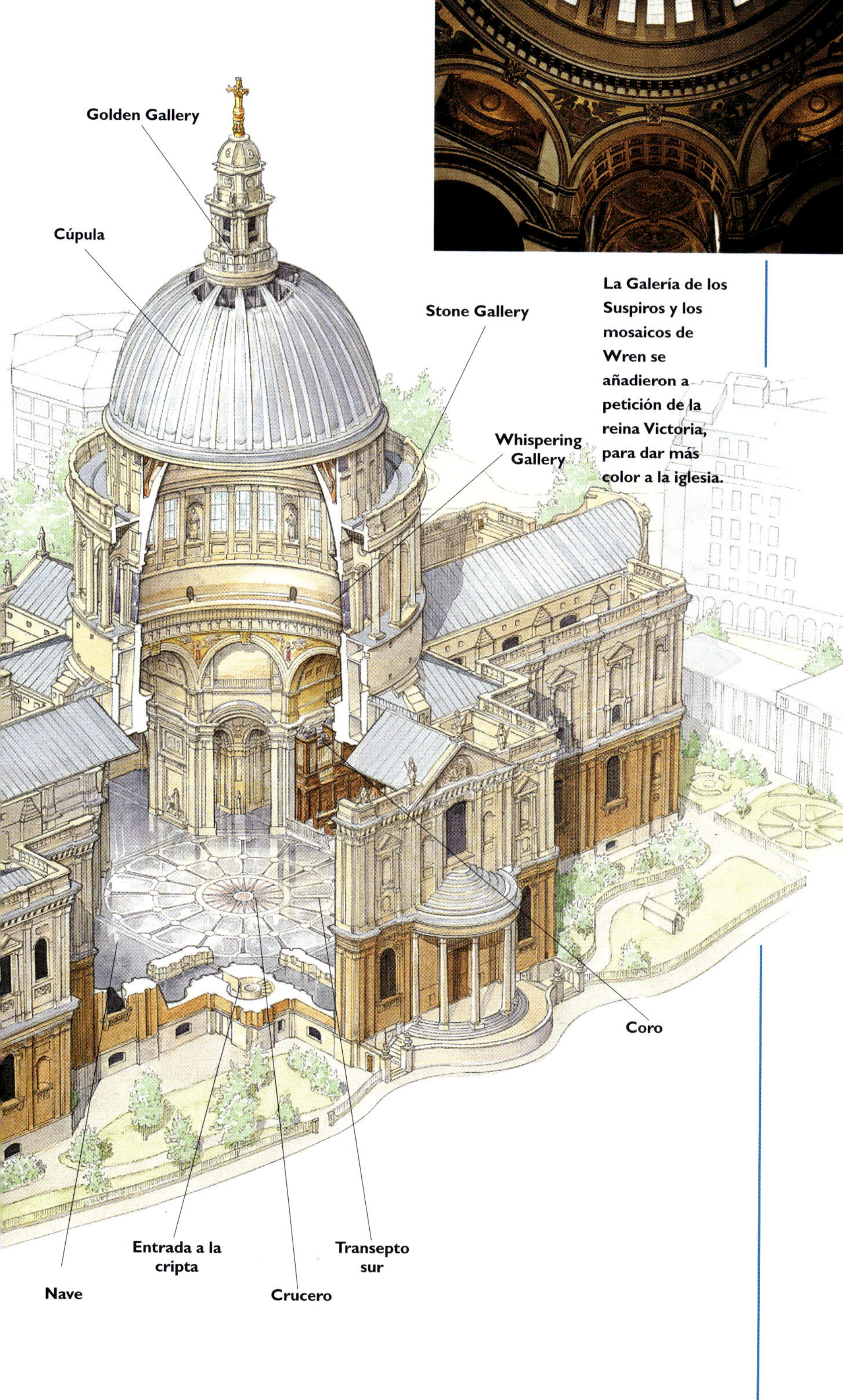

La Galería de los Suspiros y los mosaicos de Wren se añadieron a petición de la reina Victoria, para dar más color a la iglesia.

Un paseo por la City

Este paseo le mostrará tanto la City medieval como la de épocas posteriores. En fin de semana, la City está tranquila, los otros días reina una actividad frenética.

Desde la estación de metro de Monument, diríjase al London Bridge para obtener una buena vista de la City. Regrese a la orilla del río y camine por la Monument Street. A su derecha, el **Monument** 1 conmemora el Gran Incendio y está abierto al público.

Gire a la derecha en Fish St. Hill. Al final se hallá **St. Magnus the Martyr** (ver pág. 58), en Lower Thames Street. Más a la derecha, suba por St. Dunstan's Lane hasta llegar a los vestigios de **St. Dunstan-in-the-East,** una torre de Wren de 1697 y un jardín.

En Fenchurch Street, gire a la derecha por Lime Street. Allí está el colorido **Lloyd's Building** (1978-1986) 2 de Richard Roger, con sus ascensores y escaleras exteriores. A la izquierda, los soportales de **Leadenhall Market** (1881), el mercado de alimentación de la City, llevan a Gracechurch Street. Siga en dirección norte, cruzando Cornhill hacia Bishopsgate. A su derecha está el **International Financial Centre (NatWest Tower)** de Richard Seifert, que con 183 m era el edificio más alto del mundo cuando se terminó en 1981. La medieval **St. Helen's Bishopsgate,** con bonitos monumentos, está a la derecha, pasado el pasaje de Great St. Helen.

Un camino a la izquierda cruza el cementerio de la iglesia de **St. Botolph** 3. Gire a la izquierda por Old Broad Street, corte por Finch Lane y siga a lo largo de Cornhill hasta llegar al estrecho patio de enfrente, donde está **St. Michael Cornhill.** Allí Wren y Hawksmoor añadieron elementos a la torre medieval. Siga a la derecha por la medieval Lombard Street hasta llegar a **St. Mary Woolnoth,** 4 construida por Hawksmoor entre 1716 y 1727, y a la Mansion House Square, el corazón del Londres financiero. La **Mansion House** (1739-1753) es la residencia oficial del alcalde y está enfrente del **Bank of England.** Pase por delante de éste y de su museo en Bartholomew Lane, cerca de **St. Margaret Lothbury** (ver pág. 59).

Lothbury da a Gresham Street, donde se alza **St. Lawrence Jewry** 5 (ver pág. 58), enfrente del **Guildhall.** La cripta medieval está abierta al público y los relojes de la Clockmaker's Company se exhiben en la planta baja. Guildhall *(Aldermanbury)* es la sede del gobierno de la City. En el salón, restaurado tras el Gran Incendio y los bombardeos de la segunda guerra mundial, cuelgan las banderas de los 12 gremios principales de la ciudad. A lo largo de Gresham Street, la Goldsmith Company tiene su sede en Foster Lane (exposiciones abiertas al público). Haberdasher's Hall está en Staining Lane,

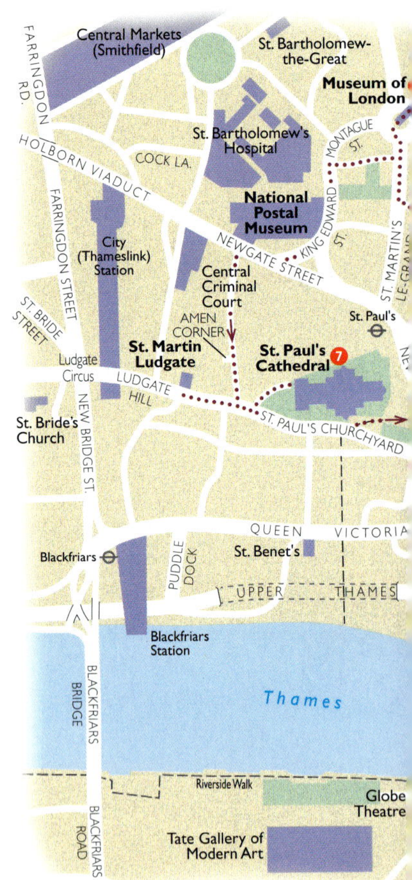

y queda un fragmento de la muralla romana en Noble Street. Gire a la derecha hacia St. Martin-le-Grand; el **Museum of London** 6 (ver pág. 68) se encuentra al final de una irregular escalera que asciende desde la rotonda.

Regrese a St.Martin-le-Grand hasta Little Britain, que conduce a King Edward Street y al **National Postal Museum** *(Tel 020-7239 5420)*. Al otro lado de Newgate Street, Warwick Lane pasa por Amen Corner, con casas del siglo XVII. En Ludgate Hill, St. Martin Ludgate se halla a la derecha y la **St. Paul's Cathedral** 7 (ver pág. 60), a la izquierda. Detrás de la catedral, Watling Street lleva a Bow Lane, con **St. Mary-le-Bow** al final. Subiendo por Queen Victoria Street está el **Temple of Mithras** 8. St. Stephen Walbrook se alza detrás de Mansion House, mientras **St. Mary Abchurch** 9 (ver pág. 59) está en una plaza bajando por St. Swithin's Lane. Cannon Street lleva de nuevo a la estación de Monument. ■

- Interior cubierta F4
- Parada de metro Monument
- 6 km
- 3 horas
- Parada de metro Monument

PUNTOS DE INTERÉS

- Guildhall
- Museum of London
- St. Paul's Cathedral

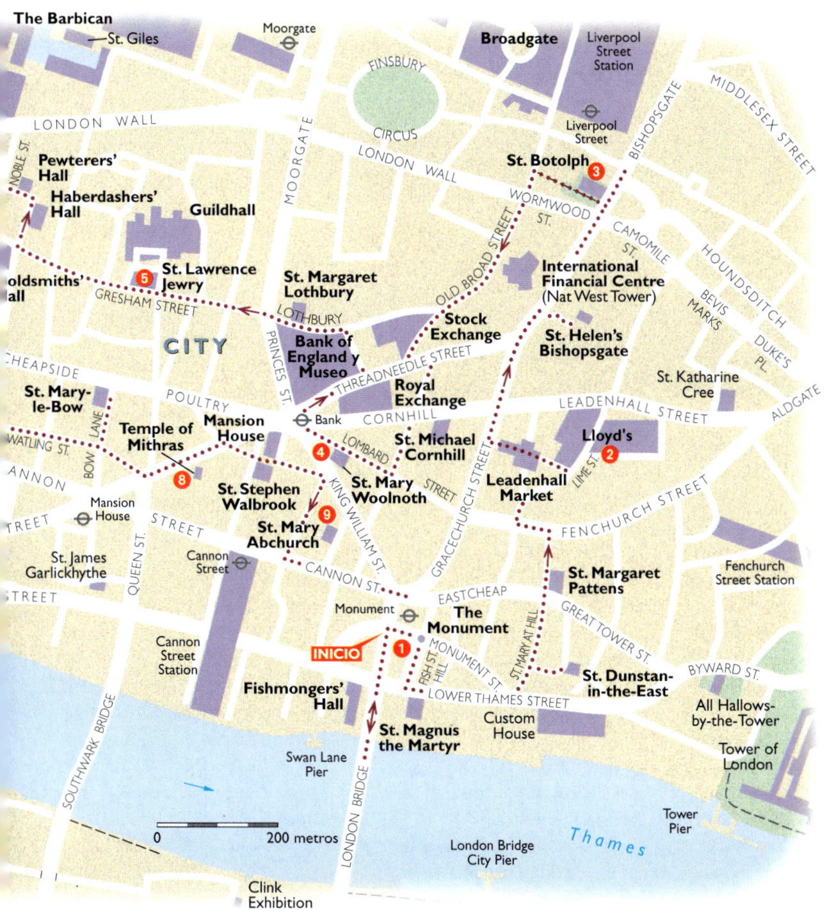

Smithfield y Clerkenwell

LOS PRIMEROS BARRIOS FUERA DE LA ABARROTADA CITY medieval sobrevivieron como dos remansos de paz cuando la ciudad creció hacia el oeste. Hoy, Clerkenwell es el barrio con el mayor número de edificios medievales y el restaurado Smithfield Meat Market, el único mercado de abastos de Londres.

Un porteador de Smithfield.

La visita a Smithfield es mejor realizarla temprano, entre las 5.00 y las 8.00. Vaya después a desayunar a uno de los pubs de la zona.

Smithfield Meat Market, EC1

Plano pág. 56
Cerrado dom.
Metro: Barbican, Farringdon o City Thameslink

El mercado de caballos del siglo XII en «Smooth Field» (Smithfield) se convirtió en un gran mercado de ganado que se trasladó a Islington en 1855, cuando se prohibieron la venta y el sacrificio de animales; sólo ha sobrevivido el magnífico **Smithfield Meat Market,** construido en 1851-1866. Los *bummarees* (porteadores) todavía cargan con los enormes pedazos de carne que llegan de toda Europa, aunque las normas higiénicas les obligan a no salir del mercado.

El espacio original al aire libre fue escenario de algunos acontecimientos importantes: el torneo de Eduardo III con el rey francés en 1357; el enfrentamiento de Ricardo II y Mayor Walworth con Wat Tyler para sofocar la revuelta campesina en 1381; y la Bartholomew Fair, la feria internacional de tejidos de Inglaterra, celebrada anualmente desde 1133 hasta 1855. En sus alrededores, fíjese en el bonito edificio medieval de St-Bartholomew-the-Great (ver pág. 67), en las casas y minúsculas callejuelas de Cloth Fair, del siglo XVII, y en la preciosa St. Etheldreda Church, escondida en Ely Place y construida en 1300 para los obispos de Ely.

Charterhouse Square está al nordeste del mercado, con adoquines, puertas, casas del siglo XVIII y, detrás, los abundantes restos de los claustros y el lavadero de **Charterhouse Monastery,** utilizados por los austeros monjes cartujos *(Tel 020-7253 9503; visita guiada miér. abril-jun.)*. En St. John's Square, saliendo de St. John's Street, está la magnífica **St. John's Gate** (1504) del prior Docwra. Junto con la cripta y el presbiterio, formaba parte del priorato de St. John of Jerusalem *(Tel 020-7253 6644; cerrado dom.)*

El centro antiguo de Clerkenwell era el Green, punto de encuentro de muchos artesanos, que actualmente regresan a esta zona. Queda poco de St. Mary's Nunnery, pero **St. James's Church,** de James Carr *(Clerkenwell Close; Tel 020-7251 1190)*, construida en 1788-1791, tiene un espléndido órgano. ■

St. Bartholomew-the-Great

LA DEVOCIÓN MEDIEVAL Y LOS PEREGRINAJES TENÍAN GRAN influencia en Londres. Rahere, bufón de la corte de Enrique I que se había curado de una malaria contraída durante su peregrinaje a Roma, se convirtió en monje agustino y, en 1123, fundó el hospital y el priorato de St. Bartholomew. Ambos se financiaban gracias a la anual Bartholomew Fair. Lo que queda de esta fundación es la iglesia más antigua de Londres, que es además el mejor edificio románico de la ciudad y su única iglesia monástica del siglo XII.

St. Bartholomew-the-Great

Plano pág. 56
West Smithfield, EC1
020-7606 5171
Cerrado sáb. tarde y lun. en agos. servicios cantados: dom. 11.00 y 18.30 cuando suenan las campanas
Metro: Barbican

EL PRIORATO

La iglesia de St. Bartholomew-the-Great, construida en 1123, fue restaurada por sir Aston Webb entre 1880 y 1890. Se accede a ella por un arco de piedra del siglo XIII, la entrada original a la nave. La casa del guarda, parcialmente de madera, se remonta a la época Tudor. El camino hasta la puerta de la iglesia pasa por lo que antaño fue la nave de 10 intercolumnios y los claustros que había a la derecha.

En el interior, se conservan el coro de Rahere, el deambulatorio y la Lady Chapel, que muestran la magnificencia de los edificios religiosos del Londres medieval. Las paredes, color miel, cuentan con columnas, arcos sin molduras y una sencilla decoración que crea una atmósfera para la contemplación, lejos del bullicio exterior.

Rahere fue enterrado aquí en 1143; su tumba (posterior) se halla junto al altar. El prior William Bolton donó la Tudor Window en 1515. Poco después, sir Richard Rich adquirió el ya disuelto priorato, derribó la mayor parte e instaló su vivienda en la Lady Chapel, pasando la reja de hierro de Webb. Más tarde se convirtió en la oficina de un impresor.

EL HOSPITAL

St. Bartholomew's *(West Smithfield; Tel 020-7837 0546, visita guiada vier. 14.00; Tel 020-7601 8152 para grupos)* fue el primer hospital de Londres, y se construyó en un terreno cedido por Enrique I. Tras la Disolución, el hospital fue secularizado. Adquirió edificios construidos por James Gibbs en 1730-1759 y dos murales de Hogarth. Inigo Jones, el arquitecto, fue bautizado aquí. ■

La casa del guarda, de la época Tudor, lleva a St. Bartholomew-the-Great.

Museum of London

Museum of London

- Plano pág. 56
- London Wall, EC2
- 020-7600 3699
  Información 24 h.: 020-7600 0807
- Cerrado lun.
- $$
- Metro: Barbican, St. Paul's, Moorgate o Bank

EL MUSEO LOCAL DE LONDRES TIENE UNA COLECCIÓN fascinante. Repasa la historia de la capital británica desde la prehistoria hasta la actualidad. Entre sus tesoros están un valioso mosaico romano, el ábaco de un mercader medieval, una maqueta del desaparecido Whitehall Palace de las épocas Tudor y Estuardo y vestidos de seda de Spitalfields. Los triunfos de Londres, sus atrocidades y sus fracasos están presentes en el museo. Por encima de todo, la impresión es la de los propios londinenses hablándonos a través de los siglos. En ocasiones especiales, el museo permite la manipulación de algunos objetos, organiza visitas arqueológicas y recorridos guiados por la ciudad.

Un vestido de 1875 diseñado por la modista de la corte Madame Elise de Regent Street.

EL MUSEO

El museo se halla en el Barbican, un centro de arte y de conferencias, en un edificio proyectado en 1975 por Powell y Moya. Inaugurada en 1976, la colección es una amalgama del Guildhall Museum, fundado en 1826 para los objetos relacionados con la City, y del London Museum en Kensington Palace, que desde 1912 se centró en la historia cultural de Londres, especialmente en los trajes.

La frenética reconstrucción de Londres en las décadas de 1980 y 1990, y las excavaciones arqueológicas llevadas a cabo en los solares en construcción ampliaron enormemente la colección. Sólo se muestra una parte; el resto se expondrá en el Museum of Docklands. Las salas se ordenan cronológicamente, con planos, maquetas y música que sitúan los objetos en su contexto. Hay algunas salas temáticas, por ejemplo, sobre la industria o los espectáculos. «The Catwalk» es un recorrido rápido que cuenta con 11 estaciones interactivas.

LA VISITA

Una primera visita le dará una idea general de la historia de Londres, concentrándose quizás en un par de salas temáticas.

En el piso superior, las **salas romanas** sorprenden por su sofisticación. Las detalladas maquetas del puerto y del foro son todavía más impresionantes cuando se llega a las salas donde se recrean los edificios de la ciudad romana. Hay suelos de mosaico, una pintura mural de Southwark, cocinas, un comedor y algunas esculturas del Temple of Mithras.

En las **galerías sajonas** hay monedas y cerámica de importación, junto con arpones dejados por los guerreros vikingos. Las **salas medievales** dan vida a otro Londres: insignias de peregrinos, cruces de la época de la Peste Negra, el cofre de un mercader, además de maquetas de la Tower of London y del antiguo London Bridge. La grandiosidad del

Londres de los Tudor se refleja en la maqueta del Royal Exchange y en los fascinantes restos del Nonsuch Palace de Enrique VIII.

El **Londres de los Estuardo** vivió la inestabilidad de la guerra civil, la ejecución de un monarca y la restauración del trono. Hay medallones conmemorativos de Carlos I, gran cantidad de joyas de Cheapside y maquetas del desaparecido Whitehall Palace. También se da información sobre supersticiones, comida y abastecimiento de agua. Gracias a un asombroso diorama será testigo del Gran Incendio de 1666.

En el piso inferior, se muestra la riqueza del Londres estuardo en una sala del Poyle Park en Surrey, con magníficas espinetas. La época georgiana se recuerda con periódicos del siglo XVIII, cartas comerciales y una casa de empeños.

La grandiosidad del **Londres victoriano** podría diluir la mayor parte de los 2.000 años de historia de Londres. Las galerías del siglo XIX son un grandioso conjunto de transportes, edificios, servicios públicos, nuevas diversiones y ferrocarriles. La recreación de una calle comercial le da vida. Londres continuó creciendo en el siglo XX. En esta sección está el ascensor Art déco de los almacenes Selfridge, la historia de la industria cinematográfica londinense y una maqueta de un coche Ford T. No se pierda el carruaje del Lord Mayor. ■

La relumbrante colección de joyas de Cheapside en la galería de los primeros Estuardo.

Izquierda: busto de Mithras, c. 180-220 d.C, representado como un joven con un gorro frígio. Se encontró en 1954 en la excavación del Temple of Mithras.

Islington

Camden Passage

- Plano pág. 56
- Camden Passage, al final de Upper Street, N1
- 020-7359 9969
- Tiendas: cerradas dom.-lun. Paradas: abiertas miér. mañana-sáb. temprano
- Metro: Angel

SUBIENDO LA COLINA DESDE LA CITY, ISLINGTON YA hace tiempo que se asocia con la diversión y el jolgorio. Algunos aristócratas establecieron aquí su residencia tras la Disolución de los monasterios en el siglo XVI, pero fue un balneario del XVIII lo que marcó el carácter del lugar. Aunque los campos cercanos a las casas de los mercaderes georgianos pronto se convirtieron en un laberinto de plazas victorianas, Islington es todavía sinónimo de ocio: teatros, mercados, restaurantes y pubs.

Dos mercados muy distintos reflejan el espíritu de Islington: el tradicional **Chapel Market,** donde los residentes compran comida y otros productos, y el más sofisticado e internacional **Camden Passage** (ver recuadro inferior), salvado de las garras de los constructores en los años 1960.

Duncan Street y Charlton Place llevan desde Camden Passage a las grandiosas casas georgianas de Duncan Terrace. El famoso mercader Hugh Middleton tiene una estatua en Islington Green, frente al Royal Agricultural Hall de 1861-1862, convertido en el Business Design Centre de Londres.

En Upper Street, está **St. Mary's Church** de 1751-1754, con un espléndido campanario. La rodean tres de los teatros de Islington: el pub-teatro King's Head, el Little Angel Theatre para niños, cerca de la agradable Cross Street, y el vanguardista Almeida Theatre, en Almeida Street.

Pasear por **Canonbury,** al nordeste, es un placer, con sus terrazas de finales de la época georgiana, convertidas en preciosas casas. Canonbury Square, con la Canonbury House de 1780, conduce a Compton Terrace y las Alwynne Villas. Barnsbury, en el oeste, tiene un entramado de plazas victorianas. ■

Antigüedades, fuera y dentro de las tiendas, en Camden Passage.

Camden Passage

Una de las mayores concentraciones de anticuarios en Gran Bretaña está en este minúsculo pasaje de Islington. Aquí se alinean tiendas especializadas en relojes, ropa antigua, grabados y muchas otras cosas. También puede encontrar una buena selección de objetos modernistas, figuras de Staffordshire, objetos de baquelita y utensilios esmaltados. Los mejores días para ir son el miércoles y el sábado, cuando está repleto de paradas ambulantes, las mercancías se apilan en el suelo y todo objeto tiene su precio.

La opulencia de la Westminster Abbey, las Houses of Parliament, la Westminster Cathedral y el Buckingham Palace contrasta con la serenidad de St. Faith's Chapel, de la abadía, Victoria Tower Gardens, Green Park y St. James's Park.

Westminster

Detalle del techo de las Houses of Parliament. Las iniciales VR significan Victoria Regina

Westminster

WESTMINSTER, LA CUNA POLÍTICA Y REAL DE LA NACIÓN, TIENE UNA atmósfera totalmente distinta a la City. A poco más de tres kilómetros río arriba, la segunda ciudad de Londres nació mil años más tarde, en una orilla muy distinta y por motivos muy diferentes. Si mira cualquier mapa, el contraste con la City es evidente. Se trata de un área con palacios y grandes espacios al aire libre, con edificios y espectáculos públicos, no de negociaciones secretas; es un lugar para la política nacional, no para las finanzas internacionales; un conjunto de mansiones reales sin verjas, no un puerto amurallado y protegido.

ORIGEN DE WESTMINSTER

Westminster nació a orillas del Támesis, en un terreno pantanoso bañado por el Tyburn. Se cree que este lugar fue donde Sebert, rey de los sajones orientales, fundó la iglesia de San Pedro, posiblemente en 604 d.C. Fue el mismo año en que su tío, Adalberto, fundó St. Paul en la Ludgate Hill de la City.

Sea cual sea su pasado, Westminster recibió pronto la bendición real. Los reyes sajones cedieron tierras y reliquias; san Dunstan, obispo de Londres, contribuyó con una docena de monjes en 960; pero fue Eduardo el Confesor quien puso Westminster en el mapa. Su sueño fue construir un nuevo palacio, un gran monasterio y una abadía. Guillermo el Conquistador y todos sus sucesores afirmaron el papel real, religioso y político de Westminster.

WESTMINSTER ACTUAL

El Westminster Palace, más conocido como las Houses of Parliament, hace tiempo que domina la vida cotidiana de la zona, a orillas del río. El segundo puente de obra de Londres, Westminster Bridge, al lado del Parlamento, se inauguró en 1750 y se reconstruyó entre 1852 y 1862. En la actualidad, es el punto de salida de los barcos turísticos que recorren el río (ver pág. 52).

Las oficinas del Parlamento se han repartido por los edificios vecinos. Sus tentáculos cruzan Parliament Square y llegan a la iglesia parroquial de Westminster, St. Margaret's. Esta iglesia ha sido utilizada por los miembros del Parlamento, que la prefieren a la abadía, desde que el Puritan Speaker de la Cámara de los Comunes ofició allí el domingo de Pascua de 1614.

Las oficinas burocráticas del Parlamento en Whitehall, una calle con magníficos edificios, habrían borrado todo rastro del Whitehall Palace (en el Museum of London hay una maqueta, ver pág. 68), si no fuera porque la Banqueting House de Inigo Jones y la Horse Guards de John Vardy han sobrevivido.

El magnífico edificio de la Westminster Abbey y el papel que la abadía ha jugado en la historia británica atraen a los visitantes de hoy. Enrique III empezó a reconstruirla en 1245 para dedicar un templo a Eduardo el Confesor y tener una necrópolis real y una iglesia para las coronaciones. El arzobispo de Canterbury tiene su palacio londinense al otro lado del río, enfrente de Westminster.

A medida que la contaminación de Londres aumentaba, los monarcas abandonaron Whitehall en favor de Kensington Palace y Hampton Court, pero siempre mantuvieron la corte en St. James's Palace. Cuando Jorge III compró la Buckingham House en 1761, la monarquía regresó de Londres a Westminster. Buckingham Palace se ha mantenido como la casa real en Londres hasta la actualidad, aunque St. James's Palace es la residencia oficial de la corte. ■

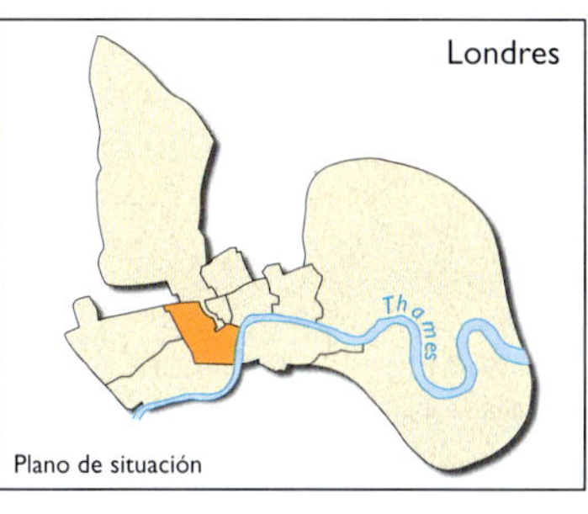

WESTMINSTER

1 U.S. Embassy 2 Royal Mews 3 Queen's Gallery 4 Queen Victoria Memorial 5 Spencer House 6 Lancaster House 7 Clarence House 8 Queen's Chapel 9 Marlborough House 10 Queen Anne's Gate 11 Cabinet War Rooms 12 Central Methodist Hall 13 St. Margaret's 14 Cenotafio 15 Westminster Hall

Westminster Abbey

SIEMPRE VALE LA PENA DETENERSE ANTE UN GRAN edificio antes de entrar en él, y aún más en el caso de la abadía de Westminster. En la actualidad, hace falta mucha imaginación para evocar el impacto que tuvieron esta encumbrada iglesia y el vasto terreno de la abadía en el Londres medieval. Se trata del edificio gótico más alto del país.

Las West Towers se añadieron a la abadía de Westminster en el siglo XVIII.

No es la abadía original. No se ha encontrado ningún resto de la primera iglesia construida en este lugar, dedicada a san Pedro. La que empezó Eduardo el Confesor en 1050 también ha desaparecido. Por lo tanto, se trata de la iglesia románica de 1110-1150, que fue gradualmente demolida hasta dar paso a la iglesia de Enrique III. La abadía actual es en gran parte el resultado de un plan de construcción de grandes edificios, iniciado en 1245. Fue Enrique III quien mandó construir el presbiterio gótico, los cruceros y los cinco primeros intercolumnios de la nave, utilizando piedras blandas de Reigate, en Surrey. Su arquitecto, Henry of Reynes, pudo haber sido francés. Varios elementos básicos son de inspiración francesa: el ábside poligonal con sus capillas radiales, el primero de este tipo en Gran Bretaña, su increíble altura y su rica decoración.

Imagine el presbiterio, añadido a la nave románica. Así fue durante un siglo. Luego, en 1375, Ricardo II hizo destruir la nave para que Henry Yevele empezara otra nueva, terminada en la década de 1390. La gran ventana occidental se añadió en el entonces predominante estilo Perpendicular. Las West Towers, proyectadas por Nicholas Hawksmoor, no se construyeron hasta el siglo XVIII.

Enrique VII utilizó el estilo Perpendicular más estilizado posible cuando añadió su capilla al extremo este, en 1503-1512. Vale la pena contemplarla desde fuera: las grandes pilastras exteriores cargan los contrafuertes que soportan el peso del techo, de modo que las ventanas pueden ser enormes.

EL INTERIOR

La primera impresión es de gran riqueza, pero no siempre fue así. Imagínese un interior vacío de monumentos, con un coro cuya función era separar a los monjes de los creyentes. La actual reja, en 1839 Edward Blore, que también diseñó la elaborada sillería del coro, colocada hacia 1848. Rayos de luz multicolor penetran por las vidrieras y se reflejan en los muros encalados, y sólo se ve la decoración tallada en rojo, azul, verde y dorado. Éste era el aspecto que tenía la abadía cuando los peregrinos llegaban en masa para contemplar el santuario de Eduardo el Confesor y en los claustros estaban los monjes benedictinos.

Cuando Enrique VIII disolvió los monasterios, en 1534 se quedó en propiedad la abadía de Westminster, la cerró en 1540 y posteriormente vendió dos terceras partes de su gran terreno. Isabel I selló su destino y la convirtió en la iglesia colegial de San Pedro en Westminster.

LA VISITA

Los monumentos de la abadía son tan ricos que deberá realizar una visita guiada o confeccionar una lista de prioridades, con tiempo para descansar. Intente llegar pronto y asistir a una misa en St. Faith's Chapel o llegar por la tarde para unirse a las vísperas.

Pasear por la nave es como recorrer un museo lleno de esculturas y relieves, del Renacimiento a la época victoriana. El monumento a sir Isaac Newton, proyectado por William Kent en 1731, se halla justo enfrente, a la izquierda de la reja. Michael Rysbrack esculpió la figura de Newton y las de Ben Johnson y John Milton, ambos en el Poet's Corner (Rincón de los Poetas). El retrato de Ricardo II, de 1390, se halla justo a la entrada. Al lado está la Tumba al Soldado Desconocido, el cuerpo de un soldado no identificado que falleció en la primera guerra mundial; se trata del último entierro en la abadía.

Al otro lado de la reja y la sillería del coro de Blore, la decoración de la nave de Enrique III se distingue claramente. Al ir hacia allí, fíjese en el gran rosetón del crucero norte, diseñado por James Thornhill, en los bonitos ángeles alados, en las llaves de bóveda del techo del crucero sur y en el altar de sir George Gilbert Scott de 1868, que incorpora el mosaico de Salviati de *La Última Cena*. Aquí se corona a los monarcas.

Bóveda en abanico en la capilla de Enrique VII.

Westminster Abbey

- Plano pág. 73
- Broad Sanctuary, SW1
- 020-7222 5152
- Cerrado: dom. excepto misas. Servicios cantados: lun.-vier. 17.00; dom. 10.00, 11.15, 15.00. Servicio diario: St. Faith's Chapel 7.30.
- Nave y capillas reales: $$ Chapter House, Pyx Chamber, Undercroft Museum: $ (mitad de precio miér. 18.00-19.45, se puede fotografiar). Claustros: gratuito.

La **capilla de Enrique VII** es el mejor edificio perpendicular de Londres. Las enormes ventanas, junto con la bóveda en abanico, crean una estructura decorativa y ligera. Las estatuas, como en otras partes, eran doradas; la sillería del coro tiene misericordias ricamente grabadas; las insignias pertenecen a los caballeros de la antigua Order of Bath, revitalizada por Jorge I en 1725.

Las **Tumbas Reales** contienen algunos de los monumentos más impresionantes de la abadía. Destaca especialmente el de Enrique VII, que yace junto a su amada reina. La capilla dedicada a Eduardo el Confesor está en el corazón del edificio. Su tumba está rodeada por las de Enrique III, Eduardo I, Eduardo III, y Ricardo II. La tumba de Enrique V se encuentra en la entrada, junto al Coronation Chair (Trono de la Coronación).

El **Poet's Corner** (Rincón de los Poetas) se halla en el transepto sur. Aquí, encontrará a Geoffrey Chaucer y Edmund Spenser, y a novelistas como Jane Austen y George Eliot, el compositor George Frederick Händel y el actor David Garrick. Las paredes están decoradas con pinturas murales del siglo XIII. Detrás, está la tranquila y mágica St. Faith's Chapel, con sus pinturas murales del siglo XIV.

En la intersección del transepto sur con la nave, una puerta lleva a los **Abbey Cloisters** (Claustros de la Abadía) que siguen reflejando el ambiente de los monasterios medievales londinenses. Los claustros están rodeados por varios edificios. En la Chapter House, de 1250-1253, el abad daba instrucciones diarias a sus monjes, y era aquí donde se reunía el Parlamento a finales del siglo XIII y durante el XIV. La **Pyx Chamber,** de 1065-1090 y el **Undercroft Museum** (museo de la cripta), antaño los dormitorios de los monjes, contiene efigies de cera realizadas para las procesiones funerarias: la de Carlos II es la más antigua. En el exterior hay más edificios que forman parte de la abadía. En Broad Sanctuary, un arco lleva hasta

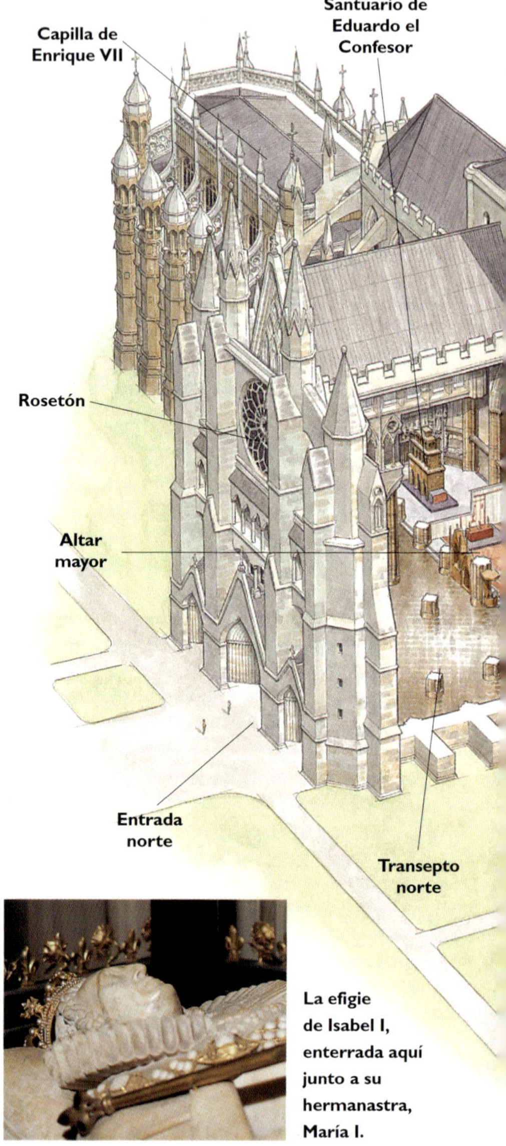

La efigie de Isabel I, enterrada aquí junto a su hermanastra, María I.

Dean's Yard, donde está la Westminster School. Busque el College Hall de la década de 1360, que formaba parte de la casa del abad.

«Y así el edificio, empezado por orden del rey, se terminó con éxito, y no hubo ninguna ponderación sobre el coste, pasado o futuro, ya que ha demostrado servir, y ser aceptada, por Dios y por san Pedro» (anónimo, siglo XI). ■

El santuario de Eduardo el Confesor, fallecido en 1066.

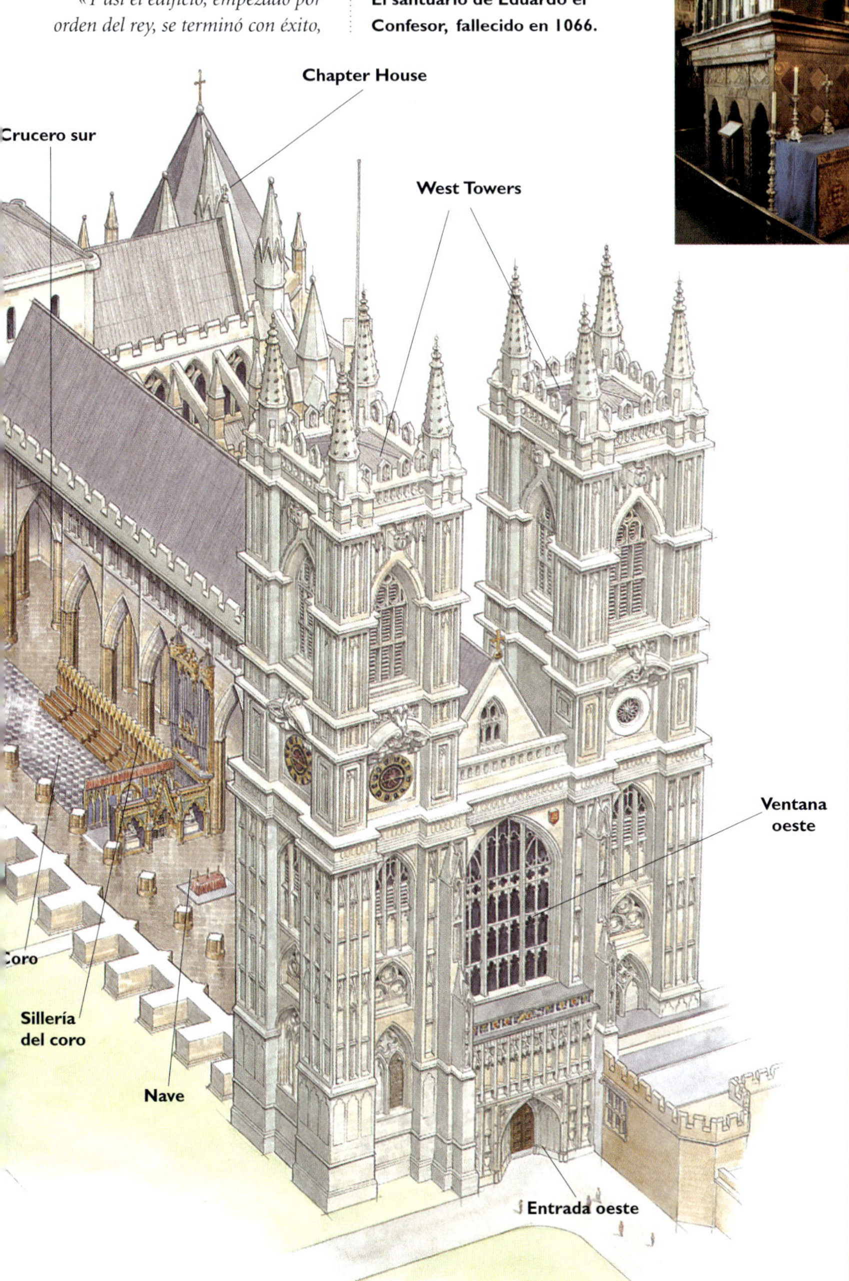

El Big Ben y las Houses of Parliament en todo su esplendor nocturno.

Palace of Westminster

- Plano pág. 73
- St. Margaret Street, SW1
- 020-7219 3000
- Entrada libre; el precio depende de la visita guiada
- Metro: Westminster

Jewel Tower

- Abingdon Street, SW1
- 020-7222 2219
- $
- Metro: Westminster

Cabinet War Rooms

- Plano pág. 73
- Clive Steps, King Charles Street, SW1
- 020-7976 1098
- $$
- Metro: Westminster, St. James's Park

Palace of Westminster

TAMBIÉN CONOCIDO COMO HOUSES OF PARLIAMENT, este edificio gótico-victoriano a orillas del río, con la famosa torre del Big Ben, es el palacio más moderno de la ciudad. El 16 de octubre de 1834, un incendio destruyó el antiguo palacio, que había sido la principal residencia real en Londres desde Guillermo el Conquistador hasta Enrique VIII. Incluso después de que Enrique se trasladara al Whitehall Palace en 1530, Westminster ha sido la sede del gobierno hasta la actualidad.

Poco sobrevivió al incendio de 1834: el Westminster Hall de Guillermo II, los claustros y la cripta de St. Stephen's Chapel, y la Jewel Tower del siglo XIV, construida como una caja fuerte gigante para las joyas, las pieles y el oro de Eduardo III. Comience por visitar la Jewel Tower, la única parte antigua de fácil acceso.

Hubo 97 proyectos para el nuevo edificio, los arquitectos Charles Barry y Augustus Welby Pugin fueron los ganadores. El edificio tenía 1.200 habitaciones, 3,5 km de pasillos, 11 patios, 100 escaleras y una fachada al río de 290 m, casi terminado en 1847.

Aunque se pueden visitar algunas partes del interior (ver colum-

Cabinet War Rooms

Este laberinto de salas subterráneas fue la sede del Gabinete de Guerra del gobierno, desde agosto de 1939 hasta septiembre de 1945. Desde estas pequeñas salas claustrofóbicas se dirigían las operaciones. Todavía están amuebladas y es fácil imaginar el tráfico de información secreta, las reuniones y los planes, las llamadas telefónicas transatlánticas, y sir Winston Churchill durmiendo unas pocas horas en su pequeño dormitorio. ■

Para visitar el Palace of Westminster, los ciudadanos británicos se dirigen por escrito a su MP (Member of Parliament). Los no británicos se dirigen a la Education Unit para unirse a una visita «Line of Rout» (visita guiada). Para asistir a un debate o a una «Question Time» por la tarde, diríjase a su embajada para obtener una entrada. Sin la entrada, espere su turno en St. Stephen's Entrance (mejor después de las 17.00).

na lateral, pág. 78), vale la pena echar una ojeada al exterior. Hay dos formas de contemplar la fachada que da al río: desde el cercano Westminster Bridge o desde la orilla opuesta, al lado del Lambeth Palace.

Pugin, un arquitecto entusiasta del gótico, envolvió el encargo clasicista de Barry con una ostentosa decoración. Estatuas de reyes desde Guillermo el Conquistador hasta Victoria cubren la fachada, donde los pináculos dorados captan los rayos de sol.

A la izquierda del palacio se halla la **Victoria Tower,** donde la bandera ondea durante las reuniones del Parlamento. Terminada en 1860, reúne copias de todas las leyes del Parlamento desde 1497. Este extremo del edificio, dedicado a la Cámara de los Lores está decorado en rojo. El Peers' Lobby conduce al Central Lobby. A la derecha se halla el Members' Lobby, donde los no miembros (Strangers), es decir los ciudadanos, pueden conocer a su Member of Parliament (su diputado) u observar los debates desde la Stranger's Gallery. Más adelante, a la derecha, se encuentra St. Stephen's Hall: su color verde oscuro le indica que está en el sector de los Comunes. St. Stephen's se construyó en el lugar de la capilla donde el Parlamento se reunió durante 300 años. La edificación del siglo XIX conservó el trazado de la capilla, al igual que la reconstrucción posterior a los bombardeos de la segunda guerra mundial. El Speaker está en el centro, el partido del gobierno a su derecha y el de la oposición a su izquierda.

La torre del reloj se conoce por el nombre de su campana, **Big Ben** y simboliza el gobierno británico. Si el Parlamento se reúne de noche, una luz brilla en su punto más alto. La torre se terminó en 1858 y el reloj, con una campana fundida en Whitechapel (ver pág. 199), se empezó el 31 de mayo de 1859. Su esfera tiene 7 m de diámetro, la manecilla horaria 2,7 m y el minutero 4,2 m. Se dice que su melodía se basa en el aria de Händel *Sé que mi redentor vive.* ■

El Presidente entrando en la Cámara de los Comunes.

Un paseo por Westminster

En este paseo que dura medio día, abundan las estatuas. Si el tiempo es variable y hay tormenta siempre encontrará un edificio importante donde refugiarse. Empezaremos en la parada de metro de Westminster y terminaremos en la de Green Park. Si lo prefiere, puede detenerse en la parada de St. James's Park.

Desde el **Westminster Bridge** (1), podrá contemplar el Palace of Westminster y, río abajo, County Hall, sede del London Aquarium. En el puente, la escultura de Thomas Thornycroft, inaugurada en 1902, muestra a la **reina Boudicca**.

Pase por delante del **Big Ben** (2) (ver pág. 79), luego gire a la izquierda rodeando el Palace of Westminster y encontrará las estatuas de Oliver Cromwell (1599-1658) y la de Ricardo I (1189-1199). **St. Margaret's, Westminster** y la **Jewel Tower** (3) se alzan en el camino. En los **Victoria Tower Gardens** hay tres monumentos conmemorativos: el de la emancipación de los esclavos en 1833, el de la sufragista Emmeline Pankhurst (1857-1928) y la escultura de Rodin *Los burgueses de Calais*.

Cruce el Lambeth Bridge para llegar al **Lambeth Palace** (4) y al pequeño y fascinante **Museum of Garden History.** El soberbio **Imperial War Museum** (ver pág. 213) está a cinco minutos a pie bajando por Lambeth Road.

De nuevo en la orilla norte, encontrará el Westminster del siglo XVIII en Dean Bradley Street y Smith Square, donde está **St. John's Church** (5), hoy una sala de conciertos. Pasee por delante de las elegantes casas de Lord North Street y baje por las calles de Cowley y Dean Barton hasta llegar a la Great College Street, donde un arco a la derecha conduce a Dean's Yard. Al final, otro arco lleva al Broad Sanctuary, al lado de la puerta occidental de la **Westminster Abbey** (ver pág. 74). Enfrente, el Central Methodist Hall, con su cúpula (1905-1911), y el Middlesex Guildhall, de la misma época, se alzan a ambos lados del **Queen Elizabeth II Conference Center** (6), de Powell Moya and Partners, inaugurado en 1986.

Parliament Square, bajando por Broad Sanctuary a la derecha, es el patio de esculturas dedicadas a políticos. Abraham Lincoln y el orador George Canning (1770-1827) se hallan enfrente de Guildhall; los estadistas sir Robert Peel (1788-1850), lord Beaconsfield (nacido Benjamin Disraeli, 1804-1881), lord Derby (1799-1869) y lord Palmerston (1784-1865) miran a la plaza central, finalizando con Jan Smuts (1870-1950) y sir Winston Churchill. La Foreign Office de sir George Gilbert Scott (la antigua Tesorería) se construyó en 1868-1873 y se halla en el norte de la plaza.

Pase de nuevo ante el Big Ben y descienda hasta el Victoria Embankment; las mejores vistas río abajo hacia la City se pueden obtener frente al desmantelado anexo para los parlamentarios construido por Richard Norman Show en la década de 1880. Parte de la terraza de Whitehall Palace se puede contemplar en los jardines, cerca de la estatua del general Gordon (1833-1885). Suba por Horse Guards Avenue hasta Whitehall;

Ricardo Corazón de León monta guardia en las Houses of Parliament.

la **Banqueting House** (ver pág. 82) está en la esquina. Whitehall cuenta con el **cenotafio** de sir Edwin Lutyens y las estatuas ecuestres de Earl Haig (1861-1928) y del segundo duque de Cambridge (1819-1904).

Cruzando Whitehall y girando a la izquierda se encuentra **Downing Street** 7, tras su gran verja. La residencia oficial del primer ministro está ahora en el nº 11. De nuevo en Whitehall, la **Horse Guards** de William Kent y John Vardy se construyó entre 1745 y 1755. La guardia cambia dos veces al día (ver pág. 91). Pase por la **Horse Guards' Parade** 8 para ver la fachada que da al parque.

Delante se extiende **St. James's Park,** rodeado por una serie de interesantes edificios. A la izquierda, cerca de la estatua de Clive de Plassey (1725-1774), están las Cabinet War Rooms (ver pág. 78). Las casas georgianas de **Queen Anne's Gate** 9 dan a la cara sur del parque. Para los que estén cansados, muy cerca de allí está la estación de metro St. James's Park. Si decide continuar, cruce el parque hacia el norte; el puente sobre el lago ofrece bonitas vistas de Whitehall y conduce al Mall. Desde aquí, mire a la izquierda, pasado el Queen Victoria Memorial, hacia Buckingham Palace. Delante se alzan Clarence House y Marlborough House. Marlborough Road queda entre ambas y lleva a **St. James's Palace,** con su Queen's Chapel a la derecha. Rodee el palacio, girando por Cleveland Row, que le conducirá a Green Park. Siguiendo por Queen's Walk llegará hasta la estación de Green Park. ■

Cubierta interior D3
Metro de Westminster
5,4 km
3 horas
Metro de Green Park

PUNTOS DE INTERÉS

- St. Margaret's, Westminster
- Parliament Square
- Downing Street
- Horse Guards

Inigo Jones proporcionó a Westminster una sala para las fiestas reales.

Banqueting House

Banqueting House

- Plano pág. 73
- Whitehall, SW1
- 020-7930 4179
- Cerrado dom. y para reuniones oficiales
- $$. Se puede alquilar un auricular para una visita guiada
- Metro: Westminster, Charing Cross o Embankment

MÁS QUE DE UNA CASA, SE TRATA DE UNA GRAN SALA. Este enorme espacio está iluminado por ventanas que se abren desde el techo hasta el suelo en el lado que da a Whitehall. El techo fue pintado por Rubens. Es una de las salas más bellas de Londres.

Jacobo I la construyó entre 1619 y 1622 y la encargó a Inigo Jones, que ya estaba trabajando en la Queen's House de Greenwich (ver pág. 205). Más tarde, Jones proyectó la Queen's Chapel para St. James's Palace, así como la Piazza (ver pág. 113). El rey quería reconstruir el Whitehall Palace de Enrique VIII, edificado en ladrillo, pero sólo consiguió terminar esta parte. La Banqueting House sobrevivió al incendio de 1698, que destruyó el resto del palacio. Es el primer edificio donde se utilizó piedra de Portland y marcó nuevas pautas arquitectónicas.

La cripta estaba dedicada a las fiestas informales de los reyes. El gran salón del piso superior era para bailes de máscaras, banquetes, ceremonias cortesanas y cumplía funciones diplomáticas. Al entrar en el salón, el visitante podría contemplar la decoración en dos órdenes: el jónico en la parte inferior y el corintio en la superior, que refleja el exterior del edificio. Hileras de cortesanos a ambos lados le conducían hasta el trono donde se sentaba el rey. Si mirara hacia arriba, podría contemplar los paneles de Rubens, pintados en 1634 para Carlos I. Por estas pinturas que honraban a su padre, Jacobo I, Carlos otorgó a Rubens el título de caballero.

Algunos sucesos posteriores pusieron en duda la alegoría de Rubens. El 30 de junio de 1649, Carlos I fue decapitado en un cadalso situado en el exterior, pero en 1660, fue aquí donde Carlos II celebró su regreso al trono. ■

Westminster Cathedral

EMPIECE EN LA CATHEDRAL'S PIAZZA, EN VICTORIA STREET. Aquí, la mole roja y blanca de la última catedral londinense se levanta ininterrumpida. Hasta 1850, la jerarquía católica romana no se restableció, 300 años después de la Reforma. En 1894, el arzobispo Vaughan eligió a John Bentley para que proyectara una catedral con una nave amplia para grandes congregaciones y que no se pareciera a la cercana (protestante) Westminster Abbey.

Bentley había trabajado el estilo gótico, pero éste era demasiado parecido al de la abadía. Por lo tanto, creó una iglesia que mezclaba los estilos bizantino y románico, utilizando ladrillo rojo y piedras blancas de Portland.

Suba al **campanario** para obtener vistas del Big Ben, la Nelson's Column y Buckingham Palace. La cruz del campanario contiene una reliquia de la Vera Cruz.

Dentro de la catedral, el incienso perfuma el aire, los mosaicos de las cúpulas de la capilla reflejan la luz de los cirios y una gran cruz de oro cuelga encima de la enorme nave. Las paredes son de mármol, mientras que las cúpulas y el ábside se mantienen unidos por puentes que se sostienen sobre columnas inspiradas por las iglesias de Rávena del siglo VII. Las *Estaciones de la Cruz* (1914-1918) de Eric Gill se hallan en los pilares de la catedral. Para contemplar el proyecto completo de Bentley, entre en la Lady Chapel. ■

Westminster Cathedral

Plano pág. 73
Victoria Street, SW1
020-7798 9055
Campanario: cerrado jue.-dom., dic.-marzo Misa solemne cantada: lun.-vier. 17.50. Sáb. y dom. 10.30. Recitales de órgano: dom. 14.30.
Catedral: aportación voluntaria
Campanario: $
Metro: Victoria

Misa en la Westminster Cathedral.

St. James's Palace

St. James's Palace
- Plano pág. 73
- Cleveland Row, Marlborough Gate, SW1
- El palacio no está abierto al público. Chapel Royal y Ambassadors Court: servicios dom. oct-Semana Santa. Queen's Chapel: servicio dom. Semana Santa-jul.
- Metro: Green Park

UNA VISITA A ST. JAMES'S PALACE DEBERÍA EMPEZAR EN Friary Court, contemplando la ceremonia del cambio de la guardia. El palacio original, de cuatro patios, lo edificó Enrique VIII en la década de 1530, como parte de un ambicioso proyecto de construcción. A pesar de los incendios y las reconstrucciones, gran parte de su estructura exterior ha sobrevivido.

El nombre de uno de los patios, Friary Court (del monasterio), nos revela el origen del palacio. El monasterio medieval agustino se convirtió posteriormente en hospital femenino de leprosos, dedicado a St. James the Less. Enrique VIII adquirió el hospital y sus terrenos, construyó el palacio y valló 121 hectáreas de terreno (actualmente St. James's Park).

Tras el incendio de Whitehall Palace en 1698, St. James's se convirtió en la principal residencia real londinense. Dos mansiones palaciegas cercanas se construyeron tras aquella fecha: Marlborough House de sir Christopher Wren, en 1709-1711, y Lancaster House de Benjamin Wyatt, en 1827. Después de que Jorge III se trasladara a Buckingham Palace en 1762, St. James's siguió siendo la residencia real oficial. Actualmente, los soberanos son proclamados aquí. Los embajadores extranjeros son citados en el Patio de St. James's y desde allí se trasladan en un carruaje de cristal para presentar sus respetos a la reina.

Enfrente de Friary Court se halla **Queen's Chapel.** Construida en 1623 para la esposa católica de Carlos I, Enriqueta María, se trata de la primera iglesia clásica inglesa de inspiración italiana. Inigo Jones la proyectó y, al igual que la Banqueting House, el interior es un cubo doble.

La **Gatehouse,** de cuatro pisos, de Enrique VIII, con reloj, torres octogonales y puertas forradas con paneles de lino nos da una idea de cómo debían ser los palacios de Whitehall y Greenwich en la época Tudor. A veces es posible echar un vistazo al Ambassadors Court y algunos domingos también podrá visitar la **Chapel Royal.** El resto fue lujosamente redecorado en la década de 1830.

Fue en St. James's Palace donde nació la costumbre cortesana de premiar a un poeta como parte de la ceremonia real. ■

La Gatehouse estilo Tudor de St. James's Palace.

Buckingham Palace

LA MANSIÓN RELATIVAMENTE MODESTA DEL DUQUE DE Buckingham, construida en 1705, se ha perdido después de sucesivos añadidos de salas regias, obras de arte espléndidas y una imponente fachada. En las ocasiones especiales, fuera de las verjas, la gente se agolpa para saludar a la reina y la familia real, que se asoman al balcón, entre las grandes columnas centrales. El hogar de los monarcas en Londres es un punto clave de la capital.

LA VISTA

La mejor vista de Buckingham Palace se obtiene desde el Mall, cerca del Queen Victoria Memorial de sir Aston Webb, creado en 1901-1913. La estatua de mármol de la reina, de Thomas Brock, levanta la vista hacia el Mall, rodeada por figuras alegóricas de las virtudes victorianas, como la caridad, la verdad, el progreso y el trabajo; una Victoria de pan de oro se halla en la parte superior. Los Memorial Gardens que la rodean simbolizan el Imperio y tienen puertas que equivalen a Canadá, África occidental, África del sur y Australia.

Justo enfrente, al otro lado de la explanada donde se realiza la ceremonia del cambio de la guardia, la fachada de piedra de Portland que se ve hoy fue construida por sir Aston Webb, en 1913. Antes, Buckingham Palace y sus alrededores eran mucho menos

Buckingham Palace, con sus jardines a la izquierda, el Queen Victoria Memorial a la derecha, y el Green Park al fondo.

El estandarte real ondeando sobre el palacio indica que la reina está en su residencia.

Buckingham Palace

Plano pág. 73

The Mall, SW1

Información general: 020-7839 1377. Información grabada 24 h.: 020-7799 2331. Reservas con tarjeta de crédito: 020-7321 2233

imponentes. John Sheffield, duque de Buckingham, construyó aquí una casa de campo en 1705. Después de que Jorge III la comprara en 1761 para su esposa, la reina Carlota de Mecklenburgh-Strelitz, sir William Chambers la remodeló, manteniendo su carácter privado.

EL EDIFICIO

Fue Jorge IV quien empezó a ampliar la casa en 1826. Ordenó a John Nash que la transformara en un gran palacio adecuado para sus ceremonias cortesanas y oficiales. El anciano Nash, debido a los fondos escasos y a la necesidad de adaptarse al antiguo edificio, añadió una serie de habitaciones nuevas a lo largo de la zona del jardín, con las State Rooms en la primera planta. La fachada del jardín, con su ligerero estilo neoclásico francés, es especialmente bonita. Sin embargo, la fachada del Mall (1847-1850) quedó eclipsada por el ala añadida por Edward Blore para proporcionar más espacio a la reina Victoria: dormitorios, cocinas y un enorme salón de baile de 37 metros.

EL INTERIOR

Mientras la reina se reserva para ella una docena de habitaciones con vistas a Green Park, los visitantes pueden disfrutar de la ostentosa decoración y los ricos muebles que adornan las **State Rooms** (Salas del Estado). El gusto de Jorge IV por la opulencia queda reflejado en los paneles esculpidos, techos elaborados

y brillantes colores, como el frambuesa o el lapislázuli. Las salas más impresionantes son las de dibujo, azul, blanca y verde, la de música y la del trono. El palacio de Jorge se terminó después de su muerte y no estuvo habitado hasta que la joven Victoria se trasladó a él en 1837.

El palacio está lleno de obras de arte y la Royal Collection es una de las mejores del mundo. Cuando Jorge V y la reina María subieron al trono, encargaron a sir Aston Webb que mejorara el exterior, mientras la reina María reunía muebles de todas las residencias reales y los restauraba.

En total, el palacio tiene 600 habitaciones, incluyendo 19 salas de Estado, 52 dormitorios reales y de invitados, 188 habitaciones para los empleados y 78 baños. Más de 400 personas trabajan aquí y cada año asisten más de 40.000 invitados. Se utiliza para actos oficiales y fiestas en los jardines reales.

EL RECORRIDO

Actualmente es posible visitar algunas de las Salas de Estado, una tradición que se inició para recoger fondos tras el incendio del castillo de Windsor en 1992 (ver pág. 222). Entrará en Buckingham Palace por el **Ambassadors Court,** desde donde verá la fachada de Nash. Suba por la gran escalinata doble de mármol de Carrara para contemplar la Green Drawing Room y el salón del Trono. A continuación se hallan la galería de Cuadros, donde la obra de Van Dyck *Carlos I*, de 1633, se encuentra entre las 50 pinturas

Los horarios son variables. Salas de Estado: agos.-principios oct., a diario.
Royal Mews (entrada por Buckingham Palace Road): marzo-agos. Mar.-jue. y agos.-oct. lun.-jue., y oct.,-marzo: miér.

Royal Mews: $$
Salas de Estado: $$$

Metro: Green Park, Victoria, St. James's Park.

Desde 1993 las Salas de Estado se han abierto al público en verano. La visita incluye la opulenta White Drawing Room.

más importantes de la Royal Collection. La Silk Tapestry Room conduce a la Galería Este, y a las habitaciones con vistas a los magníficos jardines. En primer lugar encontrará el Comedor de Estado, luego el Salón Azul, la Sala de Múscia con su gran ventana y la White Drawing Room. Bajará por la Escalera de los Ministros y pasará por una esquina de los jardines.

OTRAS VISITAS

La Queen's Gallery contiene una parte de la colección de arte real. Aquí, algunas exposiciones temporales ofrecen una selección de las obras de arte de la reina, una de las mejores colecciones privadas del mundo. En el cercano Royal Mews, en Buckingham Palace Road, los establos y las cocheras de Nash albergan el Carruaje del Estado de 1761, los caballos que tiran de él hoy en día, los arneses y el resto de aparejos de una ceremonia real.

«Fue como una entrada triunfal… Las ventanas, los tejados de las casas, formaban una masa de caras brillantes, y los vítores no cesaban… Me sentí muy emocionada y agradecida… Nadie, creo, ha recibido tal ovación como la que recibí yo, al pasar por esos 10 kilómetros de calles». Esto escribió la reina Victoria en su diario el 21 de junio de 1897, tras su desfile del jubileo de diamantes. ■

Parques reales

Los nueve parques reales de Londres son antiguas posesiones de la Corona, en las que los monarcas cazaban y practicaban otras aficiones. Gradualmente, se abrieron al público. Carlos II empezó con St. James's Park.

El origen de los parques es diverso: Enrique VIII obtuvo Hyde Park a cambio de tierras en Berkshire; Primrose Hill también fue fruto de un intercambio con el Eton College; Richmond Park estaba formado por una serie de granjas compradas por Carlos I; Guillermo y María añadieron los Kensington Gardens a su Nottingham House.

Reina un ambiente informal, aunque los guardias de seguridad de los parques obliga a cumplir leyes y normas estrictas. Los jardineros mantienen un estilo impresionante: cada año se plantan 40.000 tulipanes enfrente de Buckingham Palace y 250.000 en Hampton Court. También hay especialistas que cuidan de los animales, árboles y lagos. Algunos voluntarios controlan el elevado número de aves.

Puede pasear a lo largo de más de 3 km de parque, desde Westminster hasta Notting Hill, a través de St. James's Park, Green Park y Hyde Park hasta Kensington. ■

Derecha: paz y tranquilidad junto a los rosales del Queen Mary's Rose Garden, en Regent's Park.

El Londres real

Aunque en Westminster se reúne un gobierno elegido democráticamente, donde el soberano es una figura simbólica, la presencia real se nota profundamente. En una época en que se cuestiona la existencia de la familia real, la capital está llena de monumentos que la recuerdan.

Fue Eduardo el Confesor, rey de Inglaterra entre 1042 y 1066, quien convirtió Londres en su capital. La reina Isabel II desciende de Egberto de Wessex, rey de los ingleses desde el año 829. Los palacios de Londres, su boato, sus estatuas y sus símbolos son el resultado de esta larga historia.

Residencias y jardines

Entre los edificios reales que se pueden visitar en Londres empiece por el Buckingham Palace (ver págs. 85-89), la principal residencia de la reina en Londres; siga por la Banqueting House de Whitehall Palace (ver pág. 82), la Jewel Tower de Westminster, el Kensington Palace (ver págs. 146-147)

Proveedores reales

En Gran Bretaña más de 800 tiendas tienen un escudo de armas sobre la puerta. Esto indica que el negocio tiene una garantía real para abastecer «by appointment» a la reina, el duque de Edimburgo o el príncipe de Gales. La tradición se remonta a la Edad Media y se conserva con renovado vigor. La mayor concentración de estas tiendas reales, que utilizan su condición para promocionar sus productos, se hallan en St. James's y Mayfair. ■

La reina viaja en un carruaje, conducido por un postillón, durante la Presentación de la bandera. Derecha: el escudo de armas real.

y la Tower of London (ver págs. 194-197). En los alrededores, el Hampton Court Palace (ver págs. 187-190) está río arriba y más allá de Kew Palace y Marble Hill House. Greenwich (ver págs. 202-206) está río abajo, mientras que el Windsor Castle (ver págs. 222-223) se halla a 40 minutos en tren. Ocasionalmente, los domingos, las Chapels Royal en St. James's, Hampton Court, la Tower of London y la Queen's Chapel abren sus puertas. St. James's Palace, Westminster Hall, Clarence House y Marlborough House sólo se pueden admirar desde el exterior. Por otro lado, poco ha sobrevivido de Richmond, Rotherhithe y otros palacios.

Los amantes de los jardines no deben perderse el Queen Mary's Rose Garden, en Regent's Park, los jardines Tudor y holandés en Hampton Court o los Royal Botanical Gardens, en Kew.

El lujo

Aunque el boato de la realeza parece disminuir, todavía hay mucho que ver. El cambio de la guardia tiene lugar en los palacios de Buckingham y St. James's, y en la Tower of London, a diario o en días alternos. La Ceremonia de las Llaves se ha celebrado cada noche desde hace más de 700 años en la Tower of London. Algunas celebraciones anuales incluyen la Presentación de la bandera, el Toque de retirada y la apertura del Parlamento, en noviembre. ■

Los escaparates estilo regencia forman parte de la elegante Burlington Arcade.

St. James's, Mayfair y Piccadilly

EL CORAZÓN DEL LONDRES ARISTOCRÁTICO SE HA caracterizado por su exclusividad desde que lo crearon los mismos nobles al trasladarse hacia el oeste desde la City y arrendaron sus terrenos a los constructores especulativos.

Spencer House

- Plano pág. 73
- 27 St. James's Place, SW1
- 020-7514 1964
- Abierto sólo dom. Cerrado enero y agos.
- $$$
- Metro: Green Park

ST. JAMES'S

Actualmente, St. James's Square, proyectada por Henry Jermyn en la década de 1660, es el emplazamiento de la **London Library,** en el nº 14. **Christie's,** la casa de subastas, está en la cercana King Street, rodeada de marchantes de arte que comen en sus clubes (ver pág. 93) o compran en Jermyn Street. Los clientes del Ritz, el Stafford o el Duke reflejan el estilo de vida que antaño reinaba en mansiones como **Spencer House,** restaurada cuidadosamente por Lord Rothschild.

Asprey & Co.

Esta tienda familiar con grandes ventanas, en el n° 165-166 de New Bond Street, es la máxima expresión de las compras en Mayfair. Charles Asprey, descendiente de hugonotes franceses, abrió aquí una tienda en 1848. Desde entonces la familia ha proporcionado joyas, plata y objetos de arte a la realeza. Los diseñadores y artesanos que trabajan en la tienda crean algunos de los lujosos objetos que venden. Pero para la mayoría de la gente, las sólidas varitas de plata para mezclar el cóctel, los saleros chapados en oro y los platos repujados, serán sólo un sueño en el escaparate de una tienda. ■

Clubes de caballeros

Las cafeterías y casas de apuestas de Mayfair y St. James's del siglo XVIII se convirtieron en elegantes clubes de caballeros. Algunos, a lo largo de Pall Mall y St. James's Street, llegaron a ser hogares fuera del hogar para sus miembros. En Pall Mall, el Ateneo es famoso por los académicos y obispos que lo frecuentan, mientras que el Reform atrae a los pensadores liberales (fue el primer club que permitió entrar a las mujeres). En St. James's Street, el Carlton está reservado a los conservadores. El Brook's es más liberal y el White's para la gente importante. ■

El gran vestíbulo con galería del Reform Club.

MAYFAIR

Se trata de la transformación de seis grandes fincas y es similar a St. James's, aunque a mayor escala. A la grandiosidad del área residencial se suma la presencia de algunos hoteles de lujo: el Dorchester en Park Lane, el Claridges, en Brook Street y The Connaught en Carlos Street. Sotheby's, el centro artístico de Mayfair, se halla en la zona comercial más elegante, New y Old Bond Streets, donde Asprey's, Versace y la Fine Art Society presentan lujosos escaparates.

PICCADILLY

Dividiendo Mayfair y St. James's, Piccadilly se extiende desde Piccadilly Circus hasta Hyde Park Corner. Aquí se encuentra la **Apsley House** del duque de Wellington, una de las escasas mansiones que quedan en Mayfair, amueblada con chimeneas de Adam y pinturas de Goya y Rubens. En está calle se encuentran el hotel Ritz y la librería Hatchard, en una acera, la **Royal Academy of Arts** y la Burlington Arcade, en la otra.

La Academia se fundó en 1768, y tuvo en Jorge III su mecenas y en sir Joshua Reynolds, su primer presidente. Gainsborough fue uno de los miembros fundadores; Constable y Turner estudiaron allí. La tradición de que los académicos recién elegidos presentaran un trabajo a la Academia se inició muy pronto, y su exhibición es el origen de las exposiciones veraniegas anuales.

En la exposición de 1855, la reina Victoria compró el cuadro de lord Frederick Leighton *La Madonna de Cimabue*, asegurando de esta forma la reputación del joven artista. Incluso hoy en día, las exhibiciones internacionales se preparan para la gran exposición de verano, cuando los académicos exhiben su trabajo junto a artistas profesionales y aficionados.

Burlington Arcade, la galería comercial cubierta de Samuel Ware, terminada en 1819, fue una idea con muy buena acogida en el lluvioso Londres. Las galerías de Piccadilly, Royal Opera, Prince's y Royal están en esta área, y todas tienen tiendas de moda. ■

Apsley House

Plano pág. 72
Wellington Museum, Apsley House, 149 Piccadilly, SW1
020-7499 5676
Cerrado lun.
$$
Metro: Hyde Park Corner

Royal Academy of Arts

Plano pág. 73
Burlington House, Piccadilly, W1
020-7300 8000
Abierto a diario cuando hay exposición
El precio depende de la exposición
Metro: Green Park, Piccadilly Circus

Wallace Collection

Wallace Collection
Plano pág. 72
Hertford House, Manchester Square, WIM 6BN
020-7563 9500
Metro: Bond Street, Marble Arch
Cerrado dom. mañana

UNA DE LAS MEJORES COLECCIONES DE ARTE DE LA capital está en Hertford House, una mansión palaciega del siglo XVIII en el norte de Mayfair, en Manchester Square.

La casa se construyó para el duque de Manchester en 1777. Pero fueron cuatro generaciones de la familia Hertford quienes crearon la colección. El primer marqués fue el mecenas del pintor escocés del siglo XVIII Allan Ramsay y adquirió obras de Canaletto; el segundó compró la casa en 1797 y colgó cuadros de Gainsborough en sus paredes; el tercero, que disfrutaba de la vida de la alta sociedad junto al príncipe regente, añadió porcelanas de Sèvres y lienzos holandeses; el cuarto, un excéntrico noble que vivió en París durante el caos posterior a la revolución, adquirió Fragonards, Watteaus y Bouchers, además de muebles, e instaló la escalera parisina. Por último, el hijo ilegítimo del cuarto marqués, Richard Wallace, renovó la casa y añadió su mayólica italiana, armaduras, bronces y oros renacentistas. Su viuda cedió la casa y la colección al Estado.

Es un placer visitar la Hertford House; el tejado vidriado de Rick Mather, que cubre el patio interior y el Café Bagatelle. La planta baja contiene cuatro nuevas galerías, una sala de conferencias, un estudio y una biblioteca.

Al entrar es difícil no sucumbir al impulso de subir por la opulenta escalera doble, cuya balaustrada en hierro y bronce se realizó para el Palais Nazarin de Luís XV en París. No se pierda las pinturas de Boucher en la pared. En el piso superior hay obras venecianas de Canaletto y su alumno Guardi, y otra sala con pinturas holandesas de Ruisdael, Hobbema y Wijnants. La colección de arte francés incluye *El columpio* de Fragonard. *El caballero sonriente* de Frans Hals es una de las pinturas de la familia en la Long Gallery, de 30 m de longitud. De nuevo en la planta baja, vea las pinturas inglesas, los muebles de Boulle y los relojes. También se exhiben esmaltes de Limoges, cristal veneciano, porcelanas y armaduras. ■

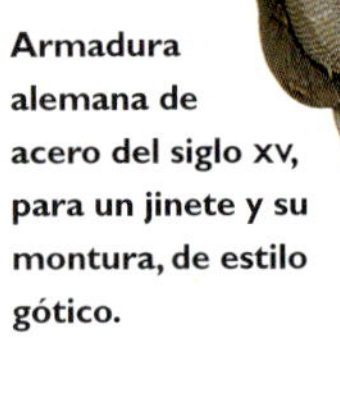

Armadura alemana de acero del siglo XV, para un jinete y su montura, de estilo gótico.

Westminster, Covent Garden, Bloomsbury, Marylebone y Mayfair rodean esta concentración de teatros, restaurantes, galerías nacionales, cines de estreno y diversiones innovadoras.

Trafalgar Square y Soho

El Soho de noche: el paraíso de los clubes nocturnos londinenses

Trafalgar Square y Soho

ESTA PEQUEÑA ÁREA DEL LONDRES URBANO, SEPARADA DEL RÍO Y DE LOS parques, tiene pocos edificios públicos importantes. Sin embargo, es un microcosmos de la reacción de la capital ante la constante demanda de cambios de los londinenses.

Primer plano de la cara de la estatua de Nelson, que se encuentra sobre una columna de 56 m en Trafalgar Square.

En la época Tudor, al norte del Westminster real, había granjas, campos y bosques propiedad de varios monasterios. Para optimizar la caza alrededor de Whitehall Palace, cuyos establos abarcaban hasta el siglo XIX gran parte de la actual Trafalgar Square, Enrique VIII expropió los terrenos que posteriormente se convertirían en el Soho. Se había establecido el centro del ocio de Londres.

Shaftesbury Avenue, terminada en 1886, divide el Soho en dos distritos. Las calles estrechas del norte se convirtieron en el siglo XX en el hogar de los inmigrantes griegos, sicilianos y otros italianos, lo que creó un ambiente exótico y continental. En la actualidad, la mayoría de los sórdidos clubes nocturnos se han convertido en bares y restaurantes de moda, y se planea convertir algunas calles en peatonales. En la zona sur, unas cuantas calles forman el Tong Yan Kai, la calle china. Los chinos, huyendo de la pobreza de Hong Kong, llegaron a partir de la década de 1950 y pronto crearon un Chinatown muy típico.

Todavía más al sur, la Leicester Square del siglo XIX, pasó de ser una plaza residencial a un lugar de diversión en los años 1950, con unos baños turcos y un circo a gran escala. Cuando llegaron las películas americanas, varios espacios ofrecieron a sus clientes el sueño barato, pero glorioso, de Hollywood. Pronto proliferaron los clubes nocturnos, donde Noel Coward, Gloria Swanson y Marlene Dietrich animaron a la alta sociedad de entreguerras a bailar y a olvidar las sombrías nubes de los cambios sociales y el inicio de una nueva guerra.

Hoy en día, los cines siguen dominando la plaza y el Madam Tussaud (Rock Circus) y el gran centro lúdico del Trocadero están cerca.

Trafalgar Square, en el sudeste, conduce a distritos más sombríos de Londres. La iglesia de St. Martin-in-the-Fields de James Gibbs, de 1721, fue el ejemplo para las iglesias coloniales, sobre todo en América. Se alza en una esquina de la decimonónica plaza, concebida como un enorme encrucijada para los desfiles hacia Buckingham Palace, las Houses of Parliament, Whitehall y la City. Rodeando la plaza están la porticada Canada House de Smirke, la preciosa South Africa House de Baker y la

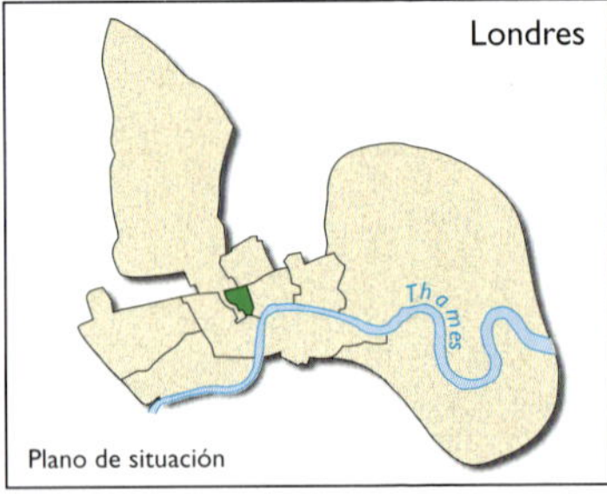

National Gallery de William Wilkins, construida entre 1832 y 1838. El ala Sainsbury se añadió en 1988-1991. En el centro de la plaza, Horacio, el vizconde Nelson, el héroe de la batalla de Trafalgar (1805), contempla el perenne espectáculo de los turistas de Londres caminando entre estatuas, fuentes y centenares de palomas. ■

El Empire Theatre de Leicester Square, uno de los grandes teatros victorianos, se ha reconvertido en un cine.

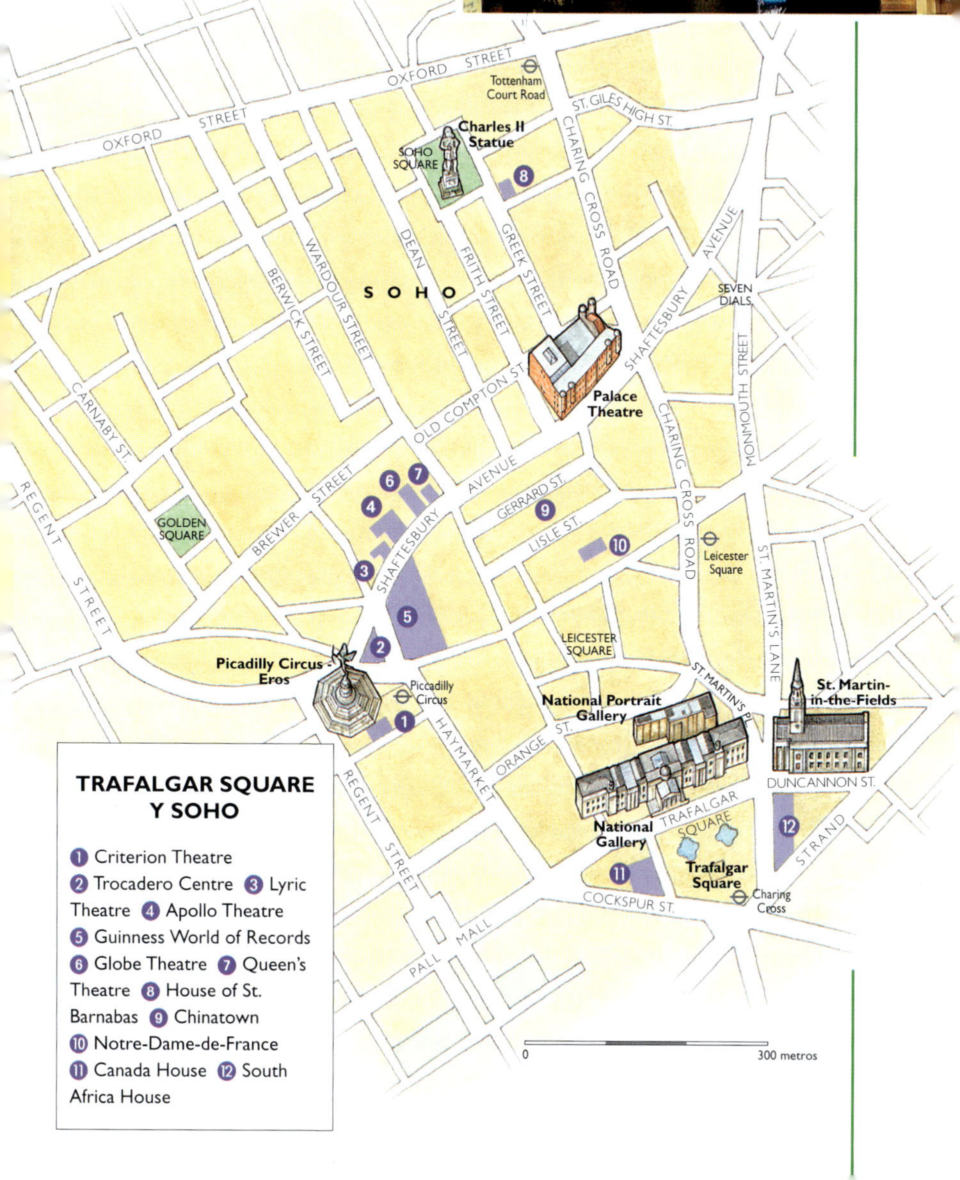

TRAFALGAR SQUARE Y SOHO

1 Criterion Theatre 2 Trocadero Centre 3 Lyric Theatre 4 Apollo Theatre 5 Guinness World of Records 6 Globe Theatre 7 Queen's Theatre 8 House of St. Barnabas 9 Chinatown 10 Notre-Dame-de-France 11 Canada House 12 South Africa House

0 300 metros

El impresionante pórtico de la National Gallery tiene vistas a Trafalgar Square y a las fuentes proyectadas por sir Edwin Lutyens.

National Gallery

UNA DE LAS GALERÍAS NACIONALES MÁS IMPRESIONANTES del mundo, su colección abarca unas 2.000 pinturas; una sucesión de obras maestras que reflejan la historia de la pintura europea de los siglos XIII al XIX. Como la colección es relativamente pequeña y las salas no son muy espaciosas, el visitante podrá recorrer todas las galerías, fijarse en algunos cuadros y escoger zonas concretas para volver otro día y disfrutarlas con mayor detenimiento.

National Gallery

- Plano pág. 97
- Trafalgar Square, WC2
- 020-7839 3321 Información grabada: 020-7747 2885
- Se paga entrada en exposiciones especiales. Mucha gente los fines de semana
- Metro: Charing Cross, Embankment y Leicester Square para entrar por Orange Street

Jorge IV observó el progreso ilustrado de las galerías de arte públicas de París, Amsterdam, Viena, Madrid y Berlín, y sugirió a un gobierno reacio a promover el arte que creara una galería nacional de Inglaterra. El gobierno recaudó 57.000 libras en 1824 para pagar los 38 cuadros cedidos por John Julius Angerstein, un comerciante ruso que vivía en Londres. Primero, sus pinturas se exhibieron en su residencia de Pall Mall y en 1838 se trasladaron al edifico neoclásico de William Wilkins con vistas a la recién proyectada Trafalgar Square, de John Nash. El ala Sainsbury, inaugurada en 1991, añadió 16 salas a la galería, que cuenta con magníficas obras del Renacimiento temprano procedentes de Italia y del norte de Europa.

VISIÓN GENERAL

Se exhiben todas las pinturas de la impresionante colección, a no ser que estén prestadas o en restauración. Si una sala se cierra, su contenido se muestra en otro lugar;

sólo tiene que preguntar. Las 66 galerías se dividen en cuatro secciones: la pintura de 1260-1510, en el ala Sainsbury; la de 1510-1600, en el ala oeste; la de 1600-1700, en el ala norte, y las posteriores, en el ala este. El arte del siglo XX se muestra en la Tate Modern, en Bankside (ver pág. 216), mientras que la mayoría de la pintura británica se encuentra en la Tate Britain, en Pimlico (ver pág. 174).

ALA SAINSBURY (salas 51-66)

Aquí se exhibe la pintura renacentista más tempranas de la galería, una mezcla de obras del norte y el sur de Europa. Una de las más tempranas es *Pentecostés* de Giotto (1306-1312), en la sala 51. Con sus murales de Florencia y Padua, esta obra marcó el inicio de una nueva era artística; la pintura se tornó realista, tridimensional y más espectacular. Las salas 52-56 muestran más ejemplos de este estilo, como el notable *El Díptico de Wilton* (1395-1399), posiblemente encargado por Ricardo II de Inglaterra para sus oraciones privadas. También destacan *La batalla de San Romano* (*c.* 1450), de Paolo Uccello, que muestra la victoria de los florentinos sobre los sieneses; y *La Magdalena Leyendo* (1399) de Rogier van der Weyden, de un naturalismo casi surrealista. En cuanto a los retratos, aquí están los bustos de Robert Campin y *El matrimonio Arnolfini* de Jan van Eyck (ambos de la década de 1430).

En las salas 57-60 hay logros técnicos más complejos, como *La Anunciación con san Emidio* (1486) de Carlo Crivelli, con su profunda perspectiva y su simbología política, y *Una figura alegórica* (*c.* 1460) de Cosimo Tura, un italiano que había adquirido la precisa técnica del norte. *Venus y Marte* (1480-1490) de Botticelli, es uno de los cuadros seculares del artista florentino, en el que consiguió crear una magnífica tela translúcida para Venus. Las dos obras de Rafael, *Santa Catalina de Alejandría* (1507-1508) y *La Virgen de Ansidei* (1505), las pintó el artista con poco más de veinte años y, sin embargo, ya reflejan la influencia del arte grecorromano, así como la búsqueda de la belleza que marcó el Alto Renacimiento.

En una cámara de la sala 51 se halla el frágil y gran dibujo de Leonardo da Vinci *Santa Ana con la Virgen, el Niño y san Juan de niño* (*c.* 1499-1500). De nuevo en la sala principal, podrá contemplar *La Virgen de las rocas* (*c.* 1508).

Las salas 61-66, al final de esta sección, contienen obras familiares del Renacimiento. Del Véneto, están *Agonía en el jardín* (*c.* 1460) de Andrea Mantegna y el cuadro de igual temática de su cuñado

El esplendor victoriano de la remodelada ala norte, donde se exhiben las pinturas europeas del siglo XVII.

***Escena en el hielo cerca de un pueblo,* del pintor holandés Hendrick Avercamp (1585-1634).**

Giovanni Bellini. Los retratos ganan en número y en refinamiento. Por ejemplo, el *Retrato de la dama de amarillo* (1465), de Alisso Baldovinetti y *El dux Leonardo Loredano* (*c.* 1501) de Giovanni Bellini. Finalmente, no se pierda las dos sosegadas tablas de Piero della Francesca: *El bautismo de Cristo*, de la década de 1450, y *Natividad* (1470-1475).

ALA OESTE (salas 2-12)

Entre los artistas del Alto Renacimiento representados aquí se hallan Rafael, Miguel Ángel, Bronzino y Correggio. Todos estuvieron influenciados por Leonardo da Vinci. Inspirados por Bellini, artistas venecianos como Tiziano experimentaron con el color y trabajaron cada vez más con pinturas

Dulwich Picture Gallery

College Road, SE21
020-8693 5254

Cerrado lun.
$$ Gratuito vier.
Trenes regulares desde las estaciones de Victoria y London Bridge hasta West Dulwich.

Dulwich Picture Gallery

Inaugurada en 1814, la galería neoclásica de sir John Soane fue la primera pinacoteca de arte pública de Inglaterra. Debe su impresionante colección al rechazo por parte del gobierno británico de las 400 pinturas coleccionadas por el marchante de arte Noel Desenfans. La colección estaba destinada a la Galería Nacional de Polonia, en Varsovia, pero cuando el rey polaco fue obligado a abdicar en 1795, Desenfans la ofreció a Inglaterra. Por increíble que parezca, el gobierno rechazó la oferta. Desenfans cedió las pinturas a sir Francis Bourgeois, quien más tarde las traspasó al Dulwich College, que ya poseía una buena colección de arte. Si recorre la docena de salas iluminadas, podrá disfrutar en paz de lo que hubiera podido estar expuesto en Trafalgar Square: *Emanuel Filiberto de Saboya*, de Van Dyck; *El triunfo de David*, de Poussin; *Chica en la ventana*, de Rembrandt; además de una vista de Londres de Cornelius Bol, bocetos de Rubens y varios Gainsboroughs. También se celebran exposiciones temporales. ■

al óleo sobre lienzos, telas utilizadas para velas. La temática se amplió: incluía grandes retratos, composiciones mitológicas y alegóricas, naturalezas muertas y paisajes. Se inició el coleccionsimo y las habilidades del artista se valoraban tanto como la temática de su obra.

En la sala 2 hay dos artistas italianos que demuestran estos cambios: Correggio en *La escuela del amor* y el Parmigianino en *La visión de san Jerónimo* (ambos *c.* 1520). Entre las obras de Holbein, en la sala 3 está *Los embajadores* (1533), un retrato de dos figuras de cuerpo entero. En la sala 8 hay obras de tres importantes artistas de 1500-1550: *El descenso a la tumba* de Miguel Ángel, *El despertar de Lázaro* de Sebastiano del Piombo y *Una alegoría con Venus y Cupido* de Bronzino. El color veneciano domina en la sala 9, donde entre las obras de Tiziano están *Baco y Ariadna* (1522-1523) y *La familia Vendramin* (1543-1547). Además, hay otros retratos venecianos como *La familia de Dario ante Alejandro* (1565-1570), de Paolo Veronese, en la sala 11.

ALA NORTE (salas 14-32)

La rica pintura del siglo XVII llena las 19 salas siguientes. El paisaje se había convertido en un tema favorito entre coleccionistas y mecenas. Artistas del norte, como Cuyp, Ruisdael y Rubens, crearon algunas de las obras más sublimes; bajo su influencia, los italianos redujeron el tamaño de sus pinturas, mientras que el estilo clásico y la luz del sur inspiraron a artistas del norte, como Poussin, Claude y Rubens. Van Dyck, Velázquez y Rembrandt le dieron al retrato un mayor protagonismo, mientras que las escuelas pictóricas más innovadoras fueron la española y la holandesa, representadas por Velázquez y Rembrandt.

***Bailarinas de ballet* de Edgar Degas (1834-1917).**

En las salas 15 y 19 se encuentran los paisajes de Claudio de Lorena (*Embarque de la reina de Saba*, 1648), que influyeron mucho en la pintura inglesa del siglo XVIII y en los jardines paisajísticos. Las pinturas de Turner, en la sala 15, son una prueba de ello. Entre las escenas domésticas holandesas de las salas 16-18 se halla *Mujer de pie junto a un virginal* (1670) de Vermeer.

El paisaje holandés está un poco más adelante, con la obra pastoril *Paisaje fluvial con jinete y campesinos* (*c.* 1650) de Albert Cuyp, en la sala 21, a continuación de la *Adoración del becerro de oro* (1634) del francés Nicolas Poussin, en la sala 20. En la sala 22, las pinturas francesas, incluyen el magnífico retrato de 1637 del cardenal Richelieu de Philippe de Champaigne. En las salas 23-27, la pintura holandesa, culmina con un espacio repleto de Rembrandts. Aquí se encuentran el *Autorretrato a la edad de 34 años* (1640) y

***Ruth en el campo de Boaz* (1820) del pintor Schnorr von Carolsfeld, un artista de Leipzig muy admirado por los prerrafaelistas (sala 42).**

El festín de Baltasar (1636-1638). Igual de asombrosas son las salas 28-30, una colección de telas de Rubens que van desde la alegórica *Paz y Guerra* hasta su poderosa *Sansón y Dalila* (1609). Los retratos reales alcanzaron una nueva grandiosidad en las obras *Felipe IV de España* (1631-1632) de Velázquez y el *Retrato ecuestre de Carlos I* (1637-1638) de Van Dyck.

ALA ESTE (salas 33-46)

La temática de la pintura de los siglos XVIII y XIX es sencilla y conserva muchos de los géneros tradicionales: retrato, paisaje, naturalezas muertas, escenas domésticas y narrativa.

En la sala 33, el pintor francés Jean Siméon Chardin reflejó la intimidad doméstica en *El castillo de naipes* (1736-1777). La pintura británica ocupa las salas 34-36. Destacan especialmente los retratos de sir Joshua Reynolds (*Lady Cockburn y sus tres hijos mayores*, 1773), Thomas Gainsborough (*El paseo matutino*, 1785) y Thomas Lawrence, que pintó en 1789 a la delicada y anciana reina Carlota. *El «Temerario» remolcado a su último fondeadero* (1838-1839) de Turner lleva el paisaje a un nuevo terreno. Los retratos españoles de la sala 38 incluyen *El duque de Wellington* (1812-1814) de Goya y las pinturas francesas, en la sala 41, muestran la suntuosa *Madame Moitesser* (1856), de Ingres. En las salas 43 y 44 se exhiben pinturas impresionistas de Claude Monet (*La playa en Trouville*, 1870), Pierre-Auguste Renoir (*Botes en el Sena*, 1879-1880) y Georges-Pierre Seurat (*Bañistas en Asnières*, 1884). La colección termina en las salas 45 y 46 con obras como *Los girasoles* (1888) de Vicent van Gogh. ■

National Portrait Gallery

AQUÍ PODRÁ CONOCER LA CARA DE NOMBRES FAMILIARES, desde un rey de la dinastía Tudor hasta el inventor de la máquina de vapor o un novelista famoso. Podrá ver el rostro de los personajes que han influido en la historia británica. La colección es un conjunto cronológico de personajes brillantes, con talento o que consiguieron grandes logros, de los buenos y los no tan buenos. Todos son fascinantes y se acompañan de explicaciones sobre el papel que jugaron en la historia. Se pueden ver todos en una visita y la colección le dará una excelente visión de la historia de la isla.

National Portrait Gallery

Plano pág. 97

St. Martin's Place, WC2

020-7306 0055
Información grabada: 020-7312 2463

Se paga por algunas exposiciones especiales

Metro: Charing Cross, Leicester Square.

Fundada en 1856 con el espíritu victoriano del idealismo, el heroísmo y la educación a través del ejemplo, el objetivo de la colección era reunir retratos de los grandes y poderosos de Gran Bretaña para que inspiraran a otros. Los retratos recorrieron todo Londres hasta llegar aquí en 1896, al edificio de Ewan Christians construido detrás de la National Gallery.

En principio, para que el retrato se incluyera aquí, el personaje debía estar muerto. En la actualidad esta norma no se cumple y se incluyen retratos de la baronesa Thatcher, del jugador de fútbol Bobby Charlton y del abogado-escritor John Mortimer; los visitantes que alquilen una guía en CD podrán oír hablar a algunos de estos personajes contemporáneos acerca de su retrato. La colección incluye más de 10.000 retratos, pero no se exponen todos.

LA VISITA

Como los retratos están ordenados cronológicamente, con los más antiguos en el piso superior, la mejor forma de visitar la galería es tomar el ascensor hasta el segundo piso y bajar andando. En el segundo piso, en las salas 1-20 las personalidades pertenecen a los siglos XVI-XIX. En el primer piso, en las salas 21-32, encontrará personajes del siglo XIX y de principios del XX, mientras que los miembros de la familia real se hallan en la sala 33. En la planta baja hay una llamativa selección de personajes que han contribuido a formar la sociedad británica actual, algunos están en soporte pictórico y otros en soporte fotográfico. En la Wolfson Gallery, también en la planta baja, se celebran las

Escondida tras la National Gallery, la National Portrait Gallery tiene una entrada impresionante.

Un retrato anónimo de Isabel I pintado hacia 1575 cuando estaba a principios de la cuarentena.

exposiciones especiales, que incluyen el BP Portrait Award (patrocinado por la compañía British Petroleum cada verano). En la Photographic Gallery tiene lugar, cada invierno, el John Kobal Photographic Portrait Award. En la azotea, el Portrait Restaurant tiene unas magníficas vistas de la ciudad.

SEGUNDO PISO

Aquí podrá encontrar algunas personalidades destacadas. Desde el segundo piso, baje unos cuantos escalones hasta encontrar el enorme dibujo a tinta de Holbein para un mural del desaparecido Whitehall Palace, en el que Enrique VIII aparece con su padre, Enrique VII.

Regrese al piso principal. En la sala 1 está *Eduardo VI* (1546), de William Scrots, un retrato anamórfico, es decir, que se pintó para ser mirado desde un ángulo muy agudo para corregir la perspectiva. Los retratos de Isabel I incluyen uno pintado por Marcus Gheeraerts el Joven, que conmemora su visita a Ditchley Park, cerca de Oxford. El retrato de Shakespeare, en la sala 3, es el único que se conoce del escritor y fue la primera adquisición de la galería. No se pierda el grupo de exquisitas miniaturas, realizadas por Nicholas Hilliard, de los héroes isabelinos sir Francis Drake, sir Walter Raleigh, Robert Dudley, conde de Leicester, y su reina. En las salas 5-7 se exponen las «estrellas» de la Revolución (Oliver Cromwell) y la Restauración (Carlos II), y un retrato de Samuel Pepys con una vestimenta india alquilada y sujetando una partitura. El dinámico siglo XVIII británico produjo una serie de figuras excepcionales que se muestran en las salas 9-17: Jonathan Swift y sir Christopher Wren en la sala 10 y Jorge II en la 11; sir Joshua Reynolds, George Stubbs y el Dr. Johnson en la 12; héroes como el general James Wolfe y el famoso explorador James Cook en la 14; y Nelson en la 17. En la sala 18 se hallan poetas románticos, como John Keats, Samuel Taylor Coleridge y William Wordsworth. En la sala 19 están sir Richard Arkwright y otros héroes de la Revolución industrial. El retrato de Jorge IV de, en la sala 20, capta la decadente elegancia del monarca.

PRIMER PISO

Las escaleras bajan hasta el piso de las personalidades victorianas y eduardianas, empezando por los primeros victorianos. Los escritores de la sala 24 incluyen las hermanas Brontë pintadas por su hermano, Branwell. Los héroes del imperio llenan la sala 23, entre ellos el lingüista y explorador sir Richard Burton, de Leighton. El príncipe Alberto, consorte de la reina Victoria, simboliza los avances científicos y culturales en la sala 21, mientras que otros defensores de la cultura victoriana tardía, como William Morris, Thomas Carlyle y Benjamin Disraeli están en las salas 25 y 26. El arte del periodo eduardiano ocupa las salas 28 y 29. Allí descubrirá qué aspecto tenían Rudyard Kipling, George Bernard Shaw y Edward Elgar.

EL arquitecto Piers Gough ha remodelado la sala 31.
La grandiosa sala se caracteriza por los retratos de principios del siglo XX colgados en paneles de cristal. Cerca de la escalera podrá contemplar un espléndido cuadro de John Lavery del monarca Jorge V, la reina María y su familia en el Buckingham Palace, en 1913.

PLANTA BAJA

Las salas de la planta baja son de las más interesantes del museo, ya que algunos retratos representan a personajes que todavía viven. Aquí es especialmente útil la guía en CD. Podrá oír lo incómodo que se sentía John Mortimer mientras posaba y lo difícil que fue para el artista pintarle. Esta parte de la galería es muy activa: las pinturas y fotografías cambian a menudo. Además, aquí se exponen las nuevas adquisiciones antes de unirse a la colección.

«...que se presente una humilde petición a Su Majestad, rogando que Su Majestad tenga la gracia de tomar en su real consideración la idea de formar una galería de retratos de los personajes más eminentes de la historia británica». Propuesta del quinto conde de Stanhope para la creación de una galería nacional de retratos, en 1856. ■

En la galería de Piers Gough, de principios del siglo XX, los retratos cuelgan de paneles de cristal.

Piccadilly Circus

Piccadilly Circus es la cuna de las diversiones del Soho. La proyectó John Nash en 1819 como parte del sueño del príncipe regente de unir Carlton House con Regent's Park (ver pág. 132). Este bullicioso cruce de calles se transformó al construirse Shaftesbury Avenue en la década de 1880.

Cuando se añadió la estatua de Eros en 1893, su desnudo ofendió al espíritu vitoriano, pero se convirtió rápidamente en un símbolo londinense. De hecho, la figura de aluminio de Alfred Gilbert no representa a Eros como dios del amor, sino al ángel de la caridad cristiana. Conmemora a Anthony Ashley Cooper, séptimo conde de Shaftesbury (1801-1885), un filántropo y estadista que luchó para mejorar las condiciones de los obreros.

Obtuvo tanta importancia que los primeros anuncios luminosos de Londres se encendieron aquí, en la década de 1890, promocionando Bovril y Schweppes. Se abrieron nuevos teatros, incluido el subterráneo Criterion. Este teatro y su restaurante, al nivel de la calle, están decorados con mosaicos de Thomas Verity que vale la pena contemplar. ■

Pasando el rato una noche de verano en la bulliciosa Piccadilly Circus.

Shaftesbury Avenue

El centro del distrito teatral, Shaftesbury Avenue, se proyectó de forma que cruzaba los suburbios del Soho, lo que comportó el realojamiento de 3.000 personas. Abierta al tráfico en 1886, enseguida atrajo a empresarios teatrales que crearon escenarios adecuados para representar los musicales de moda. Andrew Lloyd Webber ha adquirido y restaurado el magnífico **Palace Theatre,** diseñado originalmente por Collcutt y Holloway en 1888-1891. El grupo de teatros empieza con el **Queen's Theatre** de 1907, reconstruido posteriormente, y con el **Globe,** de 1906. El **Apollo,** de estilo renacentista francés, se construyó en 1901, mientras que el **Lyric,** uno de los primeros teatros de la calle, se edificó en 1888.

Al final de la calle, el tipo de diversión cambia. El **Trocadero,** antiguo salón de baile de 1895, se ha convertido en un complejo lúdico que incluye el Sega World, el Funworld y cuatro restaurantes temáticos. El **Rock Circus** de Madame Tussaud contiene figuras en cera de Elvis, Madonna y otros personajes, que cantan cuando el visitante pasa ante ellos. ■

Trocadero
- Plano pág. 97
- Piccadilly Circus, W1
- 0891-991100
- $$$
- Metro: Piccadilly Circus

Rock Circus
- Plano pág. 97
- London Pavilion, Piccadilly, W1
- 020-7734 7203
- $$$
- Metro: Piccadilly Circus

Soho

Hasta que el Westminster Council inició su campaña en junio de 1986, el Soho era una de las áreas más calientes de Londres. El laberinto de calles estrechas, pasajes y patios era el refugio de las prostitutas, abundaban los bares sórdidos y, en algunos sótanos, había clubes nocturnos de *striptease*, cabarets y librerías pornográficas.

El barrio se conocía como «el Vicio» y el Westminster Council decidió eliminarlo. A medida que las licencias expiraban, no se renovaban y se vendían las propiedades para convertirlas en restaurantes, oficinas o pisos. En un año las prostitutas habían abandonado la zona y el número de establecimientos relacionados con el sexo se había reducido a la mitad. En la actualidad, las brillantes luces de Raymond's Revuebar, uno de los pocos que quedan, anuncian diversiones aptas para colegiales. El cercano Madame Jojo's quizás ofrezca espectáculos de tono más subido. El gran número de nuevos residentes, restaurantes, bares elegantes y tiendas de moda han despertado su eterna vitalidad. Es una buena zona para pasear.

Las calles del Soho brillan con luces de neón que anuncian diversiones.

AL NORTE DE LA SHAFTESBURY AVENUE

En el extremo oeste del entramado de calles al norte de Shaftesbury Avenue, los vendedores ambulantes de Berwick Street venden frutas y verduras rodeados por bonitas casas del siglo XVIII. En Old Compton Street, los inmigrantes italianos pueden hacer sus compras en Camisa Stores y la panade-

El baile del dragón serpentea por las calles del Soho para celebrar el Año Nuevo chino.

ría siciliana Patisserie Valerie. Los italianos también dejaron su huella en Dean Street, en el restaurante Quo Vadis de P. G. Leoni, que abrió en 1926. A Ronnie Scott's, en Frith Street, acuden estrellas del jazz. En Greek Street, la sencilla fachada de la House of St. Barnabas (1746) esconde un magnífico interior. Justo al lado, en Soho Square, la estatua de Carlos II atestigua los nobles orígenes de la zona.

EL SOHO CHINO

Casi todas las casas estrechas y altas de la Chinatown londinense albergan una tienda o un restaurante en la planta baja. Hay tiendas de medicamentos chinos, vendedores del periódico *Sing Tao*, publicado en Gran Bretaña, y establecimientos de alquiler de vídeo con montones de cintas de kung-fu. Pero lo más abundante son los restaurantes. Sirven comida cantonesa, aperitivos *dim sum* y carne seca.

En esta zona, donde los chinos utilizan a menudo su lengua materna, el ambiente se ve reforzado por cabinas telefónicas de estilo chino, bancos y arcos chinos rojos y dorados entre la Shaftesbury Avenue y Gerrard Street. Es un escenario magnífico para celebrar el Año Nuevo chino.

Antaño los franceses dominaban esta zona, de allí que se conozca también como Petty France. Escondida en Leicester Place está Notre Dame-de-France, un antiguo teatro reconvertido en 1865 por Auguste Boileau. En 1960, Jean Cocteau añadió algunos frescos. ■

Chinatown tiene su propio mercado callejero, donde los tenderos negocian en chino las verduras y las especialidades de su país.

Situada entre la City y Westminster, siempre ha sido una enorme zona de servicios: sus tribunales, teatros, tiendas, mercados y ofertas de ocio han cumplido su función durante siglos. Sólo las imprentas han desaparecido.

De Covent Garden a Ludgate Hill

Carretilla de mercado en Covent Garden

De Covent Garden a Ludgate Hill

CIÑÉNDOSE A LA CURVA DEL TÁMESIS, ESTA PARTE DE LONDRES OCUPA el espacio que se abre entre las dos ciudades de la capital: Westminster y la City. Antiguos edificios como el Temple Church y la Lincoln's Inn Gateway, el restaurado mercado de Covent Garden, el Adelphi Theatre o la nueva Royal Opera House muestran cómo se ha transformado para adaptarse a sus visitantes.

Cuando Westminster se convirtió en la sede del poder, un camino a lo largo del río lo unía con la City. La zona del Strand, llamada así porque se extendía cerca de la orilla norte del Támesis, y Fleet Street, que tomaba el nombre del río que cruzaba, se convirtieron en el lugar favorito de los obispos medievales. Posteriormente, tras la Disolución de los Monasterios, ambas partes adquirieron características levemente distintas.

A ambos lados de Fleet Street, hacia la St. Paul's Cathedral, algunas casas de obispos se convirtieron en gremios de abogados, mientras que los impresores y libreros se establecieron alrededor de las iglesias de St. Bride y St. Dunstan. Las imprentas de periódicos inundaron Fleet Street desde 1702 hasta la década de 1980. Luego se marcharon, pero los abogados siguen aquí y defienden a sus clientes en los magníficos juzgados.

A lo largo del Strand, los gobernantes Tudor y Estuardo regalaron antiguas casas y jardines de los obispos a sus favoritos. George Villiers, favorito de Jacobo I y de Carlos I, amplió el palacio del obispo de Norwich e incluyó una compuerta que refleja la grandiosidad de estas residencias y la amplitud del río antes de construir los Embankments.

DE COVENT GARDEN A LUDGATE HILL

1 St. Paul's 2 Jubilee Hall 3 Theatre Museum 4 Savoy Theatre 5 Savoy Hotel 6 Courtauld Gallery 7 Jubilee Hall 8 Royal Courts of Justice 9 Inner Temple Gateway 10 Temple Church 11 Dr. Johnson's House 12 St. Bride

Descubra la historia de los autobuses de dos pisos en el London Transport Museum, en Covent Garden.

El Savoy Theatre muestra el cambiante papel de la zona del Strand a lo largo de los siglos. El primer edificio del lugar, la suntuosa Savoy House, del siglo XIV, tenía vistas al río. En el Covent Garden del siglo XVII, Strand era un elegante paseo, pero a finales del siglo XIX había degenerado en una mezcla sórdida de prostitutas, cafeterías y teatros baratos. Cuando Richard d'Oyly Carte construyó el Savoy Theatre en 1881, colocó la entrada en el recién construido y elegante Embankment, en lugar de hacerlo en el Strand. Posteriormente, en 1929, la entrada cambió de lugar para dar a un Strand remodelado; la zona residencial de Aldwych había reemplazado los suburbios en 1905.

Hoy, el corazón del área vuelve a ser Covent Garden. Originalmente el jardín de un convento ligado a la Westminster Abbey, fue cedida al conde de Bedford tras la Disolución de los Monasterios. La Covent Garden Piazza, proyectada en 1631, se convirtió en la plaza residencial de Londres. Le siguieron media docena más, incluida Lincoln's Inn Fields, que acogió a la burguesía de la City después del Gran Incendio. Cuando la alta sociedad se instaló más al oeste, la Piazza pasó a ser comercial y aparecieron el principal mercado de frutas y verduras de Londres, cafeterías y casas de juego. Cuando el mercado se trasladó al sur de Londres, el área se convirtió en una vital mezcla de tiendas, restaurantes y museos rodeados por una docena de teatros. ■

Sir John Soane's Museum

Sir John Soane's Museum

Plano pág. 110

13 Lincoln's Inn Fields, WC2

020-7405 2107

Cerrado dom.-lun.

Aportación voluntaria

Metro: Holborn.

Aviso: se debe reservar para grupos de seis o más visitantes

SE TRATA DE UNA DE LAS CASAS-MUSEO MÁS EXCÉNTRICAS y particulares de Londres, el lugar donde residió el arquitecto sir John Soane desde 1813 hasta su muerte, en 1837. Todavía está impregnado de su personalidad. Soane se construyó para él el nº 12 de Lincoln's Inn Fields en 1792; posteriormente adquirió el nº 13 y lo reconstruyó como sede de su colección. Las salas son pequeñas, a menudo con formas extrañas, vistas sorprendentes y cambios de nivel. El Breakfast Parlour es particularmente encantador.

La mejor forma de llegar es rodear Lincoln's Inn Fields, una gran plaza proyectada en la década de 1630, cruzar los jardines hasta el extremo norte y tocar el timbre del nº 13.

En la planta baja, flanqueando la chimenea de la biblioteca, están los relieves de John Flaxman *La edad de plata* y *La edad de oro*, dos piezas de la rica colección de escultura británica de Soane. Al otro lado del pasillo, donde se alinean los mármoles antiguos, está la minúscula Picture Room, donde las obras de Hogarth *The Rake's Progress* y *La elección* se almacenan contra las paredes en capas que se despliegan para mostrar la maqueta de Soane para el Banco de Inglaterra.

En el sótano, Soane colocó uno de los capiteles de Inigo Jones para su Banqueting House. Más allá, la Sepulchral Chamber contiene el sarcófago de Seti I (1300 a.C.), del Valle de los Reyes; pieza que refleja el nuevo entusiasmo europeo por Egipto. Cuando la pieza llegó en 1824, Soane organizó una fiesta. ■

Muy propio de un arquitecto, el sir John Soane's Museum destaca tanto por sus exposiciones como por el uso del espacio.

Covent Garden

LOS EDIFICIOS RESTAURADOS DEL MERCADO, LAS TIENDAS elegantes y los artistas ambulantes de la plaza son típicos de esta zona tan cambiada, rodeada por el Strand, Kingsway, High Holborn y Charing Cross Road.

El primer conde de Bedford adquirió estos terrenos en 1552, pero fue el cuarto conde quien proyectó la primera plaza residencial londinense, con casas para la alta sociedad. Cuando los aristócratas se trasladaron al oeste, en 1671 el quinto conde creó un mercado de frutas y verduras. Los comerciantes, las prostitutas y los miembros de los círculos literarios, incluidos Richard Sheridan y James Boswell, se encontraban aquí.

La reorganización empezó en 1831 con la construcción del Central Market. Le siguieron el Floral Hall (1860), el Flower Market (1870-1872) y el Jubilee Market (1904). Este era el Covent Garden del *Pigmalión* de George Bernard Shaw, donde el pueblo convivía con la clase alta que acudía a la Royal Opera House (1732). Era un barrio de actores que trabajaban en teatros locales y que eran enterrados en St. Paul's Covent Garden.

Cuando fue trasladado el mercado (1974), se restauraron los edificios y el área adquirió nueva vida. El Central Market, hoy **The Market,** está lleno de tiendas, restaurantes y paradas ambulantes. Los artistas actúan en la plaza peatonal. El **Jubilee Hall** cuenta con tiendas de antigüedades y productos artesanales. El **London Transport Museum** ocupa parte del antiguo Flower Market; el resto lo llena el **Theatre Museum,** la sucursal del Victoria & Albert Museum, donde se exponen una colección de carteles y vestidos del museo. La remodelada Royal Opera House fue inaugurada en 1999. ■

El renovado mercado de Covent Garden ya no vende las frutas y verduras tradicionales.

London Transport Museum

Plano pág. 110
39 Wellington Street, WC2
020-7379 6344 Informacion grabada: 020-7836 8557
$$
Metro: Covent Garden

Theatre Museum

Plano pág. 110
Russell Street, WC2
020-7943 4735
Cerrado lun.
$$
Metro: Covent Garden
Aviso: alguos materiales están en el National Archive of Art and Design, 23 Blythe Road, W14, Tel 020-7603 1514, abierto previa reserva

El Middle Temple Hall (1573) todavía se usa a diario como comedor.

Royal Courts of Justice (Tribunales)

Plano pág. 110

Strand, WC2

020-7947 6000

Cerrado sáb.-dom. y agos.-sept.

Metro: Temple, Chancery Lane

Aviso: no se puede entrar con cámaras, tejanos o bambas

Central Criminal Court (Old Bailey)

Plano pág. 111

Newgate Street, EC4

020-7248 3277

Cerrado sáb.-dom.

Metro: St. Paul's.

Aviso: programa diario en la puerta principal. No pueden entrar los menores de 14 años. No se permiten bolsas grandes, radios, cámaras, buscas ni teléfonos en las Galerías de Visitas.

Inns of Court y Old Bailey

EN LONDRES HAY CUATRO GREMIOS DE ABOGADOS. Cada uno es una sociedad independiente dirigida por decanos que hacen acudir a sus estudiantes a la barandilla (*bar*) de los tribunales, de aquí el origen de la palabra *barrister* (abogado). Esto se estableció después de que la ordenanza de Eduardo I de 1292 pusiera a todos los hombres de leyes bajo el control de los jueces.

Los gremios se remontan a los siglos XV y XVI. Todos se originaron en grandes mansiones, donde convivían estudiantes y abogados. En la época Tudor, cuando los pleitos eran tan frecuentes como el arte, los abogados educados por los gremios recorrían los juzgados de Londres pero disfrutaban de una gran vida. Los miembros del gremio de Middle Temple actuaron para Isabel I en la obra *Twelfth Night* en su magnífico salón.

Gray's Inn *(High Holborn; Tel 020-7458 7800)*, cuyos estudiantes se establecieron en la mansión de Reginald de Grey hacia 1370, tiene una reja Tudor en su vestíbulo. En verano, los jardines se abren al público al mediodía. Los primeros abogados de **Lincoln's Inn** *(Chancery Lane; Tel 020-7405 1393)*, que se instalaron en una mansión del conde Lincoln, vivían antes en el Old Hall, construido en 1490-1492

Los nombres de **Inner** y **Middle Temples** *(Fleet Street; Tel 020-7427 4800)* provienen de los caballeros Templarios, una orden que protegía a los peregrinos que viajaban a Jerusalén. Tras la Disolución de los Monasterios, sus tierras de la orilla del Támesis se convirtieron en propiedad del rey, que las arrendó a los decanos a perpetuidad. Hoy, su laberinto de tribunales y edificios incluye el Middle Temple's **Hall** *(Middle Temple Lane, llame para reservar hora)*, la entrada del Inner Temple (1610-1611) y el King's Bench

Walk (1677-1678) de Wren. La **Temple Church** *(Inner Temple Lane; Tel 020-7353 1736)*, originalmente un edificio normando al que se añadió una nave, cuenta con efigies en mármol de los templarios del siglo XIII. Cuando se expropiaron tierras para construir el Embankment (ver pág. 48) se cedieron a los abogados los jardines del Inner Temple, donde empezaron a celebrar la exposición floral anual de la Royal Horticultural Society que ahora tiene lugar en Chelsea (ver pág. 169).

En el siglo XIX, el nuevo interés por la educación jurídica obligó a los abogados a usar sus gremios más para el trabajo que para el placer. Los juzgados se centralizaron en las **Royal Courts of Justice.** Hoy, los gremios están en medio de estos tribunales y del Central Criminal Court, conocido como **Old Bailey** por la calle adyacente al edificio. Construido entre 1900 y 1907, su cúpula está rematada por una estatua que representa a la justicia. ■

Old Bailey, proyectada por el arquitecto E. W. Mountford.

Las imprentas de Fleet Street

Tras la muerte de William Caxton, que publicó el primer libro impreso en Inglaterra en 1477, su sagaz alumno Wynkyn de Worde trasladó la imprenta desde Westminster a Fleet Street. De Worde estableció la primera imprenta inglesa con tipos móviles cerca de St. Bride's Church, junto al clero, su principal cliente. Entre 1500 y 1535 publicó unos 800 libros y dirigió una librería en St. Paul's Churchyard. Los impresores, encuadernadores, editores y escritores pronto se concentraron en las calles cercanas a Fleet Street. El Dr. Samuel Johnson vivió allí (ver pág. 116) y frecuentó las cafeterías y pubs de la zona.

El 11 de marzo de 1702 Fleet Street añadió a sus publicaciones eclesiásticas, literarias, científicas y políticas su primer periódico, *The Daily Courant.* Pero la industria periodística no ganó fuerza hasta que Alfred Harmsworth, pionero del periodismo popular, compró el *Daily Mail* en 1896 y consiguió que su circulación rondara el millón de ejemplares. Posteriormente, fundó junto con su hermano el *Daily Mirror*.

Fleet Street siguió siendo la cuna de los periódicos nacionales hasta la década 1980. Entonces, el magnate de la prensa internacional, Rupert Murdoch, apostó por la revolución tecnológica y todos los periódicos cambiaron Fleet Street por oficinas conectadas mediante ordenador con sus imprentas. ■

Un paseo por el Londres jurídico y Covent Garden

Lo mejor es realizar esta salida entre semana, cuando la actividad jurídica de Londres le añade ambiente; en cambio, Covent Garden, aunque está lleno a diario, es mucho más efervescente los sábados, con artistas callejeros y mercados. El paseo empieza en la parada de metro de Temple y termina en la de Covent Garden.

LA ZONA DEL STRAND

Desde la parada de metro de Temple suba por el Strand y gire a la izquierda pasada la Somerset House, donde está la Courtauld Gallery (ver pág. 118). Vuelva a girar a la izquierda en **Waterloo Bridge** ❶, donde hay buenas vistas de las torres de la City, al este, y de Westminster, al sur.

Regrese al Strand y gire a la izquierda. El **Savoy Hotel** y el **Savoy Theatre** ❷ se hallan en una calle a la izquierda. En 1881, Richard d'Oyly Carte construyó el teatro, con cuyos beneficios financió el adyacente hotel de lujo y el Claridges.

A lo largo del Strand, pasado Stanley Gibbons (filatélicos) y los teatros Vaudeville y Adelphi, gire a la izquierda y baje por Adam Street. Aquí están los restos del ambicioso plan urbanísitco de 1768, concebido por los hermanos Adam. El proyecto no tuvo éxito y se destruyó en gran parte. Su belleza neoclásica se puede contemplar en Adam Street, John Adam Street y Robert Street.

En Villiers Street encontrará los jardines de Victoria Embankment. Aquí, la **York Watergate** sobrevive desde 1626; las estatuas incluyen al compositor sir Arthur Sullivan (1842-1900) en un extremo. Salga de los jardines por allí, corte por Savoy Street, luego gire a la derecha para regresar pasado el Aldwych. **St. Mary-le-Strand** ❸ se alza a mitad de la calle; se trata de la primera iglesia londinense de James Gibbs (1714-1717). Ésta fue la primera de las 50 iglesias que planeó la reina Ana, de las cuales construyó 12. St. Clement Danes, otra iglesia, está justo detrás. El Strand termina con las magníficas **Royal Courts of Justice** ❹ (ver pág. 115), a la izquierda; la casa de té de Thomas Twining y el vestíbulo del Lloyd's Bank, de 1882-1883, revestido de azulejos de Doulton fabricados en Lambeth, que están a la derecha.

LAS CORTES DE JUSTICIA Y COVENT GARDEN

Al comienzo de Fleet Street, un monumento en medio de la calle coronado por un grifo marca la frontera entre las *cities* de Westminster y Londres, entre la monarquía y el centro de sus finanzas. Enfrente de Chancery Lane, un arco conduce a los **Inner** y **Middle Temples** ❺ (ver pág. 114). Siga adelante, gire a la derecha, y encontrará Fountain Court y Middle Temple Hall (otro tribunal); siguiendo recto y luego a la izquierda, hallará **Temple Church** (1160-1185 y 1220-1240) con espléndidas efigies de los caballeros templarios; los Inner Temple Gardens, y el King's Bench Walk de Wren, 1677-1678. Aquí, un pasaje le llevará a Bouverie Street y de nuevo a Fleet Street.

Al otro lado de la calle, los tribunales de Bolt y Hind llevan a Gough Square, un entramado de callejuelas y casas del siglo XVII. El Dr. Samuel Johnson vivió aquí de 1749 a 1759, mientras compilaba su diccionario, con la ayuda de seis amanuenses que trabajaban en el piso superior. En la actualidad su museo, **Dr. Johnson's House** ❻ *(17 Gough Square; Tel 020-7353 3745; cerrado dom.)* tiene un interior sencillo y acogedor.

Desde el fondo de la plaza, diríjase a Fetter Lane, siga luego por Norwich Street y Furnival Street hasta llegar a High Holborn. Las casas construidas parcialmente en madera de Staple Inn están a la izquierda. La puerta principal de **Gray's Inn** ❼ (ver pág. 114) está enfrente; las plazas nos llevan a los ajardinados Walks. Bajando por Chancery Lane, docenas de tiendas de objetos de plata forman la London Silver Vaults *(Tel 020-7242 3844; cerrado dom.)* Más allá, la Gatehouse (1518) conduce a **Lincoln's Inn** ❽ (ver pág. 114). Aquí New Square le lleva a la Lincoln's Inn Fields y al **Sir John Soane's Museum** (ver pág. 112).

Desde aquí, Remnant Street y Great Queen Street cruzan Kingsway hasta Bow Street, donde se halla la **Royal Opera House.** Russell Street, a la derecha, pasa por delante del **Theatre Museum** (ver pág. 113) y le conduce a la **Covent Garden Piazza** 9 (ver pág. 111). El **London Transport Museum** (ver pág. 113) y el **Jubilee Hall** están a la izquierda; **The Market** (ver pág. 113) está un poco más adelante.

Al otro extremo de la plaza, siga por Henrietta Street y gire a la derecha en Bedford Street. El clásico **St. Paul's Covent Garden,** de Inigo Jones (1631-1633) tiene monumentos a actores como Edith Evans, Charlie Chaplin y Vivien Leigh. Garrick Street, donde el club Garrick homenajea al actor David Garrick, le lleva hasta Long Acre y al metro de Covent Garden. Esta es una buena zona para ir de compras. ■

Cubierta interior E4
Metro de Temple
6,2 km
3 horas
Metro de Covent Garden

PUNTOS DE INTERÉS

- Inner y Middle Temples
- Temple Church
- Dr. Johnson's House
- Gray's Inn
- Lincoln's Inn
- Covent Garden Piazza

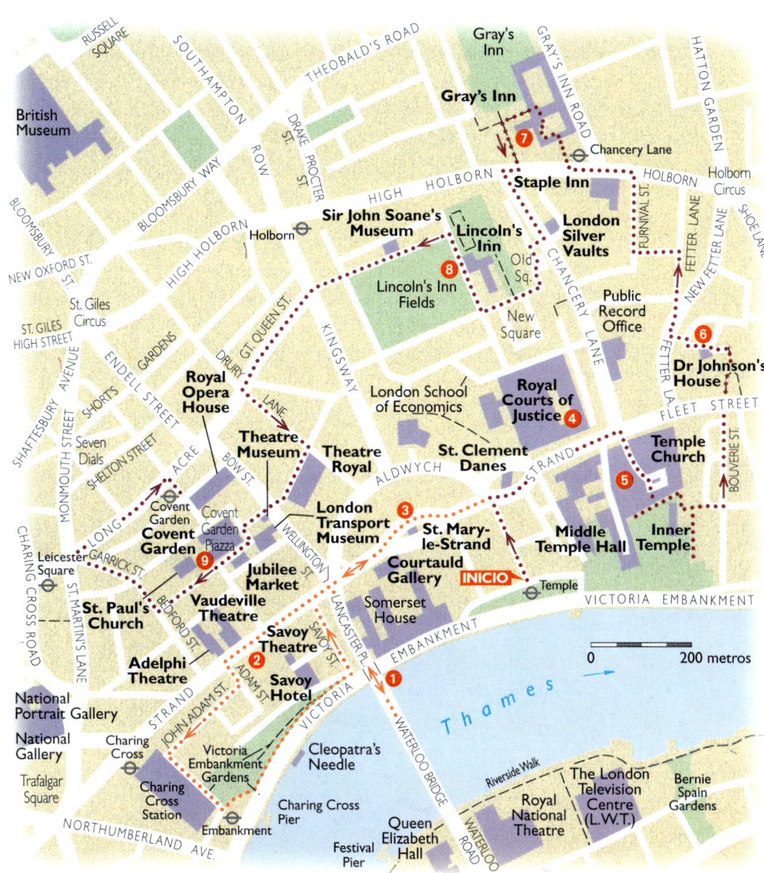

Courtauld Gallery

Courtauld Gallery
Plano pág. 110
Courtauld Institute of Art, Somerset House, Strand, WC2
020-7848 2526
$$
Metro: Temple

ESTA EXTRAORDINARIA COLECCIÓN DE ARTE INCLUYE pinturas tan conocidas como *El bar del Folies-Bergère* de Manet y se expone en las salas más suntuosas de la Somerset House de sir William Chambers, construida en 1776-1786.

Samuel Courtauld, industrial y mecenas de arte, fundó el Courtauld Institute en 1931, en su mansión de estilo Adam de Portman Square. Su objetivo era permitir la contemplación grandes pinturas a los estudiantes de historia de la Universidad de Londres.

A sus telas francesas impresionistas y postimpresionistas se añadió la Princes Gate Collection, con cuadros de Rubens, Tiepolo y Van Dyck; obras de Botticelli, Goya y Gainsborough de la Lee Collection; y más de 7.000 dibujos y grabados. En 1990, la colección, repartida por varios edificios de la Universidad, se reunió en Somerset House.

El edificio de sir William Chamber, inspirado en el estilo clásico y con vistas al Támesis, es el edificio público más impresionante del Londres del siglo XVIII. La galería de arte ocupa las Fine Rooms y Great Rooms en el primero y segundo piso del ala norte.

En el primer piso se muestran el arte medieval y de inicios del Renacimiento (salas 1 y 2) y las obras de los siglos XVI y XVII (salas 3 y 4, ésta última con un techo de Cipriani). La sala 5 está dedicada a Rubens e incluye su poético *Paisaje a la luz de la luna*, que influyó en Gainsborough, Reynolds y Constable. Algunas de sus pinturas se exhiben en las salas 6 y 7, al igual que *La reina Carlota* de Beechey.

En el segundo piso se montan exposiciones temporales de la colección de dibujos y grabados, de la Courtalud Silver Collection, y pinturas de los siglos XIX y XX. Entre ellas se encuentran *El palco* de Renoir; *Autorretrato con la oreja vendada* de Van Gogh; *El monte Sainte-Victoire* de Cézanne; *Te Rerioa* de Gauguin; *Desnudo acostado* de Modigliani; *Tríptico de prometeo* de Kokoschka, y pinturas de Rousseau, Toulousse-Lautrec y Seurat. ■

El esplendor clásico de la Somerset House alberga la Courtauld Gallery.

El corazón de Bloomsbury está formado por plazas del siglo XVIII. Sus jardines son lugares adecuados para relajarse. También podrá encontrar una serie de pequeñas e interesantes colecciones privadas.

Bloomsbury

Las imponentes columnas de la entrada del British Museum dan la bienvenida a los que desean contemplar su colección de tesoros

Bloomsbury

EN BLOOMSBURY SE RESPIRA CALMA Y TRANQUILIDAD, SU AMBIENTE está marcado por la presencia de la University of London y el British Museum, además de sus instituciones satélites. Es difícil creer que los bares del Soho, las diversiones de Covent Garden y el bullicio de las estaciones ferroviarias del norte de Londres estén a sólo cinco minutos de aquí.

El pasado de Bloomsbury tiene mucho que ver con la agricultura, los monasterios y la aristocracia. El *Domesday Book*, el inventario que hizo Guillermo el Conquistador de sus posesiones inglesas en el siglo XI, registra un bosque donde habitaban un centenar de cerdos y unos viñedos. Posteriormente, Eduardo III cedió la tierra a los monjes de Charterhouse. Tras la Disolución, Enrique VIII la cedió a su Lord Chancellor, el conde de Southampton. El cuarto conde de Southampton proyectó, en 1660, la actual Bloomsbury Square. Una boda estratégica unió a la familia Southampton con los Bedford. La viuda del cuarto duque de Bedford construyó Bedford Square en la década de 1770 y su hijo empezó a construir Bloomsbury hacia 1800.

El terreno se parceló y pasó a manos de distintos constructores, entre ellos el escocés James Burton. Le sucedieron su hijo arquitecto, Decimus Burton, y Thomas Cubitt (ver pág. 171). El número de plazas elegantes creció rápidamente: Bloomsbury Square se remodeló y se empezaron Russell Square (1800), Tavistock (1806), Gordon (1820) y Woburn (1825). Mientras tanto, en 1823 se iniciaron los trabajos para sustituir Montague House, el British Museum desde 1759, y se construyó un edificio adecuado para el museo. Poco después, en 1836, se fundó la primera universidad secular de Inglaterra en Bloomsbury, la University of London. Al este de la zona está Mecklenburgh Square, proyectada en la década de 1790 por los directores del Thomas Coram Foundation for Children, un hospicio fundado por el capitán Coram en 1732 y decorado por Hogarth y Gainsborough. Tenía vistas a los terrenos del hospital, hoy Coram's Fields, y dio un tono distinto a las calles cercanas: la preciosa Queen Square, Great James Street y Lamb's Conduit Street. La bonita Doughty Street, donde vivió Dickens, se terminó en 1812. Al oeste, cruzando Tottenham Court Road, los hermanos Adam proyectaron Fitzroy Square en la década de 1790. Casi una prolongación de Bloomsbury, se convirtió posteriormente en un imán para los artistas. ■

La placa azul en la casa de Charles Dickens en Doughty Street es una de las muchas que hay en Bloomsbury.

L.C.C.
CHARLES DICKENS
1812-1870
Novelist
Lived Here

ARGYLE SQUARE
GRAY'S INN ROAD
ST. GEORGE'S GARDENS
MECKLENBURGH SQUARE
Thomas Coram Foundation
CORAM'S FIELDS
BRUNSWICK SQ.
GUILFORD STREET
Dickens House
QUEEN SQUARE
THEOBALD'S ROAD
BLOOMSBURY SQUARE
VERNON PL.

La fachada clásica del British Museum, de Smirke.

British Museum

British Museum

- Plano pág. 120
- Great Russell Street, WC2; entrada posterior en Montague Place
- 020-7636 1555. Información grabada: 020-7580 1788
- Metro: Tottenham Court Road, Holborn o Russell Square
- Para algunas exposiciones

EL MAYOR MUSEO DE GRAN BRETAÑA NO SE PUEDE tomar a la ligera ya que sus nueve departamentos cuidan de la colección nacional de arqueología y etnografía. Cubre 5 ha, da empleo a 1.200 personas, recibe más de seis millones de visitantes al año y contiene unos cuatro millones de objetos, desde huesos prehistóricos o fragmentos del Partenón hasta salas de palacios asirios y joyas de oro. Es un museo viviente: cambia cada día, ya que se exhiben piezas distintas, se organizan exposiciones especiales y los nuevos descubrimientos obligan a ajustar las consideraciones sobre otros objetos. También crece casi a diario con descubrimientos arqueológicos británicos, donaciones y adquisiciones.

EL MUSEO

Este impresionante cofre de tesoros nació de la sencilla idea de un hombre, sir Hans Sloane. Este médico vivía en el cercano Bedford Place y coleccionaba minerales, monedas, libros y otros objetos. Antes de su muerte, en 1753, sugirió al gobierno que comprara sus 80.000 objetos, y el gobierno aceptó. El mismo año se aprobó la British Museum Act y se creó el primer museo público de Londres. El dinero se obtuvo de la lotería pública, se compró Montague House y las puertas del museo abrieron en enero de 1759. La visita se debía solicitar por escrito, pero a los conservadores del museo no les interesaba el público. Acompañaban a los grupos por las galerías durante media hora y no les permitían detenerse a contemplar los objetos.

Arriba izquierda: esculturas griegas del monumento de Nereida en Xanthos (sala 7).

Arriba derecha: enormes bueyes con cabeza humana a la entrada de la galería asiria (sala 16).

La colección inicial también incluía la biblioteca, los hallazgos del anticuario sir Robert Cotton y los manuscritos del político Robert Harley. Creció de forma rápida. Incluso antes de que el museo abriera, en 1757, Jorge II donó la mayor parte de sus 12.000 volúmenes de la Royal Library. Los jarrones antiguos de Hamilton, las esculturas clásicas de Townley, los mármoles de Elgin, la inmensa biblioteca de Jorge III, las colecciones obtenidas por el capitán James Cook en sus viajes y las monedas del Banco de Inglaterra, todo fue a parar a Montague House.

El edificio estaba abarrotado. Así, Robert Smirke construyó a su alrededor el gran templo clásico al saber en 1823-1838. Luego, la casa original se demolió para dejar espacio a la gran columnata de la entrada y el pórtico, que cerraba el patio conocido como Great Court. La abovedada Reading Room se construyó en 1854-1857 y en el espacio sobrante se crearon galerías con cientos de libros. Incluso entonces, el museo estaba saturado. En 1881 el departamento de historia natural se trasladó a South Kensington (ver pág. 162); y en 1973, el departamento de libros y manuscritos ocupó la British Library, confusamente situada en una parte del museo.

A finales del siglo XX se necesitaba una solución radical. Primero se cedió un edificio completo a la British Library en St. Pancras, al norte de Bloomsbury. Esto dejó libre el 40 % del espacio del museo, que incluía el Great Court. Empezó un gran programa de renovación y expansión que terminará en 2003, cuando se celebre el 250 aniversario del museo. La piedra angular es el Great Court, en el centro del museo. Se vaciará por completo, exceptuando la Reading Room y, con un techo de cristal, se transformará en otra Bloosmbury Square, esta vez cubierta. Será la zona de información de las 100 galerías del museo, una oficina central para sus actos educativos, un espacio donde los

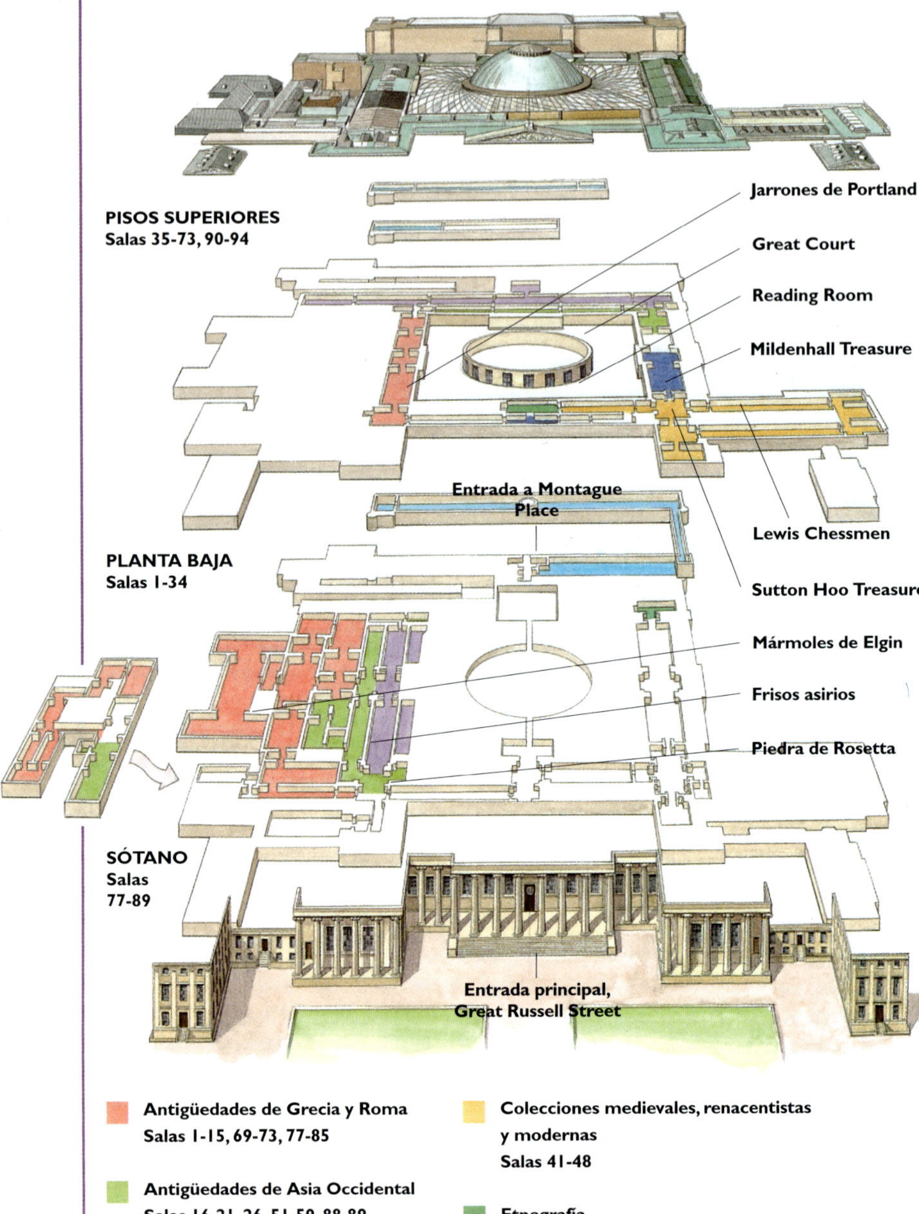

Antigüedades de Grecia y Roma
Salas 1-15, 69-73, 77-85

Antigüedades de Asia Occidental
Salas 16-21, 26, 51-59, 88-89

Antigüedades de Egipto
Salas 25, 60-66

Colecciones orientales
Salas 33-34, 91-94

Colecciones medievales, renacentistas y modernas
Salas 41-48

Etnografía
Salas 33C, 35

Colecciones prehistóricas y romano-británicas
Salas 37, 49-50

visitantes podrán descansar, comprar y pasar de una zona a otra del museo. Se están reorganizando las galerías y el departamento de etnografía se trasladará a nuevos espacios permanentes para las colecciones africana, americana, europea, asiática y del Pacífico.

LA VISITA

Este museo no se puede ver en un día. Muchos visitantes llevan una idea clara de lo que quieren ver, cogen un plano y buscan su objetivo. A otros, el museo les desborda. Para que la visita sea una experiencia estimulante y accesible, hay un itinerario que se centra en algunas piezas. Con la actual renovación puede que algunas no estén expuestas.

Desde la entrada principal, gire a la izquierda y diríjase al ala oeste hasta la sala 25. Esta gran galería contiene la mejor colección de **antigüedades egipcias** fuera de Egipto: unos 70.000 objetos (algunos se exponen en el piso superior, salas 61-66). Las esculturas llenan esta galería, entre ellas los bustos de Ramsés II, Amenofis II y otros antiguos dirigentes; entre ellos se halla la pequeña piedra de Rosetta, grabada en 196 a.C., cuando Egipto estaba gobernado por los reyes tolomeos. Esta piedra contiene el mismo texto en griego antiguo y egipcio, tanto en la escritura jeroglífica como demótica. El desciframiento de la piedra de Rosetta significó el primer paso para el conocimiento de los jeroglíficos y de la lengua egipcia antigua. Las galerías del piso superior contienen piezas funerarias, momias pintadas, libros de los muertos y retratos coptos.

Al lado de las esculturas egipcias, está el departamento de **Asia Occidental,** en las salas 16-21. Incluye las civilizaciones que existieron en la vasta área entre Egipto y Pakistán. Los frisos asirios son especialmente bellos. Excavados en el siglo XIX, provienen de palacios del siglo IX de las sucesivas capitales de Nimrud, Khorsabad y Nínive. La sala 19, la Nimrud Gallery, contiene unos colosales leones alados protectores y escenas narrativas sobre la caza real, el ejército cruzando un río a nado y atacando una ciudad. La sala 17, el Assyrian Saloon, cuenta la historia de la caza real de un león y representa a los animales siendo liberados mientras la población de Nínive miraba desde una colina; también se puede contemplar una imagen de la matanza.

El resto de salas de esta zona, 1-15, están dedicadas a las **antigüedades griegas y romanas.** Es una de las mejores colecciones del mundo y refleja todos los aspectos de la vida desde la temprana simplicidad de las figuras

Los niños contemplan el cuerpo desecado por el desierto de un hombre egipcio enterrado hace más de 5.000 años y apodado «Ginger» por su mata de pelo rojo.

Broche de oro del barco funerario anglosajón de Sutton Hoo (sala 41).

cicládicas hasta la sofisticación de los jarrones pintados griegos. Las esculturas incluyen piezas de dos de los edificios más conocidos del mundo. La sala 8 contiene esculturas del **Templo de Atenea del Partenón,** construido en el siglo V a.C. Con fondos destinados a la marina, el escultor Fidias dirigió la decoración del edificio más armonioso de la edad dorada de la antigua Grecia. Se conservó en perfecto estado hasta que la pólvora allí almacenada estalló en 1687. A principios del siglo XIX, Lord Elgin se llevó a Londres muchas de las esculturas supervivientes. Entre ellas están el gran friso del nacimiento de Atenea, además de esculturas del frontón y las metopas. En la sala 7está el **monumento de Nereida,** la parte frontal de una tumba que parece un templo griego en miniatura.

Vuelva al vestíbulo principal, suba las escaleras hasta el piso superior y gire a la derecha. En la sala 68, la **HSBC Money Gallery** muestra 2.000 años de historia de las monedas británicas con referencias al comercio, la historia y las efigies que hay en ellas.

De nuevo cerca de la escalera, las salas 37 y 49-50 exhiben las **antigüedades prehistóricas** y **romano-británicas,** y abarcan la historia desde los primeros tiempos hasta la era cristiana. Hay una pieza de oro de Norfolk, un espejo de bronce y juegos. Al final de la escalera, un mosaico hallado en Dorset en 1963 constituye la representación más antigua de Cristo en un suelo de mosaico del Imperio romano.

Algunos objetos preciosos y delicados del departamento de **Antigüedades medievales y posteriores** llenan las salas 41-47. Aquí hay varios tesoros que vale la pena buscar. En la sala 41, las piezas más tempranas incluyen el **Sutton Hoo Treasure,** una nave funeraria real anglosajona que se conservó intacta en Suffolk. En la misma sala también encontrará objetos bizantinos y paleocristianos, cuencos célticos, monedas merovingias y joyas locales de gran calidad que ilustran la gran sofisticación de la nobleza anglosajona. La sala 42, una de las **salas medievales,** contiene objetos europeos de los siglos IX al XV, que reflejan la historia desde el período carolingio hasta el gótico. Aquí se hallan los **Lewis Chessmen,** probablemente tallados en Escandinavia en el siglo XII y hallados en la isla de Lewis en 1831.

Cruce las salas 49-52 hasta llegar al ala norte, donde hay cuatro pisos más. En el piso superior se expone la colección de **grabados y dibujos.** Un piso más abajo, están las **colecciones orientales,** algunas de las mejores del mundo. Las salas 92-94 están dedicadas al **arte japonés.** En el piso inferior, la sala 33, la Joseph E. Hotung Gallery, reúne **esculturas budistas indias.** La sala 34, en la planta baja, contiene la John Addis Gallery de **arte islámico.** ■

La ruta del museo

EL BRITISH MUSEUM FUE LA INSPIRACIÓN PARA UNA serie de fascinantes museos repartidos por Bloomsbury y alrededor de Covent Garden. Le aconsejamos que confirme el horario antes de visitar los más pequeños.

Empiece por la **British Library.** El edificio en ladrillo rojo de sir Colin Wilson combina con la estación victoriana de St. Pancras de Scott, que está al lado. La escultura de Newton realizada por Edouard Paolozzi, en el patio, nos conduce a la sede de la biblioteca más importante del mundo, compuesta por 150 millones de referencias. Los 65.000 volúmenes de Jorge III se exponen en una torre de cristal de seis pisos. Las galerías incluyen la **John Ritblat Gallery,** con tesoros tan preciados como la Carta Magna. La **Pearson Gallery of Living Words** trata algunos temas como la historia de la escritura y el **Workshop of Words, Sounds and Images** enseña a los visitantes a diseñar un libro y a entender la grabación del sonido.

Desde aquí, hay dos rutas hacia el British Museum. La primera le llevará por la **Thomas Coram Foundation for Children** (ver pág. 121), donde se ha conservado la sala de audiencias del hospital original, decorada por Hogarth y sus amigos en la década de 1740. Doughty Street está a 5 minutos andando, al este. En el nº 49 vivió Charles Dickens (ver pág. 130).

La ruta alternativa permite visitar las siempre fascinantes exposiciones científicas del **Wellcome Institute** *(183-193 Euston Road; Tel 020-7611 8888; cerrado dom.)*. La parada siguiente es la **Percival David Foundation of Chinese Art,** con exquisitas porcelanas chinas. Más difíciles de encontrar y visitar son los dos pequeños museos en el University College de la University of London: **Flaxman Gallery** *(Slade School of Fine Art, Grower Street; Tel 020- 7504 2540; con reserva)* expone 100 modelos del escultor neoclásico John Flaxman. El informal **Petrie Museum of Egyptian Archaeology** *(University College, entrada por Malet Place; Tel 020-7387 7050; cerrado sáb.-dom.)* intriga tanto a los expertos como a los curiosos. Finalmente, el **Pollock's Toy Museum** *(1 Scala Street; Tel 020-7636 3452; cerrado dom.)* ocupa dos casas con multitud de tesoros para los niños, incluidas muñecas, osos de peluche, marionetas y un arca de Noé del siglo XVIII. Aquí también puede ver el taller de Mr. Pollock, donde construyó sus teatros de juguete.

Ambas rutas se unen, tras pasar por delante del British Museum y llegan a Drury Lane, donde está el **Theatre Museum** (ver pág. 113), una rica colección de objetos de teatro, vestidos, programas, carteles, etc. Al doblar la esquina, el **London Transport Museum** (ver pág. 113) narra la historia de los medios de transporte de Londres. Los visitantes pueden subir a autobuses, seguir la evolución de los tranvías, probar el mecanismo de control de los metros y ver los carteles que animaban a los londinenses de la década de 1930 a usar el tren para salir de la ciudad e ir al campo. La ruta termina en la **Courtauld Gallery** (ver pág. 118), al otro lado del Strand. ■

British Library
- Plano pág. 120
- 96 Euston Road, NW1
- 020-7412 7000
- Abierto a diario. Visitas lun. y miér.-dom. Se recomienda reservar
- Metro: King's Cross

Thomas Coram Foundation for Children
- Plano pág. 121
- 40 Brunswick Square, WC1
- 020-7841 3600
- Abierto lun.-vier. con reserva
- Aportación voluntaria. Entrada para visita guiada
- Metro: Russell Square

Percival David Foundation of Chinese Art
- Plano pág. 120
- 53 Gordon Square, WC1
- 020-7387 3909
- Cerrado sáb.-dom.
- Aportación voluntaria
- Metro: Euston Square, Russell Square

Plazas de Londres

Las plazas de Bloomsbury, con sus casas de ladrillo que dan a jardines con césped, árboles y ocasionales estatuas, tienen un ambiente que es característico de gran parte de Londres. La plaza londinense es una pieza específica del diseño urbano, que refleja el carácter de la sociedad inglesa, su amor por los jardines y su sentido del orden. Introducida en el siglo XVII, la plaza alcanzó su mayor popularidad en el siglo XIX. Hay más de 150 repartidas por el centro de la ciudad.

Inigo Jones, el arquitecto favorito del rey Carlos I, proyectó la plaza de Covent Garden en 1631 para el conde de Bedford. Éste se había inspirado en la Place des Vosges de París y Jones la hizo a semajanza del trabajo de Palladio en Italia. El resultado fue una bonita plaza residencial cuyas casas, de fachadas uniformes, daban a un espacioso centro. Tuvo mucho éxito, ya que era bastante distinta a cualquier otro espacio de la abarrotada City. Hacia 1700 ya había unas 12 plazas para la clase alta, incluidas Lincoln's Inn Fields, Soho, Leicester, Bloomsbury, St. James's y varias en los Inns of Court.

Las plazas fueron a menudo el núcleo de las construcciones del siglo XVIII, con proporciones y medidas más armoniosas. Éste es el caso de Mayfair, donde el concepto desarrollado en St. James's Square cruzó Piccadilly para dar lugar a las plazas de Hanover, Berkeley y Grosvenor. También se construyeron otras joyas aisladas, como Charterhouse (en un extremo de la City) y Smith (en Westminster).

Pero fue Bedford Square, una de las primeras plazas de Bloomsbury, la que casi alcanzó la perfección y se ha conservado en su totalidad. Esta plaza, un atrevido proyecto urbanístico de 1770, se concibió como una unidad arquitectónica. Cada lado sigue un sencillo diseño, una gran fachada palaciega con un frontón en el centro, que da a un jardín oval.

La grandeza clásica de Eaton Square, en Belgravia.

Originalmente, la plaza estaba rodeada por una verja, de la que sólo tenían llaves los residentes. Los comerciantes utilizaban las entradas traseras de los edificios, donde estaban los establos. Sin embargo, el carbón se entregaba en la parte delantera de la casa y se vertía en orificios que estaban en el acera, de forma que llegaba a las cocinas, en el sótano, sin tener que ensuciar la casa. Todavía se pueden observar las tapas metálicas de estos agujeros para el carbón en algunas aceras.

Durante la expansión de Londres en el siglo XIX, los constructores recurrían constantemente a la plaza. A los jardines de Islington del siglo XVIII se añadieron primero Canonbury Square, hacia 1800, y luego, gradualmente, las poco pretenciosas plazas de

Barnsbury. Pero algo mucho más grandioso estaba empezando a contruirse para dar lugar a Belgravia. Belgrave Square, la pieza central del plan urbanístico de Thomas Cubitt (ver pág. 171), iniciada en 1825, es enorme y pomposa. Las mansiones marcan cada esquina, las viviendas tienen cuatro pisos de altura y las columnas y los pilares son impresionantes. Junto con George Basevi, Cubitt rompió la homogeneidad de las fachadas, haciendo cada casa diferente.

Se rompió por completo con la austera plaza georgiana: Eaton Square parece una avenida triunfal; Chester Square, alargada y estrecha, es mucho más íntima; las casas de estilo italiano de Ladbroke Square dan a uno de los mayor jardines privados de Londres. Las últimas construcciones del siglo XX en Chelsea Harbour y Broadgate han mantenido viva la idea de la plaza londinense. ■

Los jardines de Grosvenor Square rodean el monumento conmemorativo a Roosevelt.

Dickens House

CHARLES DICKENS TUVO MUCHAS CASAS EN LONDRES, pero sólo se ha conservado una. Él, su esposa Catherine y su hijo Charles se trasladaron a Doughty Street en 1837, donde vivieron durante tres años. Dickens escribió allí su primera gran novela.

El salón del 48 de Doughty Street, la única residencia londinense de Dickens que se conserva.

La casa estaba bien situada: en una buena zona residencial, aunque cerca de la City y de las calles a orillas del Támesis, donde él se documentaba. Sus hijas Mary y Kate nacieron en esta casa. En esta época Dickens pudo abandonar el seudónimo de Boz y adquirir sus propios derechos en el ámbito literario. No es sorprendente que la casa posea la mayor biblioteca del mundo de obras de Dickens y que sea un lugar de peregrinaje para los entusiastas del escritor, que a menudo se reúnen para pasear por el Londres de Dickens.

La Cofradía de Dickens salvó la casa de la demolición en 1922 y en la actualidad se encarga de ella. Conserva su ambiente literario y su temprana decoración victoriana. Al ver la mesa y la silla del escritor, copias de sus lecturas y relieves victorianos, es sencillo imaginarlo mientras repasaba *Los documentos póstumos del Club Pickwick*, escribía *Oliver Twist* y *Nicholas Nickleby*, o empezaba su *Barnaby Rudge*. ■

Dickens House

- Plano pág. 121
- 48 Doughty Street, WC1
- 020-7405 2127
- Cerrado dom.
- $$
- Metro: Russell Square, Chancery Lane

El grupo de Bloomsbury

A principios del siglo XX, varios artistas y escritores formaron un grupo de seguidores de la filosofía de G. E. Moore, según la cual lo más importante de la vida eran «los placeres del trato humano y disfrutar de los objetos bellos. He aquí el último fin del progreso social». La mayoría de integrantes del grupo estaban relacionados con Cambridge, pero todos se reunían en Gordon Square, en Bloomsbury, donde en 1904 la familia Stephen –Virginia (más adelante Woolf), Vanessa (más adelante Bell), Toby y Adrian– se trasladaron al nº 46. El economista John Maynard Keynes formaba parte del grupo, al igual que E. M. Forster, Lytton Strachey, Leonard Woolf, el marido de Virginia, y Clive Bell, el de Vanessa. También estaba Roger Fry, el crítico y artista que cedió su colección al Courtauld Institute. En la Courtauld Gallery hay pinturas suyas y de otro artista del grupo, Duncan Grant. ■

Esta zona del norte de Londres disfruta de dos de los mejores parques de la ciudad. Regent's Park tiene jardines, zoológico y viviendas de estuco, mientras que Hampstead Heath cuenta con colinas, Kenwood House y los pueblos de Hampstead y Highgate.

El Londres de la Regencia

Las estatuas que coronan la Cumberland Terrace son el mejor proyecto de John Nash

El Londres de la Regencia

CUANDO EL PRÍNCIPE REGENTE SE CONVIRTIÓ EN JORGE IV LLEVÓ A CABO un nuevo proyecto urbanístico: la creación de Regent Street y Regent's Park. Desde los grandes edificios de la época Tudor, ningún proyecto real había ejercido tanta influencia en el urbanismo de Londres. John Nash, su planificador y arquitecto, convirtió en realidad sus sueños con grandiosidad teatral. Una dosis de buena suerte le proporcionó los ingredientes necesarios: los terrenos y la financiación. El Londres de la Regencia tuvo un buen inicio. Las faldas de Belsize Park y St. John's Wood pronto estuvieron cubiertas por espaciosas casas. La construcción llegó hasta los balnearios en las colinas de Hampstead y Highgate, cuyos residentes se aseguraron de que el siguiente «pulmón» de Londres, Hampstead Heath, se conservara para siempre.

Si observamos el plano, queda claro lo innovador que fue este crecimiento controlado por la corona en una ciudad que hasta entonces se había desarrollado lentamente, con propietarios particulares que construían modestas calles y plazas. ¿Cómo ocurrió?

Cuando el príncipe Jorge alcanzó la mayoría de edad en 1783, se trasladó desde el St. James's Palace a la más modesta Carlton House, al final de la actual Regent Street. El príncipe la transformó en un elegante palacio. Durante los 30 años siguientes, el príncipe dilapidó una fortuna en diversiones, mientras su padre gobernaba. En esta época contrató a John Nash, un arquitecto que había trabajado con el paisajista Humphry Repton en algunas casas de campo.

El príncipe, influenciado por el creciente movimiento que consideraba la arquitectura parte del entorno natural, concibió un plan que modificaría sustancialmente los alrededores de Londres. En 1811, cuando él y Nash ya estaban realizando planos, tuvieron lugar tres sucesos clave: expiró el arrendamiento de unas 200 ha de parques de la corona, al norte de Mayfair y Marylebone; Jorge III enfermó tanto que su hijo fue nombrado regente; y empezaron las guerras napoleónicas, que llenaron Londres de optimismo estimulando un *boom* en el sector de la construcción.

Su deseo era crear una ciudad-jardín aristocrática, un parque lleno de villas, bosques, un palacio real de descanso, un lago y un canal. El plan también incluía una gran avenida que uniera las Cortes y el Parlamento.

Al contrario que el sueño de Wren tras el Gran Incendio, el del príncipe regente se convirtió en realidad. Se construyó Regent Street, lo que provocó la desaparición de centenares de casas del Soho y separó para siempre Mayfair y Marylebone de cualquier punto situado más al este. Hoy, muy renovada, sigue siendo una calle comercial de moda y conduce hasta la lejana e inmensamente elegante Portland Place, de James Adam, construida en 1776-1780. Carlton House fue demolida cuando el príncipe regente se trasladó a Buckingham Palace y el extremo sur de Regent Street se cerró con una gran escalinata que conducía al espacio verde de St. James's Park. En su extremo norte, la gran plaza redonda en el cruce con Marylebone Road sólo se realizó a medias en Park Crescent, pero incluso esta pequeña parte es una de las mejores piezas arquitectóncias londinenses.

Puede que Regent's Park no tenga tanto espacio como se planeó y que no contenga ningún palacio de descanso, pero con el lago, el canal que marca su frontera septentrional, el zoológico, los jardines inmaculados y las relucientes viviendas, es el más impresionante de los parques reales londinenses, un jardín muy apreciado por mucha más gente de la que el príncipe regente pudo imaginar.

En la esquina sudoeste, la construcción de Dorset Square en 1881 obligó al famoso Marylebone Cricket Club a trasladarse al Lord's, en St. John's Wood (hoy el campo de cricket más famoso del país). Al norte del parque, a medida que los edificios cubrían las colinas, Hampstead y, en menor medida, Highgate, pasaron a formar parte del marco londinense. ■

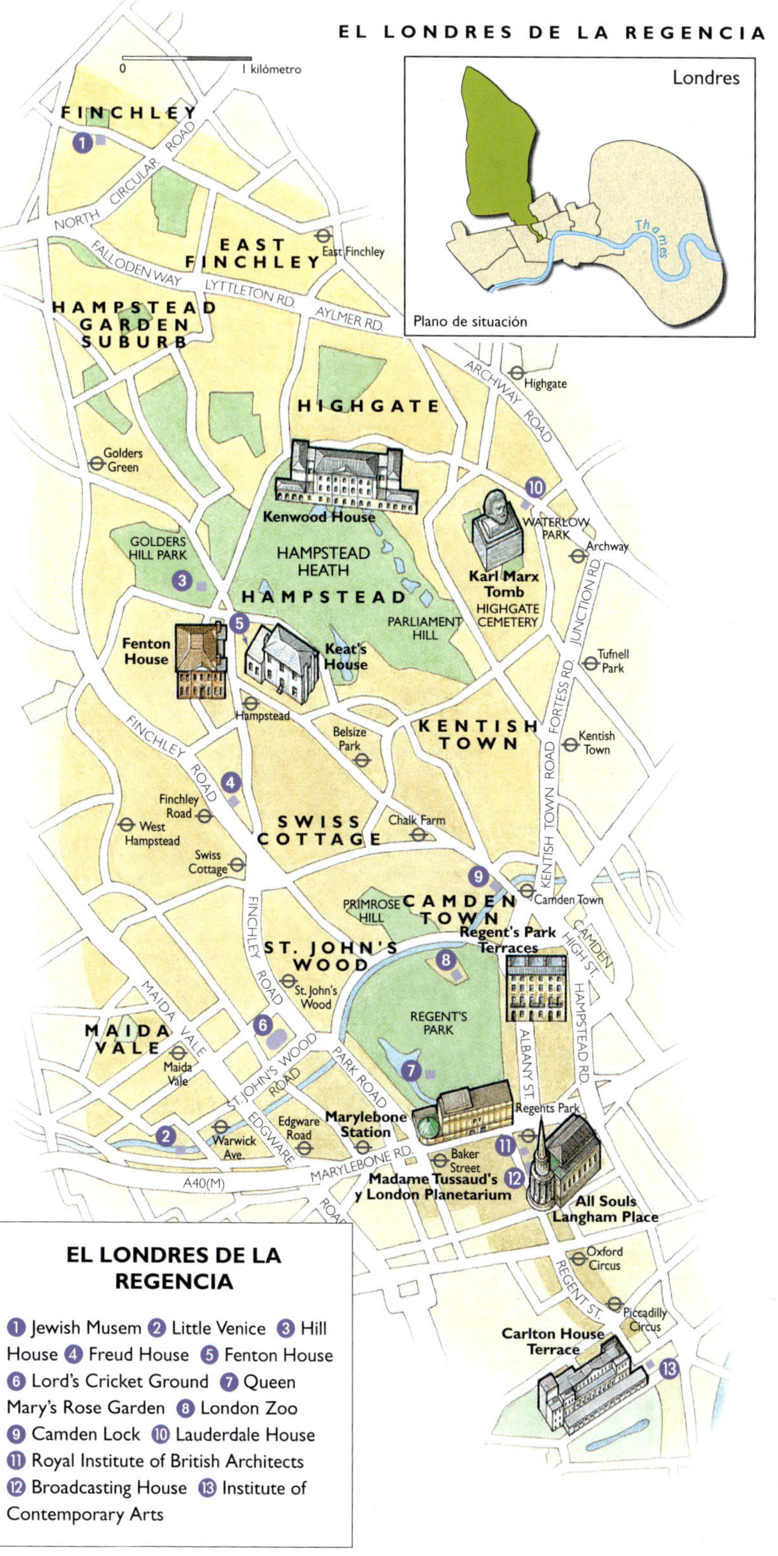
0
1 kilómetro
Londres
Thames
Plano de situación
FINCHLEY
NORTH CIRCULAR ROAD
EAST FINCHLEY
East Finchley
FALLODEN WAY
LYTTLETON RD.
AYLMER RD.
HAMPSTEAD GARDEN SUBURB
ARCHWAY ROAD
Highgate
HIGHGATE
Golders Green
Kenwood House
WATERLOW PARK
Archway
GOLDERS HILL PARK
HAMPSTEAD HEATH
Karl Marx Tomb
HIGHGATE CEMETERY
HAMPSTEAD
PARLIAMENT HILL
JUNCTION RD.
Fenton House
Keat's House
Tufnell Park
Hampstead
FORTESS RD.
Belsize Park
KENTISH TOWN
Kentish Town
FINCHLEY ROAD
KENTISH TOWN ROAD
Finchley Road
West Hampstead
SWISS COTTAGE
Chalk Farm
Swiss Cottage
Camden Town
PRIMROSE HILL
CAMDEN TOWN
Regent's Park Terraces
CAMDEN HIGH ST.
ST. JOHN'S WOOD
St. John's Wood
HAMPSTEAD RD.
REGENT'S PARK
MAIDA VALE
Maida Vale
ST. JOHN'S WOOD ROAD
PARK ROAD
ALBANY ST.
Regents Park
Marylebone Station
Edgware Road
EDGWARE ROAD
Warwick Ave.
Baker Street
MARYLEBONE RD.
A40(M)
Madame Tussaud's y London Planetarium
All Souls Langham Place
Oxford Circus
REGENT ST.
Piccadilly Circus
Carlton House Terrace
EL LONDRES DE LA REGENCIA
1 Jewish Musem 2 Little Venice 3 Hill House 4 Freud House 5 Fenton House 6 Lord's Cricket Ground 7 Queen Mary's Rose Garden 8 London Zoo 9 Camden Lock 10 Lauderdale House 11 Royal Institute of British Architects 12 Broadcasting House 13 Institute of Contemporary Arts

Regent Street

Institute of Contemporary Arts

Plano pág. 133

Nash House, The Mall, SW1

020-7930 0493

Cerrado hasta mediodía

$ (lun.-vier.)
$$ (sáb.-dom.)

Metro: Charing Cross

Regent Street es una atracción para los compradores.

ES POSIBLE QUE OXFORD STREET TENGA MÁS TIENDAS que cualquier calle europea, pero Regent Street la supera en calidad, estilo, ambiente cultural y grandiosidad arquitectónica.

En el extremo sur de Regent Street, el arquitecto John Nash (ver pág. 136) arregló la zona este, creando Pall Mall East y proyectando Trafalgar Square. Cuando el príncipe se trasladó a Buckingham Palace, Nash sustituyó la Carlton House por la Carlton House Terrace (1827-1832). En la actualidad, el nº 6 acoge la Royal Society, entre cuyos presidentes han destacado Wren, Newton y Sloane. A mitad de la manzana está la columna del duque de York de Benjamin Wyatt y las escaleras conducen al **Institute of Contemporary Arts,** que acoge exhibiciones y películas recientes.

Nash compensó la división de St. James's con la construcción de la Royal Opera Arcade y la reconstrucción del Theatre Royal Haymarket (la oficina de turismo inglés se halla en este tramo de Regent Street).

Al norte, en **Piccadilly Circus** (ver pág. 106), Nash hizó un cambio de dirección y de estilo. Su galería de tiendas proyectada para mantener a los compradores al resguardo de la lluvia desapareció, pero las tiendas de prestigio siguen allí. Aquí está Austin Reed, con su barbería de estilo art déco, y Garrard, donde los monarcas compran sus joyas. Más allá, Liberty & Co. destaca por sus exóticos objetos de calidad.

Al otro lado de Oxford Circus, donde Regent Street cruza Oxford Street, en el pórtico circular de **All Souls Church,** en **Langham Place,** hay un busto de Nash. La **Broadcasting House** de la **BBC** (British Broadcasting Corporation) *(Tel 020-7765 0025)* está justo detrás, decorada con esculturas de Eric Gill. La galería de la BBC y su tienda de publicaciones están en el interior. Después de su primera emisión en 1922, la BBC se estableció en 1927 para evitar que las radios comerciales controlaran el mercado. Un poco más allá de Portland Place, se halla el **Royal Institute of Bristih Architects** *(Tel 020-7580 5533)*, conocido como RIBA, donde se celebran conferencias y exposiciones. ■

Suba a una barca de remos en el lago de Regent's Park y saboree el ambiente de este parque real.

Regent's Park

Regent's Park
- Plano pág. 130
- 020-7486 7905
- Cerrado por la noche
- Metro: Regent's Park, Baker Street, Great Portland Street o Camden Town (zoo)

Regent's Park Open Air Theatre
- Plano pág. 130
- Inner Circle, Regent's Park, NW1
- 020-7486 2431
- Jun-sept.
- $$
- Metro: Regent's Park, Baker Street o Camden Town

Zoo de Londres
- Plano pág. 130
- Regent's Park, NW1
- 020-7722 3333
- $$$
- Metro: Camden Town

JOHN NASH ABANDONÓ LA FORMALIDAD FRANCESA DE Regent Street y regresó al estilo inglés. Enrique VIII se había apropiado de casi 200 ha de tierra de la abadía de Barking. Estos terrenos fueron vendidos por Cromwell, más tarde reclamados por Carlos II y arrendados (ver págs. 136-137), y regresaron a la Corona en 1811. De las 56 villas planeadas por Nash sólo se construyeron ocho, pero las hileras de casas a ambos lados se completaron.

Regent's Park tiene zonas muy distintas. En el sudeste, la complejidad victoriana y la densidad de plantas de Avenue Gardens, proyectada en 1864, ha recuperado su esplendor original. Al lado, el Broad Walk recorre el parque, bordeado por castaños. En el parque crecen unos 6.000 árboles.

A medio camino de Broad Walk, el Inner Circle protege el área más privada y mágica del parque: el Queen Mary's Rose Garden. Creado para celebrar el quincuagésimo aniversario de Jorge V y la reina María, en 1935, incluye unos jardines alpinos y un maravilloso jardín de rosas. Más de 30.000 plantas y 400 variedades perfuman el aire estival. Las rosas rodean lechos de flores y crean tranquilos rincones.

El **Regent's Park Open Air Theatre** (teatro al aire libre) está también en Inner Circle, cerca del modesto restaurante Rose Garden. El lago de Regent's Park, un santuario para aves acuáticas, rodea el Inner Circle; la música del templete flota en el aire y desde las barcas se puede contemplar Holme, una villa de Decimus Burton.

Al norte, cruzando varios senderos, está el **Zoológico de Londres,** abierto en 1828. Un puente sobre el Regent's Canal conduce a Primrose Hill, con vistas a todo Londres. ■

Arquitectura de la Regencia

Lo que el arquitecto John Nash hizo por Londres se convirtió en la máxima expresión de la arquitectura de la Regencia y de la planificación urbanística en la capital. Inspirado por el movimiento Pintoresco, este estilo arquitectónico surgió como reacción a la severidad clásica de la Ilustración. El énfasis pasó de la calidad de la construcción y el detalle al efecto de conjunto; de una preocupación por el espacio interior al deseo de crear fachadas impresionantes; de una visión seria y formal a otra más caprichosa y ecléctica, inspirada en cualquier período o cultura.

Nacido en 1752, Nash realizó sus mejores trabajos a partir de los sesenta años, cuando, como urbanista del príncipe regente, aportó libertad e imaginación a las «mejoras metropolitanas» de la ciudad, así llamadas por el príncipe. Sus brillantes calles estucadas, sus manzanas y villas proporcionaron teatralidad y una nueva dignidad a una ciudad que se había convertido en la capital de un imperio.

Cornwall Terrace, una de las primeras obras de Nash, al oeste de Regent's Park.

El estilo regencia se refleja a la perfección en las imponentes manzanas que rodean Regent's Park: York, Cornwall, Clarence, Sussex y Hanover. Construidas en 1821-1823, fueron seguidas por Ulster, Cambridge, Chester, Cumberland y Gloucester, en 1827.

La York Terrace, al sur del parque, se divide en dos secciones. En el centro, el proyecto de York Gate enmarca Marylebone Church, construida en 1813 con cariátides doradas que soportan la cúpula de la torre. Otras manzanas se extienden al oeste. York, Conrwall y Clarence, ambiciosos proyectos de Nash, fueron construidos bajo su supervisión por James Burton y su hijo Decimus. En Sussex Place, Nash proyectó el Brighton Pavilion. Las alas curvadas, las cúpulas octagonales y las ventanas poligonales parecen más adecuadas para un lugar de la costa. Finalmente, la Hanover Terrace significó el regreso a la simplicidad clásica.

Sin embargo, donde la arquitectura pierde importancia, el ligero efecto teatral se mantiene. Esto se aprecia sobre todo en las manzanas de la zona este, que siguen la cara sur de la Ulster Terrace, de líneas simples y con ventanas saledizas a cada extremo. Entre la relativamente modesta Cambridge Terrace y la asimétrica Gloucester Gate, la larga fachada de 285 m de la Chester Terrace está formada por gigantescas columnas corintias; a ambos extremos, las alas proyectadas están unidas por delgados arcos de triunfo. Cumberland Terrace, con sus siete pórticos, patios y arcos, es una de las vistas más impresionantes de Londres y un escenario perfecto para una fiesta aristocrática.

De las ocho villas que salpicaban el parque, sólo se conservan tres. Vista desde el otro lado del lago, el Holme, proyectado por Decimus Burton para su padre, tiene el aspecto que debería: el de un idílico conjunto de casas de campo rodeadas por extensos terrenos. La vanidad teatral perdura. ■

Cumberland Terrace, de 1831 (arriba), ha cambiado poco hasta hoy (abajo).

Madame Tussaud's y el Planetarium

La llamativa cúpula verde del Planetarium, junto a Madame Tussaud's.

ESTAS DOS INSTITUCIONES ATRAEN A GRANDES multitudes en Londres y son dos de las preferidas por los niños, aunque ambas tienen una importancia relativa, en una ciudad bendencida con tantos museos de historia, arte y ciencia. Madame Tussaud's se inauguró en 1835 y el Planetarium, en 1958.

Madame Tussaud's
- Plano pág. 133
- Marylebone Road, NW1
- 020-7935 6861
- $$$
- Metro: Baker Street

Planetarium de Londres
- Plano pág. 133
- Marylebone Road, NW1
- 020-7935 6861
- $$
- Metro: Baker Street

Madame Tussaud, cuyo nombre era Marie Grosholtz, huyó del París revolucionario en 1802, recorrió Inglaterra con las figuras de cera de su tío y luego se instaló cerca del museo actual. Sus visitantes solían regresar, porque ella añadía constantemente nuevos personajes. Sus hijos trasladaron la colección a este lugar y los propietarios actuales la mantienen al día.

Una variada colección de personalidades incluye desde Lenin, Joan Collins y primeros ministros británicos hasta los miembros de la familia real inglesa. La Cámara de los Horrores no es de muy buen gusto y la del Espíritu de Londres no es mucho mejor.

En cambio, el Planetarium es una experiencia más interesante. La presentación virtual de 40 minutos «Percepciones cósmicas» se proyecta en una gran cúpula y da una visión general de la historia de la astronomía. Una exposición muestra una tierra gigante que gira junto con sus satélites, así como transmisiones del tiempo, imágenes del espacio y ordenadores con pantalla táctil. ■

Lord's Cricket Ground

El club más exclusivo de cricket de Inglaterra, el Marylebone Cricket Club (MCC), se halla tras unos altos muros. Thomas Lord trasladó el MCC al noroeste de Regent's Park cuando vendió los terrenos del club en Dorset Square. Los visitantes pueden recorren los edificios (uno proyectado por Michael Hopkins) y el museo *(Tel 020-7432 1033; cerrado los días de partido)*. Éste exhibe las botas de Donald Bradman, el gorrión muerto por una bola lanzada por Jehangir Khan en 1936 y la minúscula urna que contiene las Cenizas. Éstas, procedentes de los palos quemados tras la primera victoria de Australia sobre Inglaterra en 1882, se han convertido en un burlón trofeo que se entrega al ganador de los partidos entre ambos países. ■

Regent's Canal, Camden Market y Little Venice

EN EL SIGLO XVIII, VARIOS CANALES CRUZABAN EL PAÍS, rutas acuáticas que transportaban gran parte de la nueva riqueza de la Revolución industrial. Regent's Canal, construido como frontera norte del parque, era un nexo vital del sistema. Corría desde Paddington Basin, donde terminaba por entonces el Grand Union Canal de los Midlands, y llegaba hasta el puerto de Londres. Fue el canal más transitado de Inglaterra y se mantuvo en activo incluso después de la introducción del ferrocarril.

Hoy en día, en Regent's Canal reina el silencio. Sus orillas son un buen lugar para pescar y los botes turísticos transportan a los pasajeros a Camden Lock y Little Venice, con una parada en el zoo.

Las modestas casas de Camden han adquirido un carácter burgués. Los fines de semana, la diversión y el barullo se concentran alrededor de Camden Lock, cuyo mercado étnico nació en la década de 1970. Miles de buscadores de gangas llenan los mercados que han surgido en Camden High Street y Chalk Farm Road. Camden Market también abre los jueves y viernes.

Little Venice, por el contrario, es una zona con estilo. Las barcazas pintadas están amarradas al final del canal, incluyendo una que es un teatro de marionetas *(Tel 020-7249 6876)*. Vale la pena disfrutar de las casas del sector de Maida Vale –las más elegantes de Blomfield Road se alinean a lo largo del canal– y contemplar un auténtico pub victoriano, el Prince Albert, en Formosa Street. ■

Las barcazas del canal de Little Venice se han convertido en casas flotantes.

Excursiones en barca por Regent's Canal

Metro: Camden Town, Warwick Avenue

London Waterbus Company

020-7482 2660

Cerrado lun.-vier., nov-marzo

$$

Jason's Trip

020-7286 3428

Cerrado mov.-marzo

$$

Jenny Wren

020-7485 4433

Cerrado oct.-Semana Santa

$$

Hampstead

Fenton House
- Plano pág. 133
- Hampstead Grove
- 020-7435 3471
- Cerrado lun.-mar. y lun.-vier. en marzo y oct.-feb.
- $$
- Metro: Hampstead

LEJOS DE LOS ESPECULADORES DEL CENTRO DE LONDRES, Hampstead vio cómo los constructores subían por la colina hasta sus puertas, pero supo conservar su carácter de pueblo, que todavía pervive. El aire sano y las vistas panorámicas de Londres desde las colinas de Surrey atrayeron a los mercaderes de la época Tudor hacia Hampstead. En el siglo XVIII el lugar era tan popular como Islington, pero al estar más lejos de la ciudad se convirtió en una zona de descanso más selecta y en un lugar de moda.

Well Walk recuerda los origenes de Hampstead, nacido como un balneario.

Los poderosos, los artistas y los intelectuales acudían al balneario de Hampstead. Algunos se quedaron a vivir aquí, como el estadista William Pitt y los escritores Lord Byron, Robert Louis Stevenson y John Galsworthy. A pesar de los restaurantes y las tiendas de High Street, las casas en Hampstead Square, Church Row, Flask Walk, Well Walk y las calles colindantes siguen reflejando el ambiente de vacaciones georgiano.

Los intelectuales contemporáneos de Hampstead han salvado varias casas y jardines para convertirlos en museos. **Fenton House,** en la cima de la colina, es quizá la más impresionante. Es una casa de 1693, con un magnífico jardín y llena de preciosas cerámicas e instrumentos musicales. **Burgh House,** en el centro del pueblo, es una perfecta casa de la época de la reina Ana, de 1703.

Entre los escritores atraídos por Hampstead estaba el poeta John Keats, que vivió aquí desde 1818 hasta 1820 en Keats Grove, una modesta casa de la época de la regencia amueblada con sus posesiones *(Wentworth Place; Tel 020-7435 2062)*. Sigmund Freud residió en Maresfield Gardens *(Tel 020-7435 2002; cerrado lun.-mar.)*, donde se exhibe su diván. Finalmente, el National Trust ha adquirido y abierto al público el **nº 2 de Willow Road,** proyectado por Erno Goldfinger en 1939.

En la zona hay otras dos cosas interesantes para hacer. La primera es pasear por el **Hampstead Garden Suburb,** una ciudad jardín concebida por Raymond Unwin y Barry Parker en 1907. Se proyectó con casas de tres tamaños, para grupos con diferentes ingresos, y en la actualidad está muy solicitada. Más lejos, el **Jewish Museum** *(80 East End Road, Finchley; Tel 020-8349 1143)* muestra unas interesantes colecciones de obras de arte y objetos judíos. ■

Burgh House
- Plano pág. 133
- New End Square
- 020-7431 0144
- Cerrado lun., mar., y miér.-dom. por la mañana
- Metro: Hampstead

Highgate

A LA SOMBRA DEL ELEGANTE HAMPSTEAD, LA HISTORIA de Highgate ha sido similar, pero más tranquila. La aldea creció en un terreno propiedad de los obispos de Londres. A finales del siglo XVI, sus aguas y su aire fresco compensaban el viaje desde Londres, al igual que sus espacios al aire libre y su oferta lúdica. Los ricos mercaderes construían sus casas de campo aquí. Actualmente, es conocido por su bonito cementerio, donde reposan muchos londinenses famosos.

Parliament Hill es un lugar propicio para relajarse, debido a sus magníficas vistas.

Una de las primeras mansiones construidas aquí, **Lauderdale House** (1580), se ha conservado parcialmente, con añadidos posteriores. El gran jardín en pendiente, el Waterlow Park, cuenta con grandes hayas, catalpas y tejos que dan sombra a las olorosas azaleas en verano.

Sin embargo, el núcleo de Highgate se halla colina arriba, donde el filántropo William Blake construyó las casas en los n°s 1-6 de The Grove, en el siglo XVII. Cerca de allí, hay casas muy bonitas en Pond Square y South Grove: Old Hall en el nº 17 (hacia 1690), Moreton y Church en los n°s 10 y 14 o el Literary Institute (1839). Cromwell House, en el nº 104 de Highgate Hill, es una extraña superviviente: una gran casa londinsense de la década de 1630. En High Street hay casas del siglo XVIII en los n°s 17-21, 23 y 42, y varios escaparates georgianos.

En **Highgate Cemetery,** al lado de Waterlow Park, están enterradas muchas personalidades. Abierto en 1839, fue tan popular por sus catacumbas adornadas y sus bonitas vistas que en 1857 se amplió con un túnel subterráneo para hacer llegar los féretros hasta las tumbas.

Los monumentos conmemorativos del cementerio incluyen los del escritor George Eliot, fallecido en 1880, el filósofo Herbert Spencer (1903) y Karl Marx, muerto en 1883. Las visitas guiadas por la zona oeste pasan por delante de los monumentos conmemorativos a la familia Rosetti, la de Dickens (él está enterrado en la abadía de Westminster), Charle Chubb, el inventor de las cerraduras Chubb, y Charles Cruft, fundador del Cruft's Dog Show. Los mausoleos más ostentosos son las Terrace Catacombs, que se supone que inspiraron el *Drácula* de Bram Stoker. Está cerrado durante los funerales y no se permite la entrada a los niños. ■

Lauderdale House

- Plano pág. 133
- Highgate High Street, N6
- 020-8348 8716
- Metro: Highgate, Archway

Highgate Cemetery

- Plano pág. 133
- Swaine's Lane, N6
- 020-8340 1834
- Zona este: $. Oeste, visitas guiadas $$
- Metro: Archway

Kenwood House y Hampstead Heath

Kenwood House, Iveagh Bequest

- Hampstead Lane, NW3
- 020-8348 1286
- Entrada para exposiciones especiales
- Metro: Hampstead, y 1,5 km a pie

Hill House y jardín

- Sandy Lane, pasado el pub Jack Straw's Castle, North End Way, NW3
- No hay
- Metro: Hampstead

AL ARTE EN UN BONITO ENTORNO SE AÑADEN VISTAS panorámicas, ondulantes colinas y bosques, que convierten esta casa y sus alrededores en una de las grandes maravillas londinenses.

En 1754 el brillante abogado conde de Mansfield adquirió la Kenwood House, de principios del siglo XVII, que estaba en la cima de la colina, como lugar de descanso. El escocés Robert Adam la remodeló en 1764-1769. Exhibiendo su maestría, tanto en el exterior como el interior, añadió un nuevo piso hacia el gran jardín clásico delantero y equilibró la antigua Orangerie con una suntuosa biblioteca, una de las mejores habitaciones. El techo fue decorado por Joseph Rose y pintado por Antonio Zucchi. Al fallecer Mansfield, la casa languideció hasta 1925, cuando Edward Guiness, conde de Iveagh, la compró junto con 32 ha de parque y colgó sus cuadros en las salas de Adam. A su muerte, Guiness dejó la casa y el jardín al Estado, junto con los cuadros que incluían *Hombre tocando una guitarra* de Vermeer y *Retrato del artista* de Rembrandt.

Desde la terraza frontal, el césped desciende hacia un lago ornamental, que en la actualidad es el escenario de conciertos en verano. A la izquierda, un camino conduce a la cima, donde hay unas vistas fascinantes de Londres. Sentirá el deseo de cruzar Hampstead Heath, un terreno de unas 320 que, desde 1829, se ha salvado por etapas de los especuladores.

Baje hasta **Highgate Ponds,** luego suba a **Parliament Hill** donde los domingos, las cometas hacen acrobacias por el cielo; luego, siga hasta **Hampstead Ponds** y pasee hasta **Hill House,** con un jardín perfumado por las azaleas. ■

Un escenario mágico para un concierto en verano.

Kensington Palace y sus mágicos jardines confieren a la zona un carácter familiar. En South Kensington, curiosos de todas las edades pasean por los museos y disfrutan de los conciertos y espectáculos del Royal Albert Hall.

Kensington y South Kensington

Una escultura de un pterodáctilo decora el tejado del Natural History Museum

Kensington y South Kensington

EN 1689, GUILLERMO III, AFECTADO POR EL ASMA Y LA BRONQUITIS, abandonó el húmedo Whitehall Palace con su esposa, para disfrutar del aire fresco del pueblo de Kensington, por entonces en las afueras de Londres. Así, el área empezó a asociarse con la realeza. En la actualidad algunos miembros de la familia real viven aún en Kensington Palace. Los apartamentos de Estado están abiertos al público.

Guillermo y María invitaron a sir Christopher Wren y Nicholas Hawksmoor a remodelar su hogar en Kensington Palace. También vallaron parte de Hyde Park para crear el núcleo de los Kensington Gardens y poder así disfrutar de su pasión por los jardines.

El palacio sigue constituyendo el corazón de Kensington. Era el palacio oficial preferido por los Hanover en el siglo XVIII, hasta que Jorge III se trasladó al Buckingham Palace en 1762. La reina Victoria nació y vivió allí hasta que subió al trono. La proximidad de la realeza atraía a los ricos y los de buena cuna. Incluso hoy en día, en Kensington se pueden encontrar muchas de las calles más elegantes de la ciudad.

La avenida más grande y ostentosa de Londres, Kensington Palace Gardens, se proyectó en 1843 como una calle flanqueada por árboles y rodeada por una verja. Llena de mansiones palaciegas, pronto se conoció como «la hilera de los millonarios». En la actualidad, la mayoría de sus edificios son embajadas extranjeras. Un Kensington menos ostentoso sigue vivo un poco más allá, en el área delimitada por dos largas calles comerciales: Kensington Church Street, que sube la colina hasta Notting Hill Gate y Portobello Road formando una hilera ininterrumpida de tiendas de antigüedades; y Kensington High Street, que empezó a destacar como área comercial después de la construcción del metro, en 1868. La gran finca de Holland Park se parceló y fue ocupada por las grandiosas casas de Holland Park.

Si hubiera visitado Kensington en 1851, hubiera podido asistir a la Exposición Universal, celebrada en el Palacio de cristal (Crystal Palace) de Hyde Park, construido expresamente para la ocasión. Concebido por el príncipe Alberto como una plataforma para los logros industriales, recibió seis millones de visitantes británicos, una tercera parte de la población. A partir de esta exposición, surgió la idea de crear un campus cultural en South Kensington. Cerca están las escuelas reales de arte y de música. También se encuentran en la zona la Royal Geographical Society, el Imperial College of Science and Technology y el Goethe Institute. La zona también alberga tres grandes museos: el Victoria & Albert Museum, el Science Museum y el Natural History Museum. ■

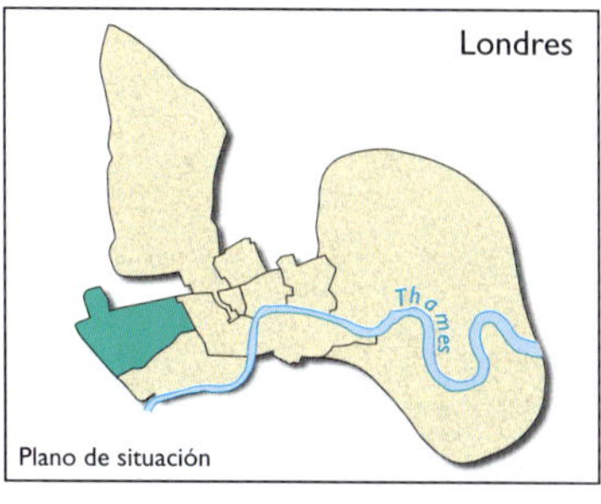

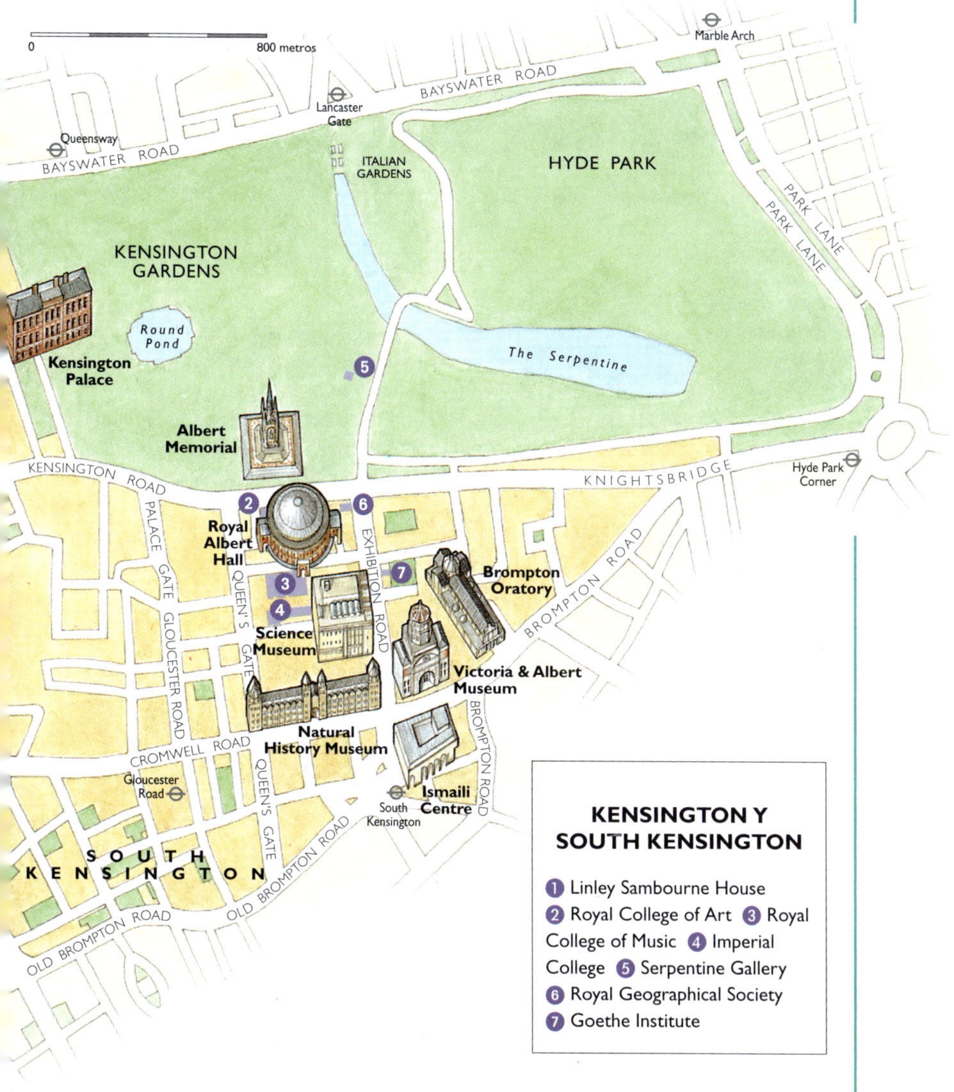

Plano de situación

KENSINGTON Y SOUTH KENSINGTON

❶ Linley Sambourne House
❷ Royal College of Art ❸ Royal College of Music ❹ Imperial College ❺ Serpentine Gallery
❻ Royal Geographical Society
❼ Goethe Institute

La fachada sur de Kensington Palace, el hogar de la realeza desde 1689.

Kensington Palace

CON UN CÁLIDO EXTERIOR EN LADRILLO ROJO Y PEQUEÑOS y confortables salones, Kensington Palace parece un hogar informal y contrasta con el rígido esplendor de Hampton Court o Buckingham Palace. Este ambiente familiar lo crearon Guillermo y María. En 1689 compraron esta mansión de campo a sir Heneage Finch, duque de Nottingham, quien había remodelado la antigua casa jacobina en 1661. El mismo año de la adquisición, sir Christopher Wren y Nicholas Hawksmoor realizaron los cambios más esenciales, de forma que la familia real se pudo trasladar en Navidad. Pero las obras continuaron otros siete años.

Kensington Palace

Plano pág. 145

Kensington Gardens, W8

020-7937 9561

$$

Metro: High Street, Kensington

La mejor forma de llegar al palacio es desde el sur. Las fachadas sur y este, con su elegante obra de ladrillo, son de Wren. Contemple la estatua de Guillermo III, rodee el edificio, pase las Salas de Estado, la estatua de la reina Victoria con su hija Luisa y el jardín rodeado por tilos. A la derecha de la entrada está el Orangery de Hawksmoor, construido en 1704-1705 y que en la actualidad es un café donde los clientes pueden admirar el trabajo de ebanistería de Grinling Gibbons. El edificio adyacente a la parte posterior del palacio es el hogar de algunos miembros de la familia real, como la princesa Diana, que vivió aquí tras separarse del príncipe Carlos.

El monograma de Guillermo y María está en la puerta de entrada. Dentro, selectas piezas de arte de la Queen's Royal Collection decoran las Salas de Estado. Después de que la familia real se mudara al Buckingham Palace, quedaron virtualmente abandonadas, hasta que se abrieron al público en 1899.

La sencilla escalinata de roble, la Queen's Staircase, conduce al conjunto de habitaciones de la reina María. Su galería tiene más grabados de Gibbons en los marcos de los espejos, mientras que el comedor conserva su artesonado original. La Drawing Room de María contiene el barómetro que Thomas Tompion realizó para el palacio hacia 1695 y un retrato de Henry Wise, autor del primer proyecto de los jardines. Su dormitorio conserva los suelos originales de olmo y una cama con sus cortinajes, que utilizó Jacobo II.

La Privy Chamber señala el inicio de las State Rooms, de altos techos, proyectadas por Colen Campbell para Jorge I, en 1718-1720. El agradable estilo palladiano queda complementado por la decoración del techo de William Kent. La decoración de la Privy Chamber muestra a Marte y Minerva, símbolos de la habilidad militar del rey, y el mecenazgo artístico y científico de la reina. Los tapices de Mortlake, del siglo XVII, cuelgan en las paredes de esta sala de audiencias privada. Desde una ventana de la sala se divisa el Clock Court de Wren. La sala de audiencias públicas (Presence Chamber) está a continuación. Aquí, Kent decoró el techo con alegres colores pompeyanos; fue la primera vez que en Inglaterra se utilizó este estilo, que adoptarían posteriormente los Adam.

La King's Grand Staircase fue proyectada por Wren y el hierro lo trabajó Jean Tijou. La decoración de las paredes y del techo es el trabajo más importante de Kent: una vista de estilo veneciano de una abarrotada galería, inspirada en Versailles y Blenheim (ver pág. 225). Los cortesanos y visitantes de Kensington Palace subían por esta monumental escalera hasta la King's Gallery, construida por Hawksmoor en 1695-1696 y pintada por Kent en 1725-1726 con escenas de la *Odisea*. En las paredes de la galería se han colgado pinturas de Jorge II, tal como él las tenía dispuestas. Las pinturas en los tímpanos de los arcos muestran los cuatro continentes conocidos por entonces.

A continuación, se puede visitar un conjunto de habitaciones renovadas para la duquesa de Kent y su hija Victoria. Aquí fue donde la princesa Victoria fue informada de que era la nueva reina. Entre sus pertenencias están la cuna de sus hijos, vistas de David Roberts de la Exposición Universal y un centro de plata de Garrard, donde aparecen los cuatro perros de la reina. Pero sigamos el recorrido por las State Rooms. La Drawing Room del rey cuenta también con un espléndido techo de Kent. Wren y Kent crearon juntos la Cupola Room , donde Victoria fue bautizada en 1819.

Finalmente, la **Dressing for Royalty Exhibition** refleja el mundo de la moda real. Aquí se conservan, entre otros, el vestido de novia de la reina María y una docena de la reina Isabel II. ■

Una de las habitaciones donde residía la reina Victoria antes de su ascenso al trono.

Un paseo por los Kensington Gardens y South Kensington

Pasear por los Kensington Gardens es el preludio de una gran variedad de ofertas culturales y educativas.

Al salir del metro de Lancaster Gate, entre en los **Kensington Gardens** y hallará en primer lugar los jardines italianos, añadidos por Victoria y Alberto en 1861. El parque, de 110 ha, nació cuando Guillermo y María crearon un jardín holandés en 8 ha cerca de Kensington Palace. La reina Ana los adaptó al estilo inglés y los amplió. Construyó el Orangery y los Sunken Gardens; también proyectó la avenida Rotten Row. En 1728, la esposa de Jorge II, Carolina, mandó vallar más hectáreas de Hyde Park, excavar un estanque, el Round Pond, y desviar el arroyo de Westbourne para crear el Long Water. Así, los jardines se abrieron al público en 1841, formando un auténtico escenario real para Kensington Palace.

Siga el camino a lo largo de Long Water –quizá podrá ver aves acuáticas a la sombra de los sauces llorones– y encontrará la estatua que George Frampton realizó en 1912 de Peter Pan. A través de los árboles, a la derecha, está el fantástico bronce de George Frederick Watts, *Energía física,* y el estanque de la reina Carolina. De nuevo en Long Water, busque su templo y la **Serpentine Gallery** 1 *(Tel 020-7402 6075),* que muestra el arte contemporáneo.

El Flower Walk, cuyas flores atraen durante todo el año a pájaros y mariposas, conduce al elegante **Albert Memorial** 2**,** creado por sir George Gilbert Scott entre 1864 y 1876. La estatua de John Foley muestra al príncipe sentado sosteniendo el catálogo de la Exposición Universal y contemplando su eterno legado, el complejo cultural de South Kensington.

El conjunto de instituciones empieza con el **Royal Albert Hall** 3 *(Kensington Gore; Tel 020-7589 8212)* enfrente del memorial. El gran vestíbulo oval está rodeado por un friso realizado por la Ladies' Mosaic Class del Victoria & Albert Museum. El friso muestra el triunfo de las artes y las letras. En el interior, la cúpula de hierro y cristal es un logro de la ingeniería. En el Henry Wood Promenade Concerts, un festival anual de verano que dura siete semanas, se incluyen los conciertos nocturnos conocidos como Proms. El festival se trasladó aquí en 1941, tras el bombardeo del Queen's Hall durante la segunda guerra mundial.

Un grupo de pequeñas instituciones rodea el Hall. Al salir, gire a la izquierda hasta llegar al **Royal College of Art** *(Kensington Gore; Tel 020-7590 4444),* fundado en 1837, en el edificio de H. T. Cadbury-Brown y sir Hugh Casson (1962-1973). Un poco más allá, la fachada multicolor de F. W. Moody decora una de las mayores casas privadas de Londres. A continuación, baje por Prince Consort Road. A la izquierda está el **Royal College of Music** 4 *(Tel 020-7589 3643),* fundado en 1882. Entre su colección de instrumentos está el clavicordio de Haydn. Los estudiantes tocan en el Britten Opera Theatre de sir Hugh Casson.

Al llegar al final de Prince Consort Road, tome Exhibition Road. Los más valientes, pueden subir por la colina hasta la **Royal Geographical Society** 5 *(Kensington Gore; Tel 020-7591 3000; cerrado sáb.-dom.),* fundada en 1830, en la Lowther Lodge (1873-1875) de Norman Shaw y el **Polish Institute** *(20 Prince's Gate; Tel 020-7589 9249)* y su Sikorski Museum. Se trata del mayor museo polaco fuera del país ya que, tras la invasión alemana de 1939, el gobierno en el exilio se trasladó a Londres.

El camino que desciende por la colina pasa por el **Goethe Institute** 6 *(50 Prince's Gate; Tel 020-7596 4000; cerrado vier. y dom.),* a la izquierda, y el **Imperial College,** a la derecha. El **Science Museum** (ver pág. 160) y la entrada posterior del **Victoria & Albert Museum** (ver pág. 157) están justo detrás. Gire a la izquierda en Prince's Gate Mews, camine hacia la derecha y cruce el **Holy Trinity's Garden** 7**.** Rodee la iglesia y suba por la calle, luego gire a la derecha y verá el Oratorio de san Felipe Neri. Conocido como el **London Oratory** 8 *(Brompton Road; Tel 020-7589 4811)*, en su interior barroco, los *Doce apóstoles* de Giuseppe Mazzuoli, de la catedral de Siena, rodean la enorme nave.

Gire a la derecha de la iglesia a lo largo de Brompton Road, pase por delante del V&A Museum y luego cruce la calle: se hallará en Thurloe Place y Thurloe Square, de la década de 1840. En la esquina de Exhibition Road, el **Ismaili Centre** 9 *(1 Cromwell Gardens; Tel 020-7581 2071)* de sir Hugh Casson, organiza exposiciones de arte y cultura islámicas. Desde aquí, el **Natural History Museum** (ver pág. 162) y el metro de South Kensington están a sólo un minuto. ■

Cubierta interior A4
Metro: Lancaster Gate
4 km
2 horas
Metro: South Kensington

PUNTOS DE INTERÉS

- Albert Memorial
- Royal Albert Hall
- Royal Geographical Society
- London Oratory

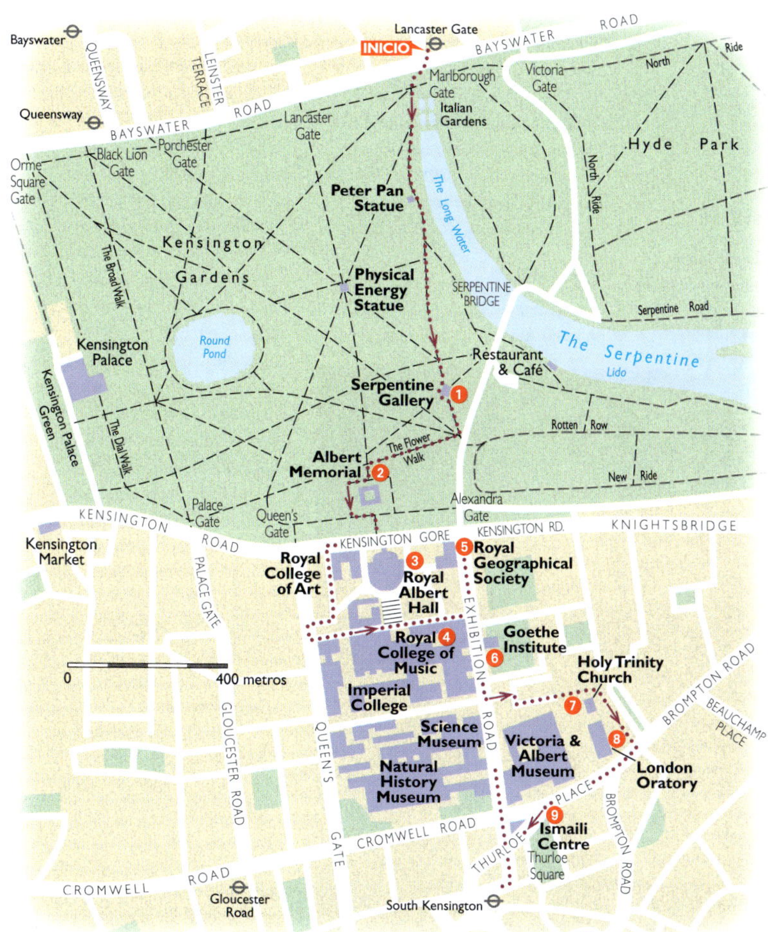

Holland Park y Leighton House

Leighton House
Plano pág. 144
12 Holland Park Road, W14
020-7602 3316
Cerrado dom.
Metro: High Street Kensington o Holland Park, y cruzar a pie el parque

HOLLAND PARK ES, CONFUSAMENTE, EL NOMBRE DEL parque que rodea Holland House y de las dos calles de la esquina noroeste del parque, así como del conjunto de la zona que abarca desde Kensington High Street hasta Holland Park Avenue.

Empecemos por la casa: **Holland Park,** hoy en ruinas, fue construida en 1606-1607 por sir Walter Cope, ministro del rey Jacobo I. Se trata de la única casa señorial jacobina construida en Londres con una planta en forma de «E». Henry Fox, convertido en barón Holland, utilizó fondos públicos para la especulación privada mientras trabajaba para el gobierno y compró la casa en 1768. En ella se reunían políticos y literatos liberales, como Palmerston, Macaulay, Wordsworth y Dickens, que consiguieron que esta especie de corte fuera más significativa que la real. Posteriormente, se hizo mucho más famosa por sus fiestas.

Las grandes y elegantes casas de Holland Park son de 1866.

Tras la segunda guerra mundial, las pintorescas ruinas se han convertido en un telón de fondo para reprersentaciones teatrales en verano. El Orangery acoge exhibiciones de arte y el salón de baile del jardín es un restaurante. Este salón fue añadido por el cuarto barón, que también proyectó los jardines con terrazas.

Las 21 ha de **Holland Park,** abierto al público en 1950, empiezan con esas terrazas, bajo la sombra de magníficos castaños. Los nuevos añadidos incluyen el Japanese Kyoto Garden, creado en 1991. Los campos de cricket de la zona sur contrastan con los bosques que hay al norte. El rico boscaje, con antiguos rododendros y azaleas, y los caminos bordeados de rosas y narcisos, le darán una idea de lo que atrajo a la nobleza hacia Kensington.

A continuación hallará el **Estate de Holland Park,** fuera de la verja norte del parque. Se trata de un terreno ocupado por 87 casas, proyectadas en 1886 por William y Francis Redford. Los elaborados trabajos en hierro y las amplias escalinatas resaltan las magníficas fachadas de estas casas.

Todo esto forma parte del actual distrito de Holland Park. En el extremo sur, una frondosa zona residencial se convirtió en el hogar de artistas y arquitectos a finales del siglo XIX, y así surgió un original conjunto de casas exóticas. En Melbury Road, el pintor prerrafaelista William Holman Hunt resi-

Lord Leighton coleccionaba estos azulejos árabes de vivos colores, obtenidos en sus viajes.

Linley Sambourne House

- Plano pág. 144
- 18 Stafford Terrace, W8
- 0181-994 1019
- Abierto marzo-oct. miér. y dom., y con reserva en la Victorian Society, 1 Priory Gardens, W4
- $$
- Metro: High Street Kensington

dió en el nº 18. El pintor Luke Fildes vivió en una casa de Norman Shaw, en el nº 31. William Burges proyectó su propia Gothic Tower House en el nº 29.

Sin embargo, la casa más destacada es la de lord Leighton, construída por George Aitchison en 1864-1866. Es la primera expresión londinense del movimiento estético. Leighton se hizo famoso con sólo 25 años, cuando la reina Victoria compró uno de sus cuadros en la exposición de la Royal Academy de 1855. El interior de **Leighton House** refleja la vida informal de un soltero. Las paredes rojas, la madera teñida de negro y los dorados decoran las salas de la planta baja. El Arab Hall y la escalera están adornadas con azulejos vidriados. ■

Linley Sambourne House

Tras su clásica fachada italianizante de la Stafford Terrace de Kensington, este perfecto camafeo del Londres eduardiano es conservado por la Victorian Society. El caricaturista político Linley Sambourne, nacido en 1844, se trasladó a esta casa en 1874 y, a su muerte en 1910, la había llenado por completo. En salas decoradas con papel pintado de William Morris cuelgan las caricaturas de Sambourne para la revista *Punch*. Las estanterías están repletas de porcelanas y en el baño cuelgan sus fotografías más tempranas. Si a esto añadimos las vidrieras de colores con pesados cortinajes para mantener una suave iluminación, el resultado es un lugar evocativamente rico y sombrío. No se pierda las ilustraciones que Linley Sambourne realizó para *Water Babies*, de Kingsley, en el dormitorio de arriba de Roy Sambourne. ■

Mercados de Londres

En Londres hay más de 344 mercados de todo tipo y tamaño, desde el enorme mercado dominical en Petticoat Lane hasta el minúsculo mercado de Leadenhall.

Alimentación

Todos los mercados que venden al por mayor se deben visitar temprano. El Smithfield Meat Market (ver pág. 66), el último mercado al por mayor de productos frescos del centro de Londres, vende la carne a primera hora de los días laborables. El mercado de pescado de Billingsgate abandonó la City y en la actualidad se organiza en West India Dock, en la Isle of Dogs. En el nuevo Covent Garden Market, que se ha trasladado al otro lado del Támesis, en Nine Elms Lane (Vauxhall), encontrará como siempre fruta, flores y verduras.

Ropa, antigüedades y artesanía

Otros grandes mercados funcionan a horas más razonables, como el de Portobello, los sábados, o el de Camden, todo el fin de semana. Los mercados de artesanía, ropa, recuerdos y antigüedades llenan los edificios de Covent Garden cada día excepto el domingo, y forman uno de los mercados londinenses más nuevos, establecido en la década de 1970. El mercado que se celebra en Greenwich los fines de semana está río abajo, en King William Walk. En las paradas venden ropa, antigüedades, libros y grabados que complementan al mercado de artesanía de Bosun's Yard.

El mercado más conocido de los domingos está en Petticoat Lane, donde centenares de paradas de ropa llenan las calles de Middlesex y Wentworth, y las avenidas adya-

Para una buena mezcla de artículos, no se pierda Portobello Road, pero vaya pronto o lo mejor se habrá vendido.

centes. Aquí, los mejores comerciantes del East End venden objetos inútiles y dudosos perfumes con exóticos nombres franceses.

Mercadillos

Repartidos por Londres, los mercadillos adaptan sus mercancías a los gustos de los clientes y sus tradiciones. El que se celebra a diario en Berwick Street, en el Soho, se remonta a la década de 1840. Sus verduras, hierbas y flores de calidad complementan los productos de las cercanas tiendas de alimentación italianas. El centenario Chapel Market, en Islington, provee a la población local de comida nada excéntrica y de utensilios para el hogar. El mercado de Ridley Road, en Dalston, es muy distinto. Se celebra desde la década de 1880, pero fue la llegada de inmigrantes afrocaribeños, asiáticos y turcos, tras la posguerra, lo que inspiró las delicias que vende hoy, como por ejemplo siluros vivos. En Brixton Market, en las calles que rodean la estación de metro de Brixton, hallará tiendas de música reggae y soul, pescados poco usuales, telas nasseri africanas y pezuñas de ternera.

Las paradas del patio de St. James's Picadilly venden atractivos objetos de plata y otros pequeños tesoros.

Mercados especializados

Si busca antigüedades, en Camden Passage hay un conjunto de tiendas y paradas. Portobello tiene una mezcla similar. Bermondsey Market, celebrado los viernes en Bermondsey Square, es el que tiene las paradas más grandes y de mejores precios. Sin embargo, para encontrar gangas es necesario acudir de madrugada, de 5.00 a 6.00. Los precios varían y sólo los más expertos podrán negociar con los vendedores. Es más seguro comprar una pintura en Bayswater Road, los domingos, o una moneda en la Collector's Fair de Villiers Street, los sábados. También hay mercado en los patios de St. James's Picadilly, el viernes y el sábado, o en St. Martin-in-the Fields, cada día excepto el domingo. ■

Notting Hill y Portobello Road

MIENTRAS HOLLAND PARK ATRAÍA A LA ALTA SOCIEDAD, la zona más al norte creció con menos aspiraciones. Muy pronto, las granjas, alfarerías y porquerizas fueron sólo un recuerdo, a la vez que bonitas villas y manzanas ajardinadas se extendían hacia el norte. Hoy, Notting Hill es famoso por el mercado de antigüedades de Portobello Road y por el carnaval caribeño.

Al final de Notting Hill, la granja Norlands se transformó en la pequeña Norland Estate durante las décadas de 1840 y 1850. Más arriba, James Weller Ladbroke compró la granja de Notting Hill para crear una ciudad-jardín de grandes villas con jardines privados, que a su vez se abrieran a otros jardines comunitarios.

Los sábados, las antigüedades de Portobello Road atraen a una multitud de compradores.

Cuando finalizó su finca en 1870, era la más espaciosa de Londres y su arquitectura tenía una calidad inusualmente alta. Lansdowne Road y Crescent, Stanley Crescent y Ladbroke Square muestran sus logros.

PORTOBELLO ROAD

Portobello Road lleva hacia el norte, contrastando con la vecina Ladbroke Grove, que antaño fue un camino que conducía a la Porto Bello Farm. Hacia 1870 los gitanos comerciaban aquí con caballos y hierbas, y en la década de 1890 se establecieron mercados nocturnos los sábados. Los anticuarios que hoy ocupan la famosa calle empezaron a llegar en 1948, cuando cerró el Caledonian Market, cerca de King's Cross.

El **mercado de Portobello Road** es uno de los mayores de Gran Bretaña y, cuando llegan los vendedores cada sábado, ofrece todo un día de fascinación, colorido y, posiblemente, alguna ganga.

Al final de Notting Hill, las tiendas y paradas de antigüedades entre Chepstow Villas y Lonsdale Road, reúnen objetos de coleccionista de calidad y a menudo insólitos, con pocas gangas. Las buenas tiendas de alimentación, entre Lonsdale Road y Lancaster Road, le devolverán las fuerzas. Más allá del paso superior de Westway, quien tenga imaginación encontrará ropa de segunda mano y objetos que darán un aspecto muy personal a un vestido o una habitación. En Golborne Road hay un mercado de frutas y verduras, y las tiendas entre Aklam Road y Oxford Gardens venden ropa de moda, la que llevan los modernos londinenses sentados en los bares del barrio. Más allá podrá encontrar bicicletas de segunda mano, ropa nueva y menaje del hogar. ■

El carnaval

Cada fin de semana y día festivo del mes de agosto, las calles de Notting Hill se convierten en una interminable fiesta caribeña. La comunidad caribeña se instaló aquí tras la segunda guerra mundial. Los inmigrantes reemplazaron a los londinenses que se habían marchado fuera de la ciudad. Celebraron su primer festival afro-caribeño en la década de 1960, evocando el carnaval de Trinidad, que llena la isla dos días antes del Miércoles de Ceniza. Hoy, es el mayor festival callejero de Europa, atrae a medio millón de visitantes y ocupa la zona entre Chepstow Road y Ladbroke Grove.

El festival consiste en música y desfiles, y dura todo el sábado y el domingo. El lunes, docenas de bandas tocan reggae, soul y calipso en Powis Square, o recorren las calles haciendo música en camiones descubiertos. La influencia de Trinidad se refleja en las *steel bands*, cuyo uso de sartenes de acero nació como respuesta a la prohibición colonial de tocar los tambores, y en los desfiles con trajes típicos. Estos desfiles son espectaculares, pueden tener hasta 200 participantes cada uno, todos vestidos con fantásticos trajes que emulan a guerreros africanos, mariposas o flores; los personajes principales llevan vestidos que se aguantan con varillas. Hay premios para la música y los disfraces. ■

El Carnaval de Notting Hill.

El sueño del príncipe Alberto

South Kensington es el legado del príncipe Alberto de Sajonia-Coburgo-Gotha. Desde el día de su boda con la reina Victoria, en 1840, fue su consejero más cercano y trabajó incesantemente por su país de adopción.

El mayor logro de Alberto fue la Exposición Universal que tuvo lugar en Hyde Park en 1851. Fue la celebración del dinamismo victoriano. Sir Joseph Paxton, jardinero del duque de Devonshire, proyectó un gran edificio de hierro y cristal, llamado el Crystal Palace (Palacio de Cristal). Allí, se celebraron 100.000 exhibiciones por parte de 13.937 expositores, la mitad de ellos de Gran Bretaña y su gran imperio. Concebida como una plataforma para mostrar la expansión industrial a nivel mundial, la Exposición duró desde el primero de mayo hasta octubre y recibió 6 millones de visitantes británicos, una tercera parte de la población.

El éxito de la exposición y sus substanciosos beneficios impulsaron a Alberto a hacer realidad un sueño todavía más ambicioso: un complejo cultural que ofrecería educación gratuita al público. Debía ser una exposición permanente de las artes y la industria, y se construiría en los campos al sur de Hyde Park. El plan era construir una avenida de colegios para las artes y las ciencias que condujera a una enorme galería nacional con museos y sociedades eruditas, salas de conciertos y un jardín.

La devoción de Alberto por su proyecto, pronto conocido como «Albertopolis», fue total. Por desgracia, murió de tifus en 1861.

Nada detuvo el sueño de Alberto, la mayor construcción de edificios públicos que ha visto Londres. Cuando se negaron a trasladar la National Gallery, el Royal Albert Hall ocupó su lugar en el esquema y los colegios de música y arte se construyeron a su alrededor. El Victoria & Albert Museum, que Alberto esperaba que fuera de utilidad a los estudiantes del comercio y la industria, creció tan rápidamente que su colegio de arte se convirtió en el independiente Royal College of Art y sus colecciones de ciencia y educación se convirtieron en el Science Museum. Al mismo tiempo, los departamentos de historia natural del British Museum estaban saturados y aquí se les concedió un espacio mayor. Más recientemente, el Geological Museum se trasladó desde St. James's, en 1935, y posteriormente fue absorbido por el Natural History Museum. ■

El Albert Memorial (1876), el monumento de sir George Gilbert Scott al príncipe Alberto, se levanta al sur de Hyde Park.

Victoria & Albert Museum

En su último acto público, en 1899, la reina Victoria declaró que el museo llevaría su nombre y el de su mentor, el príncipe Alberto.

EL MAYOR MUSEO DEL MUNDO DE ARTES DECORATIVAS Y diseño es enciclopédico. De hecho, se trata de varios museos en uno. Originalmente fue el museo nacional de arte y diseño, y también incluye las colecciones nacionales de escultura, acuarelas, retratos en miniatura, fotografía, papel pintado y carteles, así como la National Art Library. Cuenta con el mejor conjunto de esculturas italianas fuera de Italia y la mejor colección de arte decorativo hindú del mundo.

El Victoria & Albert (V&A) empezó como una colección de moldes, grabados y objetos de la Exposición Universal. El príncipe Alberto, con el mecenazgo de Henry Cole, concibió la idea de un museo de objetos que «representaran la aplicación de las bellas artes a la fabricación», para inspirar al pueblo británico. Cole, el primer director, quiso un museo sobre el diseño y las artes aplicadas en un contexto comercial, no en el del arte por el arte. Ésta es todavía la filosofía del museo.

El humilde museo con grandes ideas se instaló primero en naves de madera y luego en un edificio de hierro y cristal, conocido como el Brompton Boilers. Creció rápidamente. Por un lado se reunían objetos de calidad para que los estudiantes los emularan, por el otro, empezaron a llegar las donaciones: las pinturas británicas de Sheepshank, la colección de cerámica y porcelana de Bandinel, y la Gherardini Collection de modelos para escultura, entre otras. Se construyeron varias salas para formar el cuadrado central y los patios orientales. Las galerías de sir Aston Webb se añadieron en la parte delantera en 1899-1909. Pese a ello, algunos departamentos se trasladaron para formar museos

Victoria & Albert Museum

- Plano pág. 145
- Cromwell Road, SW7
- 020-7942 2000 Información grabada: 0870-442 0808
- A diario
- $$. Entrada gratuita todos los días de 16.30-17.45
- Metro: South Kensington.

El Becket Casket, adquirido por el V&A en 1997, es un esmalte de Limoges fabricado en 1180.

independientes, que eran sucursales del V&A: el Science Museum, el Bethnal Green Museum of Childhood y el Theatre Museum. A finales del siglo XX, el museo se expandió por el ala adyacente de Henry Cole, en la esquina noroeste, y se empezó a edificar la Daniel Libeskind's Spiral, cinco galerías construidas en espiral y revestidas de cerámica amarfilada.

El museo adquirió lo mejor del diseño antiguo y contemporáneo, o bien lo recibió como donación. Algunas piezas eran minúsculas, como la Canning Jewel; otras eran enormes, como los dibujos de Rafael o habitaciones enteras, como la Sala de Música del duque de Norfolk y el estudio de Frank Lloyd Wright. Hoy, la mayor parte de las 2.000 adquisiciones anuales para los departamentos de diseño, grabados y dibujos son contemporáneas; además, el museo encarga regularmente objetos de plata, muebles y otros utensilios. También se añaden galerías constantemente; las más recientes incluyen cerámica, cristal y fotografías.

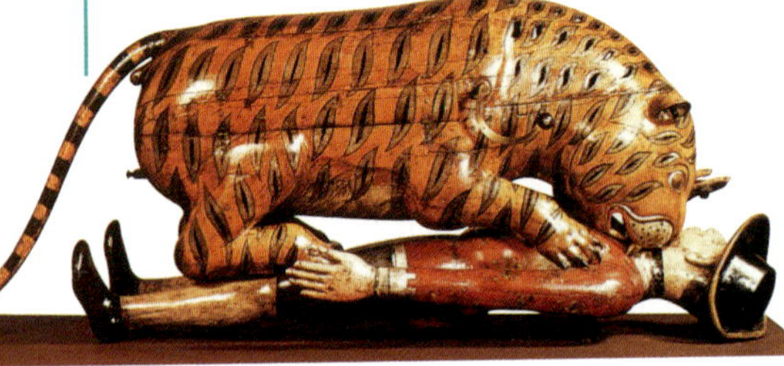

El tigre de Tipu, una maravilla mecánica realizada hacia 1790 para entretener al sultán de Tipu, gobernante de Mysore, en la India. El tigre simula los gritos del moribundo oficial británico al que está atacando.

Sólo algunos de los cuatro millones y medio de objetos del museo se muestran en más de 170 galerías, en seis pisos alrededor de cuatro patios. Es tan confuso que se utilizan bandas de color como guía: rojo, norte; amarillo, este; verde, sur, y azul, oeste.

Básicamente, hay dos tipos de sala: galerías de arte y diseño, como la de Europa 1600-1700, donde los objetos se exhiben en su contexto cultural; y galerías de materiales y técnicas, como la de la plata, donde los objetos de este metal o de un tipo concreto se exhiben para mostrar su forma, función y la técnica mediante la cual se obtienen.

Para los que saben qué quieren ver, una combinación del plano, la lista de galerías y un buen sentido de la orientación bastarán. Para los demás, hay algunas paradas interesantes en un sencillo recorrido (con los números de las salas indicados en los planos gratuitos del museo que podrá obtener en el mostrador de información).

RECORRIDO

Desde el vestíbulo de entrada, gire a la derecha y cruce las salas 50A y B, escultura y arquitectura. Gire a la izquierda en las salas 46A y B, donde encontrará moldes victorianos y la colección de copias del museo.

Pasado el arte coreano y chino, en las salas 47G y F, gire a la derecha en la **Toshiba Gallery of Japanese Art.** La **T. T. Tsui Gallery of Chinese Art** se halla al lado, en la sala 44, y el **Medieval Treasury,** en la 43. La sala, tenuemente iluminada, contiene obras maestras de intrincada orfebrería, utilizando marfil, oro y

La sala de juegos servía originalmente como comedor para los visitantes.

piedras preciosas. Desde aquí podrá obtener una buena vista del jardín Pirelli. En el piso inferior, cruce a su izquierda la sala 22 y de nuevo en la sala 41, en la **Nehru Gallery of Indian Art,** se muestra una minúscula parte de la colección de la India, que incluye normalmente exquisitas miniaturas y elegantes tejidos. Los objetos indios llenan las salas 47A y B que conducen al **vestíbulo de la moda,** la sala 40, con trajes europeos desde el siglo XVI hasta la actualidad.

Al otro lado del pasillo, llegará a la sala 20. Aquí podrá pasear por las salas más antiguas, que rodean el jardín Pirelli. Las salas 11-20 contienen la colección de arte italiano del siglo XV. Cruce las salas 27, 26 y 25, gire dos veces a la izquierda hasta la **Canon Photography Gallery** (sala 38), donde se exponen algunas de las 300.000 fotografías del museo, que se remontan a un daguerrotipo de 1839 que muestra Trafalgar Square fotografiada por M. de Ste. Croix.

La escalera de la sala 25 lleva al nivel B, con coloridas vidrieras en las salas 111 y 112. Más escaleras llevan hasta el nivel C, donde brillantes vidrieras llenan la habitación 131. Al final, el ala de Henry Cole alberga el **estudio de Frank Lloyd Wright** en la sala 202, en el segundo piso, y dibujos y pinturas de John Constable en la sala 603, en el sexto piso. ■

Science Museum

Science Museum
Plano pág. 145
Exhibition Road, SW7
020-7942 4000
$$. $$$ incluye la exposición «La ciencia del deporte», de 16.30-18.00
Metro: South Kensington

LA PERSONA MENOS CIENTÍFICA SE ENTUSIASMARÁ ante el museo de la ciencia y la industria, donde aprender cómo funciona un artefacto a menudo requiere una participación más activa que leer una placa y observar el objeto. En 1909 se convirtió en un museo independiente del V&A y en 1913 se trasladó al edificio de Richard Allison. Su forma de almacén, con grandes ventanas y enormes espacios, ha sido ideal. A medida que la colección ha crecido, ha habido flexibilidad para mostrar los descubrimientos científicos a lo largo de los siglos. Es fácil orientarse por el museo.

A los niños les encanta el método de aprendizaje interactivo del museo.

Algunos de los 200.000 objetos del museo se exponen en 70 galerías, en 7 pisos que cubren 3 ha de suelo, y cuentan la historia de los descubrimientos que han cambiado nuestras vidas: desde la bolsa de plástico y el teléfono hasta el avión. Las galerías de los pisos inferiores del museo son más apropiadas para los jóvenes. Este recorrido explora todos los pisos, destacando un par de objetos de cada uno. El ala Wellcome, dedicada a la ciencia, la medicina y la tecnología contemporáneas se inauguró en 2000 (ver pág. 127).

EL RECORRIDO

En la entrada principal hay información sobre las demostraciones del día y en el entresuelo, una útil introducción a la ciencia desde la Edad de Piedra hasta el siglo xx. Las galerías de la planta baja están dedicadas a la **«Power» (Energía),** desde el motor a vapor de Watt hasta los primeros Rolls Royce de 1904, la **«Exploration of Space» (Exploración del espacio)** y la **«Science of Sport» (Ciencia del deporte).**

Las escaleras nos conducen al sótano, a la exposición **«Things» (Cosas),** que satisface la curiosidad natural de los niños hacia los objetos cotidianos.

En el primer piso, el gas, la agricultura, la meteorología, la topografía y el tiempo se abordan desde sus inicios. **«Telecommunications» (Telecomunicaciones)** y **«Launch Pad» (Plataforma de lanzamiento)** muestran cómo funciona un teléfono y

cómo el hombre llegó por primera vez a la Luna, con aparatos que el público puede manipular. **«Challenge of Materials» (El reto de los materiales)** explora el mundo de los materiales por medio de instalaciones, audiovisuales y ordenadores.

En el segundo piso, verá cómo se elabora el papel y cómo se imprimía con tipos de metal. Otros temas, que necesitan un mayor interés científico son la química, las medidas, la iluminación, la física nuclear y la energía. Las secciones sobre el petróleo y la informática nos conducen a un gran espacio dedicado a la navegación, la ingeniería marítima, los muelles y el submarinismo, con maquetas de barcos. Desde aquí, podrá subir al tercer piso. Todo trata sobre el vuelo: un **«Flight Lab» (Laboratorio de vuelo)** permite comprobar los principios del vuelo, mientras que en un hangar lleno de aviones se halla el *Jason* de Amy Johnson, que voló hasta Australia en 1930. También hay una maqueta del avión con que los hermanos Wright llevaron a cabo su primer vuelo con motor en 1903. Al otro extremo de esta planta se halla **«Health Matters» (Temas de salud),** donde se explica la historia de las vacunas.

Los pisos cuarto y quinto cubren la historia de la medicina y encontrará **«Science and Art of Medicine» (La ciencia y el arte de la medicina).** Didácticos dioramas cuentan la historia de las operaciones médicas, la odontología y la cirugía a corazón abierto. En el piso superior, en la galería del Wellcome Institute, verá una cabeza egipcia momificada, fetiches africanos, el maletín del Dr. Livingstone, el cepillo de dientes de Napoleón y otros objetos que ayudan a explicar la historia de la ciencia y la medicina. ■

La exploración del espacio es uno de los temas más populares del Science Museun.

Natural History Museum

TANTO LA COLECCIÓN, CONSISTENTE EN MÁS DE 68 millones de especímenes y un millón de libros y manuscritos, como el magnífico edificio pueden intimidar, pero las exposiciones y la información de este museo son fácilmente accesibles e interesantes para el público en general. La famosa exposición de dinosaurios explica lo que nos enseñan estos huesos tan antiguos sobre la evolución de los animales modernos.

Natural History Museum

- Plano pág. 145
- Cromwell Road, SW7; entrada secundaria en Exhibition Road
- 020-7942 5000
- $$ Entrada libre lun.-vier. 16.30 a 17.50, sáb. y dom. 17.00-17.50
- Metro: South Kensington

EL EDIFICIO

El edificio es tan destacable como su contenido. Cuando en 1862 la colección de historia natural del British Museum (ver pág. 122), que incluía piezas de la colección de sir Hans Sloane, llegó al complejo cultural de South Kensington, necesitó un espacio adecuado. Se escogió un edifico románico de Alfred Waterhouse, con las proporciones de una catedral, cuyas torres, agujas, arcos y columnas le daban el aspecto de las iglesias de Renania. La estructura de hierro y acero está cubierta por terracota de color crema, azul y miel. El primer director del museo, sir Richard Owen, decidió que los animales actuales se reunieran en la zona oeste y los extinguidos en la este reflejando así los planes originales de la galería. A finales del siglo XX, el museo de ejemplares de seres vivos se unió formalmente al vecino

Geological Museum. La colección geológica cuenta la historia de la Tierra, desde un delicado fósil de helecho de 330 millones de años de antigüedad hasta la reproducción del terremoto de Japón en 1995.

Las **Life Galleries** muestran la colección de seres vivos. Son accesibles desde la entrada principal en Cromwell Road y quedan unidas con la sección geológica mediante las **Earth Galleries,** adonde también se puede acceder directamente desde la Exhibition Road. Cada exposición contiene tanta información que se necesitaría una visita para ella sola.

Para obtener una visión general de los objetos más destacados, le sugerimos un recorrido por este extenso escaparate.

RECORRIDO

En el amplio **Salón Central** (sala 10), el techo pintado por Waterhouse y el zoo en terracota de animales, pájaros, flores y reptiles trepando por las columnas y ocultándose tras los arcos es el escenario donde se alza el gigantesco esqueleto de un diplodocus. En los arcos vislumbrará otros tesoros, quizás una pepita de oro o una araña dentro de un ámbar.

Gire a la izquierda y siga el **Waterhouse Way** hasta los dinosaurios de la sala 21. Aquí hay huesos de criaturas que habitaban la Tierra hace 160 millones de años, hasta que se extinguieron hace 65 millones de años. Los hay de todas las variedades y a partir de sus esqueletos podemos comprender su forma de vida.

Continuando por Waterhouse Way, encontrará la **Human Biology Room** (sala 22), que ofrece una mirada a la raza humana más reciente. Algunas maquetas muestran cómo funciona la memoria o cómo se desarrolla un bebé a partir de una única célula; ilusiones ópticas explican la relación entre la vista y el conocimiento.

Justo al lado, las salas 23 y 24 están dedicadas a los mamíferos. Una maqueta a tamaño real de una ballena azul queda complementada por grabaciones con cantos de ballena y una explicación de por qué este enorme cuerpo no se hunde. Instrumentos interactivos animan al visitante a adivinar por qué los caballos pueden galopar y los elefantes no. Pasada la sala 14, las salas 12 y 13 están llenas de peces y reptiles. Aquí podrá escuchar el sonido del mar y maravillarse con la variada fauna marina que se muestra en vitrinas tradicionales, presididas por un enorme calamar.

Arriba: la nave central del museo se construyó como una catedral de las maravillas de la creación y se inauguró el año anterior al fallecimiento de Charles Darwin.

Derecha: el esqueleto reconstruido de un ictiosaurio, un reptil marino ya extinguido.

De nuevo en Waterhouse Way, gire a la izquierda y podrá contemplar fósiles de reptiles marinos a ambos lados, desde minúsculas amonites encontrados en rocas jurásicas en Dorset hasta dragones marinos. A la izquierda, la sala 33 contiene los trepadores: insectos, arañas, crustáceos y ciempiés muestran una gran capacidad de

Una maqueta de un pterodáctilo en pleno vuelo muestra el entramado de piel, parecido al de los murciélagos, que permitía volar a estos réptiles extinguidos hace mucho tiempo.

adaptación y algunos cuentan con sofisticados sistemas sociales y mecanismos de defensa como camuflajes, armaduras o armas. A la derecha, una vez pasada la sala 31, dedicada a los fósiles de Gran Bretaña, la sala 32 está consagrada a la ecología: nuestra dependencia mutua y lo cruciales que son el Sol, el aire, la Tierra, la energía y el agua para la supervivencia del hombre.

Una vez aquí, las escaleras suben al primer piso, donde, en la sala 105, se explica la historia de la teoría de la selección natural de Charles Darwin. Otras galerías están dedicadas a los monos y los simios, el lugar de los humanos en la evolución, las plantas, los minerales y los meteoritos.

Al final de Waterhouse Way, la sala 40 se ha conservado tal y como estaba cuando se inauguró el museo en 1881. Finalmente, la sala 50 cuenta cómo crecen los animales y cómo se refleja la edad en sus cuerpos.

Muy apropiadamente, la sala 60 nos introduce a las **Earth Galleries,** centradas en la Tierra. Muestras de especímenes llenan la galería, incluido un fragmento de la luna u otro de grafito blando, que es químicamente idéntico a los duros diamantes.

Seguidamente, tome las escaleras mecánicas y disfrute de un viaje a través de un enorme globo de hierro, zinc y cobre. Al final de la escalera, el tema es la energía y la inquieta superficie de la Tierra. Aquí, le muestran los constantes cambios de la Tierra, que continúan con una regularidad alarmante: la erupción volcánica del Pinatubo en 1991, el terremoto de Kobe en 1995... Para finalizar, se ofrece al visitante la posibilidad de pulir rocas, cambiar la dirección de los ríos o alterar el clima de la tierra. No se pierda el fragmento de roca en el que la estructura ha integrado las modificaciones sufridas por la Tierra durante millones de años. ■

Además de contener la mayor concentración de viviendas de lujo, aquí están dos de las grandes instituciones de Londres: Harrods, en Knightsbridge, para los aficionados a las compras, y la Tate Britain, en Pimlico, para los amantes del arte.

Chelsea, Belgravia y Knightsbridge

Un pensionista de Chelsea, uno de los soldados veteranos del Royal Hospital

Chelsea, Belgravia y Knightsbridge

CUANDO EL PRÍNCIPE REGENTE SE CONVIRTIÓ EN JORGE IV EN 1820 Y empezó a renovar el Buckingham Palace, los constructores se dieron cuenta de que la zona prometía. La expansión del Londres del siglo XIX, que pasó de uno a seis millones de habitantes, comportó gran cantidad de potenciales clientes acomodados. Los campos se extendían junto al palacio, Mayfair y el bonito Hyde Park, y estaban muy cerca de Westminster y St.James's Palace. Las grandes mansiones de Chelsea daban credibilidad a la zona; la realeza que vivía en Kensington Palace no estaban lejos. Muy pronto se descargaron barcazas de material a lo largo de este tramo del río y empezó la construcción de Belgravia. Esto, junto con la Exposición de 1851, los museos de South Kensington y la construcción de viviendas, estimuló la construcción de Knightsbridge.

CHELSEA

El área más interesante es Chelsea, el lugar de retiro favorito de la aristocracia desde la época Tudor, cuando las mansiones situadas en espaciosos huertos crecieron alrededor de un pueblo de pescadores. La Society of Apothecaries construyó su Physic Garden aquí en 1673, el rey Guillermo y la reina María escogieron Chelsea para levantar su Royal Hospital en la década siguiente y sir Hans Sloane adquirió Chelsea Manor en 1712 para convertirla en la sede de su colección (ver pág. 122). Chelsea unía la ciudad con las mansiones rurales aristocráticas situadas río arriba: por un lado, el Támesis era la forma más rápida y segura de viajar y, por otro, King's Road era la ruta real privada entre Londres, Hampton Court y otros idílicos lugares reales entre 1660 y la década de 1830.

Posteriormente, un Chelsea menos elegante atrajo a escritores y artistas, desde Thomas Carlyle hasta Oscar Wilde. Fue aquí donde los arquitectos rompieron con el clasicismo del georgiano para pasar a un estilo más propio, el ladrillo rojo, de la época de la reina Ana. Las casas a lo largo del Embankment fueron las primeras en adoptar este nuevo estilo, que luego fue escogido por la familia Cadogan, cuando en 1870 construyó Cadogan Square y sus alrededores. Más recientemente, la King's Road, que parte de Sloane Square y cruza el corazón de Chelsea y Fulham, renació en la década de 1960, cuando se construyeron casas para los exitosos banqueros y hombres de negocios de la City.

BELGRAVIA

La historia de Belgravia es más breve, pero espectacular. Con Mayfair y St. James's superpoblados, fue el último proyecto desarrollado por los ricos (los Grosvenor) para los ricos. Iniciado en 1824, el plan se centró en Belgrave Square, donde el estilo regencia alcanzó nuevas cotas. El arquitecto Thomas Cubitt le dió éxito y calidad a un proyecto poco seguro; tanto que incluso los Grosvenor se trasladaron desde Mayfair a Belgravia. Belgrave Square acoge un gran número de embajadas. Cubbit inició entonces la construcción de Pimlico, en 1835.

KNIGHTSBRIDGE

Mientras tanto, Knightsbridge recibió el impulso de la Exposición Universal y el de la construcción de Belgravia. El primer pueblo en la carretera que salía de Londres hacia el oeste desde Mayfair se convirtió en una zona muy poblada cuya fuente de vida era, y sigue siendo, el comercio. Hoy, el corazón de Knightsbridge es Harrods. ■

Carlyle describió el hospital de Chelsea, de Wren, como «tranquilo y digno, la obra de un caballero».

Chelsea

CUANDO EL HISTORIADOR Y FILÓSOFO ESCOCÉS THOMAS Carlyle (1795-1881) decidió vivir en Chelsea en 1834, las calles, que hoy son tan frecuentadas, no estaban de moda.

Royal Hospital Chelsea
- Plano pág. 167
- Royal Hospital Road, SW3
- 020-7730 0161
- Cerrado dom. excepto cuando hay servicios religiosos
- Aportación voluntaria. Jardines: gratuito
- Sloane Square

ROYAL HOSPITAL CHELSEA

El Royal Hospital, construido por sir Christopher Wren para el rey Carlos II para acoger casi 500 veteranos del ejército, es aún el hogar de los Pensionistas de Chelsea y se puede divisar desde dos puntos. Bien desde la Royal Avenue, saliendo de King's Road, bien desde un bote en el río, contemplando su fachada principal.

Wren rompió moldes con este edificio, su primer gran trabajo civil. Inspirado en Les Invalides de Luís XIV en París, se convirtió en la imagen de los edificios institucionales europeos y americanos: una nave y una capilla centrales flanqueadas por dos patios laterales para los dormitorios. Los establos los añadió en 1814 sir John Soane, mientras era jefe de obras en el hospital.

En la fachada del jardín, los bancos en Figure Court dominan la estatua de bronce de Carlos II, realizada por Grinling Gibbons, y los jardines que antaño llegaban al agua. Unos jardines más informales, a la izquierda, fueron desde 1742 hasta 1803 los infames jardines del placer de Ranelagh.

Dentro del hospital hay tres salas magníficas. En el Gran Salón, los veteranos actuales cenan bajo

La exposición floral de Chelsea

Desde 1913, la Royal Hortícultural Society ha celebrado su espectacular concurso anual en el interior y alrededor de enormes carpas en los jardines del Royal Hospital. A finales de mayo, durante una semana, las calles de Chelsea se llenan de gente más acostumbrada a podar plantas que a tomar el metro de Londres. Viveros, cultivadores, paisajistas y fabricantes de equipos de jardín exhiben sus triunfos: una nueva rosa, un jardín completo, una solución maravillosa para las babosas. Los visitantes acuden para admirar, coger ideas o, sencillamente, para disfrutar de las perfectas flores de la exposición. ■

la pintura de Carlos II realizada por Verrio. En la capilla, rezan en bancos entre una decoración que incluye el retablo *Resurrección* de Sebastiano Ricci. La Council Chamber, detrás, contiene maravillosos retratos de Van Dyck y Lely.

CARLYLE'S HOUSE

A pesar de estar situada en una zona por entonces poco interesante, Carlyle adoraba su calle «pasada de moda» y su «vieja casa, impresionante, espaciosa y suficiente» en el nº 24 de Cheyne Row.

Hoy, al igual que en muchas casas-museo, la personalidad de su propietario todavía pervive. Carlyle paseaba por la casa y el jardín con batín, sombrero de paja y su pipa; tres objetos que se conservan intactos. Aquí, el intelectual, famoso tras publicar su trabajo sobre la Revolución francesa, recibiría junto con su esposa a John Stuart Mill en la sala de dibujo, a Dickens y a Browning en el salón y a Darwin y a Thackeray en el comedor.

CHELSEA PHYSIC GARDEN

Sin duda Carlyle visitó este jardín, a menos de dos minutos de su casa. Fundado en 1673 por la Sociedad de Apotecarios para cultivar plantas para el estudio médico, el jardín, de 1,5 ha, estaba repleto de especies que se plantaban por primera vez en Inglaterra. Un primer director, Philip Miller (1722-1770), autor de *The Gardener's Dictionary* envió semillas de algodón a Georgia, Estados Unidos, para establecer el cultivo en la colonia. Hoy, con sus plantas y sus árboles exóticos, el jardín sigue siendo un lugar de investigación y un remanso de tranquilidad para los visitantes. ■

Chelsea Flower Show

☎ Información venta de entradas 0870-906 3781

$ $$$–$$$$$. Obligatorio reservar.

Carlyle's House

Plano pág. 166

✉ 24 Cheyne Row, SW3

☎ 020-7352 7087

🕒 Cerrado lun.-mar. y oct.-marzo

$ $$

Metro: Sloane Square y cualquier autobús que pase por King's Road hasta Oakley Street (izquierda). Baje a pie por Oakley Street y gire a la derecha por Cheyne Row

Chelsea Physic Garden

Plano pág. 166

✉ 66 Royal Hospital Road, SW3; entrada en Swan Walk

☎ 020-7352 5646

🕒 Cerrado lun.-mar. y jue.-sáb., excepto durante la exposición floral

$ $$

Metro: Sloane Square y cualquier autobús que pase por King's Road hasta Flood Street (izquierda). Baje a pie hasta Chelsea Embankment, gire a la izquierda, luego la primera a la izquierda en Swan Walk

Belgravia y Pimlico

CON INGLATERRA EN PLENO BOOM ECONÓMICO Y Jorge IV reconstruyendo el Buckingham Palace, el segundo conde de Grosvenor se fijó en sus 6 ha de tierra al sur de Hyde Park. En esta tierra de marismas, conocida por los salteadores y la caza de patos, creó una finca de 3 ha que desvió la atención de su finca de 1,5 ha en Mayfair. El ladrillo georgiano, la simplicidad y una escala modesta dieron lugar a una obra de estilo regencia. Había nacido Belgravia, una zona para la alta sociedad. Knightsbridge y South Kensington crecieron hasta alcanzarla, de modo que Chelsea quedó unida al crecimiento londinense.

El proyecto original incluía una plaza tradicional (Belgrave), rodeada por una red de calles, un plan de concepto georgiano pero de escala Regencia. Tres grandes constructores tomaron parte en el proyecto. Dos fueron a la bancarrota; el tercero, Thomas Cubitt (ver pág. 171) hizo una fortuna.

Grosvenor Crescent, en Belgravia, donde las relucientes fachadas de yeso estucado realzan los edificios de ladrillo.

Las obras empezaron en 1824 y duraron 30 años.
Cubitt arrendó Belgrave Square y contrató a George Basevi como arquitecto. La plaza fue un éxito: la nobleza se mudó a las mansiones palaciegas y celebró deslumbrantes fiestas en sus salones de baile del primer piso. Las obras continuaron. Pronto Cubitt añadió Upper Belgrave Street, Chester Square y Eaton Place.

Para valorar la grandiosidad de Belgravia, recorra sus imponentes plazas y calles. Desde Sloane Street, vaya al este hacia Pont Street y Chesham Street, pasando por Cadogan Place. Gire a la izquierda en Belgrave Mews, antaño los establos de las casas de la plaza que hay enfrente, reconvertidos en atractivas (y caras) casitas. A continuación, Halkin Place le conducirá a Belgrave Square. Gire a la izquierda y pasará por Wilton Crescent, que le llevará de nuevo a Belgrave Square. En el extremo opuesto, Upper Belgrave Street conduce a la Eaton Square.

Hoy, las embajadas y empresas internacionales llenan las casas y calles de Belgravia, junto con unos cuantos aristócratas británicos. El ambiente, seco y formal, es muy distinto al de Pimlico, donde los londinenses salen de sus casas menos opulentas y se unen a su animada comunidad en el mercado de Tachbrook Street y los restaurantes de Warwick Way.

Pimlico fue el proyecto personal de Cubitt. Persuadió a los Grosvenor para que le arrendaran sus terrenos al sur del canal, actualmente cruzados por Victoria Station. Allí, proyectó dos plazas, Eccleston y Warwick, situadas en calles con hileras de casas. ■

La curvada Wilton Street muestra lo mejor de Belgravia.

Thomas Cubitt

El constructor más próspero de Londres a principios del siglo XIX fue Thomas Cubitt. Nacido en 1788 cerca de Norwich, revolucionó la construcción de edificios y planeó grandes proyectos de construcción en todo Londres.

De joven trabajó como carpintero en un barco que viajaba a la India y ganó suficiente dinero para empezar su propio negocio cuando regresó. Hacia 1815, Cubbit, con 25 años, se había dado cuenta de que contratar cada construcción individualmente no era la manera más eficiente de trabajar. Por ello, en sus talleres de Gray's Inn Road empleó un equipo completo de obreros y artesanos que cobraban un sueldo fijo y que crearon la primera industria moderna de la construcción de Londres. La necesidad de mantener a los obreros ocupados impulsó su carrera como especulador.

Su trabajo en Londres empezó en Bloomsbury. Allí construyó Gordon Square, Endsleigh Place y Tavistock Square. Cuando la familia Grosvenor creó Belgravia, entró a formar parte del grupo de los grandes. Culminó su carrera con Pimlico, un arriesgado proyecto. En Belgravia, Pimlico y el proyecto gubernamental que dio origen a Battersea Park, Cubitt levantó las tierras bajas y afirmó la arcilla, utilizando tierra extraída de los grandes muelles del East End, excavación en la que también estaba implicado. Además, cocía sus ladrillos en el mismo lugar de las obras. Este constructor también luchó por la mejora del sistema de drenaje de Londres y por la creación de espacios públicos al aire libre. ■

Harrods y las tiendas de Knightsbridge

HARRODS ES PARA EL COMPRADOR COMPULSIVO LO QUE el British Museum para el amante del arte. Los almacenes más famosos del mundo son enormes. Sus 300 departamentos en 7 pisos ocupan 8 ha. Cada día, 4.000 empleados atienden a 35.000 clientes y obtienen unos ingresos de 1,5 millones de libras.

Todo empezó cuando en 1849 Charles Henry Harrod, un comerciante de té, abrió una tienda de comestibles en la aldea de Knightsbridge. Dos años más tarde, la Exposición Universal incrementó el comercio y, a medida que Kinghtsbridge se expandía y ascendía en la escala social, el negocio floreció.

El hijo de Charles se hizo cargo de la tienda en 1861, la remodeló y pronto multiplicó los beneficios. Tras un incendio devastador en 1883, se limitó a informar a sus clientes de que las entregas se retrasarían «un par de días». El servicio de Harrods estaba establecido. Cuando Richard Burbidge pasó a controlar el negocio en 1894, creó el lema «Harrods sirve al mundo entero». Además, instaló las primeras escaleras mecánicas de Londres, en 1898.

Burbidge también hizo cambios. El edificio actual lo proyectaron Stephens y Munt y se construyó entre 1901 y 1905. Louis de Blanc añadió la parte posterior en la década de 1920. El departamento de alimentación de Burbidge siempre ha sido uno de los favoritos de la familia real: Jorge V le convirtió en barón.

Muchos de los turistas incluyen unas compras en Harrods en su visita a Londres y contemplan los 80 escaparates y las 11.000 bombillas que iluminan el edificio. Los londinenses pueden decir que sobrevivirían sin Harrods, pero muchos van allí para cosas concretas: la peluquería para niños, los zumos de fruta del bar, el gran departamento de tarjetas de felicitación y casi siempre aprovechan la ocasión para pasarse por el departamento de alimentación.

Entrar en Harrods significa entrar en la ciudad de los grandes almacenes. En la mayoría de las puertas de entrada hay una oficina de información y un plano gratuito de los almacenes. En su interior encontrará distintos bares y restaurantes. Los departamentos van desde un salón de belleza, una tienda de animales o de vestidos de novia hasta la mejor sección de juguetes de todo Londres, la tienda con productos de la marca Harrods y un palacio del perfume. También hay una agencia donde se pueden adquirir prácticamente todas las entradas de espectáculos que haya a la venta; una oferta de más de 150 whiskeys y el irresistible departamento de alimentación.

Otros grandes almacenes cercanos se aprovechan del éxito de Harrods. Con los beneficios obtenidos de la Exposición Universal, la hija de Benjamin Harvey contrató a un experimentado comprador de sedas, el coronel Nichols, para que trabajara en el negocio textil de la familia. El resultado final, **Harvey Nichols,** es un paraíso para las mujeres: plantas enteras de ropa y accesorios de diseño, coronadas por un

quinto piso, un departamento de alimentación, un bar y restaurantes proyectados por Wickham & Associates. Enfrente de Harrods, los hermanos Gardiner llegaron de Glasgow en 1830 y abrieron la **Scotch House,** que sigue vendiendo *tweeds* y tartán.

El almacén Harvey Nichols se alza en la esquina de Sloane Street, junto a un grupo de tiendas de ropa de diseñadores internacionales que compite con las calles de New y Old Bond. Otras tiendas de diseño más recientes están en Brompton Road. Varias tiendas de muebles y de moda rodean **Conran Shop,** en el edificio Michelin, en Brompton Cross, donde Brompton Road se une con Walton Street y Fulham Road.

Algunos competidores de Harrods atraen a los seguidores de la moda con estructuras más modernas. Un ejemplo son la escalinata, las barandillas de cable y las paredes de yeso pulido de la cadena **Joseph,** que llevan la firma de Eva Jiricna. Dos de sus tiendas están en los nos 16 y 26 de Sloane Street. Por otro lado, el arquitecto Stanton Williams remodeló el almacén **Issey Miyake,** en el 270 de Brompton Road. ■

La magia de Harrods en una noche de invierno se debe, en parte, a sus más de 11.000 bombillas.

Tate Britain

UN SIGLO DESPUÉS DE SU INAUGURACIÓN EN 1897, LA Tate ha sufrido remodelaciones drásticas. La soberbia colección nacional de arte británico desde 1500 hasta hoy día, la mejor de todas las existentes, llena los edificios que se han restaurado y mejorado en la orilla norte del Támesis. La moderna colección internacional se expone ahora en la Tate Modern de Bankside, Southwark, en la orilla sur (ver pág. 216), que se abrió en mayo de 2000. La Tate tiene dos sucursales: en Liverpool y en St. Ives, Cornwall.

Tate Britain

Plano pág. 167

Millbank, SW1

020-7887 8000
Información grabada: 020-7887 8008.
www.tate.org.uk

Metro: Pimlico

EL LUGAR Y EL EDIFICIO

La historia de la Tate empieza con una controversia. Henry Tate, el magnate del azúcar del siglo XVIII, encabezó un movimiento popular pidiendo una muestra de arte británico. El mismo Tate ofreció a la nación su colección de pinturas victorianas y dinero para los gastos de montaje. El gobierno dudó antes de aceptar la oferta de Tate. Entonces tuvo lugar un gran debate sobre su emplazamiento: South Kensington, Blackfriars o Millbank, cuyo terreno fue el primero disponible. El dinero de Tate financió el edificio de Sidney Smith. La nueva galería sustituía la Millbank Prison, un edificio propuesto por Jeremy Bentham, proyectado por Robert Smirke y construido entre 1812 y 1821.

La fachada neoclásica de Smith, el vestíbulo y la rotonda se terminaron a tiempo para la inauguración. Siguieron muchas ampliaciones. Las más significativas fueron nueve galerías añadidas en 1899, la cúpula central y las galerías de esculturas, cedidas por el marchante de arte Joseph Duveen y su hijo, en 1937. Otra preciosa incorporación de 1983 fue el restaurante Whistler, donde el mural paisajístico de Rex Whistler, *Expedición en busca de carnes extrañas* (1926-1927), refleja la armonía entre el arte y la comida.

Un grupo de escolares en una de las galerías de la Tate.

La Tate Britain, en Millbank, alberga la colección nacional de arte británico.

La Stirling and Wilford's Clore Gallery se inauguró en 1987 para acoger el Legado Turner. El artista cedió al Estado unas 300 pinturas, 20.000 dibujos y cerca de 300 cuadernos con bocetos. Cruzando la puerta verde manzana de la Clore Gallery, las ocho galerías permiten la entrada de la luz natural que no daña las acuarelas de Turner.

El «Desarrollo del Centenario», iniciado en 1997, permitió aumentar en un tercio la superficie de la galería, agrandar el espacio para exposiciones y renovar el sueño de Tate de crear un escaparate para el arte británico. El fondo ha crecido rápidamente desde 1916, cuando se le confirió la responsabilidad de formar la colección nacional de arte moderno internacional (que está ahora en Bankside). Las galerías se han renovado y equipado; se puede acceder a imágenes *online* de la colección y una audioguía digital le permite al público montar su propio recorrido por el museo.

LA COLECCIÓN

Hay casi 3.500 pinturas, además de grabados, incluidos los del Legado Turner, y esculturas. Cada año se añaden nuevas obras.

La colección permanente está dividida en cuatro secciones: la Turner Colection, la Gallery Extras, la British Art 1500-1900 y la British Art 1900-2002. El Legado Turner, la colección más extensa de este artista, se exhibe en la Clore Gallery. Los fondos que se presentan en la galería principal están ordenados temáticamente: cada sala reúne obras que reflejan los cambios registrados en el arte y la vida en Gran Bretaña.

La ingenua formalidad de los retratos tudor y estuardo queda reflejada en *Las hermanas Cholmondeley* (1600-1610), dos hermanas que nacieron, se casaron y murieron el mismo día, y en *Retrato de una dama* (1565-1568) de Hans Eworth. Otra obra del siglo XVII es el extraordinario *Trompe l'Oeil de periódicos...* (1695-1700) de Edward Collier.

***A Bigger Splash*, de David Hockney (1967).**

El siglo XVIII fue testigo de la reacción de los artistas británicos ante la Ilustración. Las obras de William Hogarth incluyen la serie de sus criados (1750-1755). Hay obras de Stubbs (*León atacando un caballo, c.* 1760, y *Los forrajeros y los segadores,* 1785), Reynolds (*Tres damas decorando un área del Hymen,* 1774) y Gainsboroughs (*Reverendo John Chafy tocando el violonchelo en un paisaje,* 1750-1752, y *Giovanna Baccelli, c.* 1782).

La pintura británica del siglo XIX se desarrolló en varias direcciones, y la Tate tiene ejemplos de todas ellas. El gran poeta y pintor William Blake está representado por sus ilustraciones del *Paraíso perdido* de Milton, entre otras. Varias pinturas de John Constable incluyen el famoso *El molino de Flatford* (1816-1817) y *La inauguración del puente de Waterloo* (1832). La gran colección de óleos y acuarelas de Turner llena la Clore Gallery. En la Tate también encontrará la mayoría de las pinturas prerrafaelistas más famosas: *Amor de abril* (1855-1856) de Arthur Hughes; *Ofelia* (1851-1852) de sir John Millais; *Derby Day*, de William Frith y *The Awakening Conscience* (1853), de William Holman Hunt.

Esta diversidad y originalidad prosiguió en el siglo XX. Las pinturas místicas de Stanley Spencer incluyen *Swan Upper at Cookham* (1914-1919). Igual de interesantes son los trabajos de Francis Bacon.

Más recientemente, las adquisiciones de arte contemporáneo británico de la Tate han generado controversia, dada la naturaleza de algunas de las obras (ladrillos, animales troceados, etc.). Gran parte del arte que ahora se acepta como representativo de su período fue muy cuestionado cuando la galería lo adquirió. Mirando obras de Anthony Caro, Richard Hamilton o David Hockney, ahora clásicos, es difícil entender el problema. Lo mismo podemos decir de obras de Edouardo Paolozzi, Frank Auerbach, Lucian Freud y Richard Long, así como de la geometría en blanco y negro de Bridget Riley o el color puro de Howard Hodgkin. Los visitantes del futuro deberán opinar sobre el todavía controvertido Damien Hirst.

Además del arte moderno, la colección de obras en papel de la Tate va desde las acuarelas del siglo XVIII hasta impresiones de posguerra. También hay buenos ejemplos de los logros de la escultura británica del siglo XX, sobre todo de Henry Moore y Barbara Hepworth.

Algunos artistas británicos como Hogarth, Constable, los prerrafaelistas y Bacon siempre tendrán obras expuestas; las de otros, serán rotativas. Las nuevas galerías del sótano se usan para exposiciones temporales de los fondos del museo. ■

En la zona oeste de Londres están las elegantes casas Adam y sus parques, los jardines botánicos de Kew y el Hampton Court Palace, todos tan seductores para los habitantes actuales como lo fueron para los soberanos y aristócratas que los construyeron hace siglos.

El oeste de Londres

Insignia real en las verjas principales de los jardines de Kew

El oeste de Londres

DESDE LA ÉPOCA TUDOR HASTA EL SIGLO XX, EL TÁMESIS FUE LA PRINCIPAL vía para dejar la ciudad. Los monarcas, aristócratas y comerciantes de éxito preferían navegar por el río, acompañados de músicos, pasando ante los pueblos de pescadores, los mercados y los astilleros hasta llegar a sus mansiones en el campo. Los londinenses más modestos se abarrotaban en los barcos turísticos para realizar excursiones de un día a las tabernas ribereñas, en Chiswick, Kew y Richmond. La mayor parte de los espléndidos edificios y jardines se construyeron a orillas del Támesis o cerca de él. Incluso actualmente, la mejor manera de llegar a estos lugares es en barca (ver pág. 53).

Aunque actualmente están urbanizadas, estas fincas han conservado zonas verdes para los londinenses.

A medida que el Támesis se dirige hacia el sur (ver mapa pág. 46), a ambos lados se pueden distinguir grandes extensiones de parques. En la curva del río están los espacios vírgenes de Barnes Common y Putney Lower Common, con robles, zarzamoras, viejos árboles y un arroyo que corre hasta el Putney Bridge. Juntos, Wimbledon Common y Putney Heath forman el mayor bosque comunal de Londres, 430 ha protegidas de praderas vírgenes, con brezos y tojos, robles y abedules, flores silvestres y muchas especies de aves. Río arriba, las 955 ha de Richmond Park lo convierten en el mayor de los parques reales y en una de las reservas naturales más importantes del sur de Inglaterra. Su mezcla de césped, bosques vírgenes, lagos, marismas y bosques artificiales, incluye más de 200.000 árboles. Lo más destacado son las manadas de gamos moteados y ciervos rojos, la Isabella Plantation de azaleas y rododendros, y las mágicas vistas del Támesis.

Al lado del río se encuentran los intrincados Royal Botanic Gardens de Kew, con sus notables invernaderos y la evocadora Ham House del siglo XVII, en Twickenham. El periodista John Evelyn comparó este jardín con los mejores de Italia. Con la ayuda de los planos originales y de especies que han sobrevivido se ha reconstruido parte del jardín. Disfrute del césped, de la zona en estado salvaje, con setos de carpes y arces, y del jardín de cerezos con tejos y plantas.

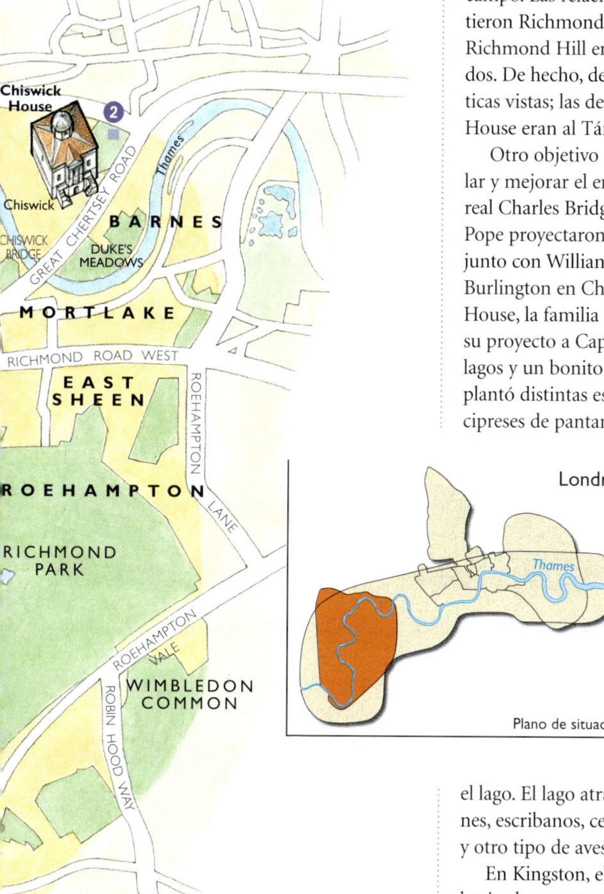

En la cara exterior de la curva del Támesis, las tierras que rodean Chiswick House, Osterley Park, Syon House y Marble Hill House se ocuparon en el siglo XVIII, cuando los aristócratas, inspirados por la Ilustración, construyeron sus refugios en el campo. Las relaciones con la realeza convirtieron Richmond y sus vistas desde Richmond Hill en uno de los lugares preferidos. De hecho, desde cada villa había fantásticas vistas; las de Syon House y Marble Hill House eran al Támesis.

Otro objetivo del proyectista fue controlar y mejorar el entorno natural. El jardinero real Charles Bridgeman y el poeta Alexander Pope proyectaron el jardín de Marble Hill y, junto con William Kent, trabajaron con lord Burlington en Chiswick. En cuanto a Syon House, la familia Northumberland encargó su proyecto a Capability Brown, que creó lagos y un bonito jardín de rosas; además plantó distintas especies de árboles, como cipreses de pantano o robles sésiles. En Osterley, el banquero Francis Child mejoró su villa, en un terreno muy llano y sin vistas, mediante la creación de jardines y la plantación de muchos árboles, incluidos los impresionantes y oscuros cedros que hay entre la casa y el lago. El lago atrae hoy a grandes zampullines, escribanos, cernícalos, reyes pescadores y otro tipo de aves.

En Kingston, el río serpentea de nuevo hacia el noroeste, tal como muestra el plano. En su cara interior está el palacio de Hampton Court, con sus jardines que incluyen el restaurado jardín holandés, el parque de ciervos y el delicioso Bushy Park, en estado salvaje. Se trata del escenario de algunas de las vistas más especiales de Londres: las casas de campo reales y aristocráticas. ■

EL OESTE DE LONDRES

1. Orleans House Gallery
2. Hogarth's House

Royal Botanic Gardens, en Kew

Pág. siguiente: escalera de caracol en la Victorian Palm House.
Abajo: los nenúfares gigantes tropicales en Kew.

SE TRATA DE UN MUSEO DE PLANTAS, PAISAJES, EDIFICIOS y estatuas londinenses. Las 120 ha del jardín forman parte de un instituto de investigación botánica. Verá algunas de las 50.000 especies de plantas y podrá pasear por invernaderos llenos de orquídeas y lirios. Es el principal centro de catalogación de plantas.

Royal Botanic Gardens

- Plano pág. 178
- Kew, Richmond, Surrey
- 020-8940 1171 Información grabada incluye las plantas que han florecido.
- Compruebe las zonas abiertas. Queen Charlotte's Cottage: cerrado lun.-vier. y oct.-marzo
- $$
- Tren o metro a Kew Gardens, y a pie; barco (ver pág. 53)

No necesita conocimientos de botánica para quedar impresionado por la estremecedora belleza de estos jardines. Empezaron como dos terrenos muy distintos. La zona oeste, a orillas del río, pertenecía a la casa de campo de Jorge II y la reina Carolina, White Lodge, en Richmond. Capability Brown creó el lago original y el pequeño valle, donde ahora crecen los rododendros. La zona este formaba la finca de Kew, de 4 ha, donde la viuda del príncipe Federico, la princesa Augusta, vivía en el Kew Palace. Kew fue construido en 1631 por un mercader londinense de origen holandés y en 1759, la princesa se encargó del jardín. Su jardinero jefe era William Aiton; su botánico, lord Bute, y su constructor, sir William Chambers. En 1761 Chambers construyó el Orangery, actualmente una casa de té, y la Pagoda, el símbolo de Kew. Ésta, inspirada por un viaje de Chambers a China, contaba con dragones en las esquinas de sus balaustradas.

Jorge III, que subió al trono en 1760, heredó ambas fincas y se instaló en el minúsculo Kew Palace. Encargó a sir Joseph Banks que ampliara y replantara ambos jardines, hoy juntos. Banks había recogido especies durante sus via-

jes con el capitán Cook, y envió jardineros afuera para buscar otras plantas.

Se añadieron más hectáreas y, en 1841, los jardines se cedieron al Estado y sir William Hooker se convirtió en su director. Hooker fundó el Department of Economic Botany, los museos, el Herbarium y la Biblioteca. En 1844 se construyó el primero de los invernaderos de Kew (ver recuadro inferior). Posteriormente, W. A. Nesfield, que también trabajó en Regent's Park, diseñó las cuatro grandes vistas: Pagoda Vista, Broad Walk, Holly Walk y Cedar Vista. También proyectó el lago y el estanque. Su hijo, W. E. Nesfield, construyó la Temperate House Lodge en 1866-1867, uno de los primeros edificios londinenses que revisaban el estilo Reina Ana. Fíjese en el bonito detalle de las altas chimeneas centrales.

Kew es especial durante todo el año. El Orangery es un buen lugar para empezar. A continuación, la magia de un jardín perfecto está a su disposición. En primavera florecen los narcisos, el azafrán, los tulipanes y las campanillas, especialmente alrededor del Queen Charlotte's Cottage. A comienzos del verano destacan los arbustos, las azaleas, las magnolias, los rododendros y los floridos cerezos. Hay una bonita vista de Syon House desde el final del paseo de las azaleas. Tras el colorido de otoño, en invierno florecen algunos ciruelos, el Heath Garden junto a la Pagoda y los invernaderos. En todo momento, las grandes vistas de Nesfield son impresionantes, al igual que las enormes plantaciones de árboles: sauces, hayas y abedules. ■

Pág. anterior: el azafrán anuncia la llegada de la primavera.

La Pagoda de Kew introdujo el gusto chino en el Londres del siglo XVIII.

Los invernaderos de Kew

Los siete invernaderos de Kew se inspiraron en el Great Conservatory de Syon (ver pág. 185), construido en la década de 1820 por Charles Fowler. El primer invernadero del jardín, la Aroid House, fue diseñado por John Nash en 1836 como un pabellón ajardinado para el Buckingham Palace. La Palm House fue construida en 1844-1848 por Decimus Burton y Richard Turner. Es la mejor estructura en hierro y cristal de Inglaterra. La Palm House es tres años anterior al Crystal Palace de Paxton. La Water Lily House (1852) fue seguida por la Temperate House de Burton, construida entre 1860 y 1898 como el mayor invernadero del mundo. Más recientemente, el Princess of Wales Conservatory, terminado en 1987, contiene diez zonas climáticas y substituye a 26 invernaderos antiguos. ■

Las casas de campo del siglo XVIII

Marble Hill House

- Plano pág. 178
- Richmond Road, Twickenham
- 020-8892 5115
- Cerrada lun.-mar. nov.-marzo
- $$
- Metro: Richmond y cruzar el puente

AL REVALORIZARSE LO PINTORESCO DEL MUNDO RURAL y en particular sus bonitas vistas, el tramo a orillas del río donde estaban las aldeas de Chiswick, Richmond y Twickenham se convirtió en el lugar preferido por los aristócratas para construir sus casas de campo. También estaban allí algunas sociedades reales y se accedía a ellas por el río, el medio de transporte favorito.

TWICKENHAM

Se conservan varios de los enclaves idílicos del siglo XVIII, con escenarios que evocan la elegancia del período. **Marble Hill House** es una de las primeras; la casa se construyó entre 1723 y 1729 para la amante de Jorge II, Henrietta Howard, condesa de Suffolk. Esta villa restaurada, de estilo palladiano y color blanco brillante, tiene vistas al Támesis entre Twickenham y Richmond. Tanto la casa como el parque estuvieron inspirados por la idea clásica de un Elíseo terrenal. Se modificó el entorno natural para conseguir buenas vistas del río y, también importante, sobre la casa desde el río. En el extremo norte del parque, Montepelier Row, que se remonta hacia 1720, es una de las hileras de casas más antiguas de Twickenham. Siga el camino a orillas del río a través del bosque hasta llegar a la octagonal **Orleans House** *(Riverside; Tel 020-8892 0221; cerrado lun.)*, de James Gibbs. Construida en 1720, los restos muestran su antigua grandeza. En los senderos Bell, Water y Church se alzan más casas antiguas. De aquí sale el barco hacia **Ham House.**

Marble Hill House se construyó para Henrietta Howard, una de las amantes de Jorge II.

CHISWICK

Río abajo desde Twickenham, Richard Boyle, tercer conde de Burlington, construyó un templo palladiano a las artes, **Chiswick House,** en 1725-1729.

La casa londinense de Burlington, hoy la Royal Academy, ya había roto con el barroco inglés de Wren. Aquí, en Chiswick, el conde fue más allá. Inspirado por la Villa Capra de Palladio, cerca de Vicenza, construyó una exquisita villa palladiana y un jardín donde mostrar sus obras de arte y entretener a sus amigos. Era un lugar pensado sobre todo para la diversión. William Kent lo decoró e influyó mucho en el trazado del jardín, uno de los más interesantes de Londres. Al igual que la casa, se aleja de la geometría del barroco inglés. Su estilo se acerca a las curvas más libres, aunque igual de artificiales, de Capability Brown, que evolucionó hacia la jardinería paisajística. De este modo, se combinan los senderos radiales con la colocación informal de las estatuas, las construcciones y los árboles.

Chiswick House

- Plano pág. 179
- Burlington Lane, Chiswick, W4
- 020-8995 0508
- Casa cerrada lun.-mar. de oct.-marzo
- Casa: $. Jardín: gratuito
- En tren hasta Chiswick y andar por Burlington Lane

SYON Y OSTERLEY

Estas mansiones son realmente impresionantes. La suntuosa y magnífica **Syon House** es un edificio en piedra del siglo XVI, remodelado por Robert Adam en 1761 para sir Hugh Smithson, primer duque de Northumberland. Adam dirigió todo el proyecto, desde el edificio hasta la dorada decoración, las alfombras, los techos y los muebles. La mayor parte de la casa está muy bien conservada: las chimeneas de Matthew Boulton, la cerámica de Wedgwood y las sedas de Spitalfields. En 1827, se añadió el Great Conservatory de Fowler, que unía la casa con sus jardines, proyectados por Capability Brown en 1767-1773. Estos jardines se abrieron por primera vez al público en 1837. La tradición jardinera continúa hoy con la pradera, propiedad de la **London Butterfly House** *(Tel 020-8560 7272)*. El Rose Garden florece desde junio hasta septiembre.

Adam creó otra obra maestra cerca de allí, el **Osterley Park** *(Tel 020-8568 7714)*. Partió de una casa del siglo XVI y la convirtió en una mansión palladiana para los banqueros de la City, Francis y Robert Child. El gran pórtico de Adam conduce a un conjunto de salas, decoradas con tapices gobelinos. ■

Syon House

- Plano pág. 178
- Brentford, Middlesex
- 020 8560 0883
- Cerrado lun.-mar. nov.-marzo
- $$. Jardines sólo: $
- En tren o metro hasta Kew Bridge, luego con los autobuses 237 o 267

La antesala de Syon House.

Ham House

Los muebles del V&A Museum realzan las grandiosas habitaciones del siglo XVII de Ham House.

SE TRATA DE UNA DE LAS PRIMERAS Y MÁS BELLAS mansiones de Londres. El National Trust la dirige desde 1949 y está amueblada con piezas cedidas por el V&A Museum. Construida en 1610 para sir Thomas Vavasour, Caballero Mariscal de Jacobo I, William Samwell la renovó entre 1673-1675 para Isabel, condesa de Dysart, y su segundo esposo, John Maitland, duque de Lauderdale, el gobernante de Escocia. Juntos, crearon un opulento hogar palaciego barroco. Basándose en documentos y planos de la casa, el Trust ha restaurado con fidelidad, tanto la casa como los jardines, de manera que podrá formarse una idea muy precisa de la vida cotidiana de la alta sociedad en el siglo XVII.

Ham House

- Plano pág. 178
- Richmond, Surrey
- 020-8940 1950
- Cerrado jue.-vier. Casa abierta 1-5. Jardines abiertos todo el año
- $$
- Tren o metro hasta Richmond, luego con los autobuses 65 o 71

La fachada está formada por tres sencillas plantas de ladrillo recubierto de piedra. Sin embargo, los bustos de las hornacinas ovales nos dan una idea de lo que viene a continuación.

Dentro, el Gran Vestíbulo, de dos pisos con una galería, tiene un techo original de Joseph Kinsman que se remonta a 1637-1638. También se halla aquí el retrato que hizo Reynolds de Isabel, condesa de Dysart, en 1775. Varios de los techos de las salas de la planta baja los pintó el artista napolitano Antonio Verrio. En el comedor hay cortinajes de piel y en el vestidor privado de la duquesa, los muebles lacados originales. Al final de la gran escalinata, dos obras tempranas de Constable cuelgan en la Lady Maynard's Dressing Room. En el Cabinet of Miniatures hay obras de Hilliard y Cooper, y en la North Drawing Room, tapices ingleses que muestran los meses del año. La Long Gallery, decorada en 1639, tiene un conjunto de retratos del siglo XVII. El Queen's Closet, la sala más rica de todas, tiene un techo de Verrio, superficies de mármol, ejemplos tempranos de decoración en escayola alrededor de la chimenea y tallas barrocas en el revestimiento de las paredes. Sobre todo, no se pierda el jardín (ver pág. 179). ■

Hampton Court Palace

DE TODOS LOS PALACIOS REALES DE LONDRES, HAMPTON Court es el más interesante. Incluye dos conjuntos de salas regias (uno en estilo Tudor y otro en el estilo de Wren), numerosos jardines (el Tudor, el holandés y el Laberinto, entre otros) y dos grandes parques (Hampton Court y Bushy Park). En total, más de 500 años de mecenazgo real conservados por un equipo de especialistas.

Puede ir en tren y contemplar las salas relativamente vacías a primera hora de la mañana y volver a Londres en barco; o pasear en barco, hallar salas abarrotadas y disfrutar de una tarde de verano en los jardines y parques.

HISTORIA

El palacio era en el siglo XII una hacienda rodeada por un foso. Hacia 1514, Thomas, el cardenal Wolsey, primer ministro de Enrique VIII, la arrendó y la reformó. Añadió la mayoría de los edificios Tudor: 44 aposentos para sus invitados en el Base Court (patio), tres pisos de habitaciones para honrar a Enrique VIII en su visita de 1525, una galería y una capilla.

Cuando Wolsey perdió el favor real en 1528, Enrique VIII se apropió del palacio. Amplió las cocinas y, en 1532-1535, construyó el Gran Vestíbulo. Su hija, Isabel, añadió más cocinas y proyectó los jardines. De las 60 residencias de los Tudor, Hampton Court era una de las pocas que podía acoger las 1.000 personas que formaban la corte. Las salas de servicio no impresionaban tanto a los visitantes como los apartamentos reales, desaparecidos en gran parte. Sólo

Hampton Court Palace

- Plano pág. 178
- East Molesey, Surrey
- 020-8781 9500
- Palacio y jardines: $$$. Jardines sólo: $$
- En tren a Hampton Court, curzar el puente. En barca desde el muelle de Westminster en verano (ver pág. 53)

Nota: el palacio ofrece recorridos, conferencias y acontecimientos especiales

Wolsey construyó un palacio tan grandioso que Enrique VIII se apropió de él cuando el cardenal perdió su favor.

han sobrevivido la Great Watching Chamber, la capilla y el Wolsey Closet.

Tras subir al trono en 1689, Guillermo y María hicieron grandes cambios. Encargaron a sir Christopher Wren un palacio barroco. Wren reemplazó los aposentos reales de Enrique VIII. La habitación de la reina tenía vistas a los jardines de Carlos II y al Long Water. La del rey daba a su Privy Garden, recién creado en estilo holandés, y al Támesis. Tras el fallecimiento de María, en 1694, las obras se pararon durante años. El trabajo se terminó en 1700 y Guillermo se trasladó al palacio, aunque murió dos años más tarde. El resto de edificios Tudor estaban a salvo.

La reina Ana decoró de nuevo la capilla y la Queen's Drawing Room, encargando el trabajo al artista napolitano Antonio Verrio. Jorge I y Jorge II vivieron en Hampton Court. Tras la muerte de la reina Carolina, la corte abandonó el lugar. Gradualmente, las salas se convirtieron en apartamentos de «gracia y favor» para sirvientes de la Corona retirados. Los monarcas siguieron cuidando de Hampton Court. La reina Victoria añadió la vidriera del Gran Vestíbulo, «mejoró» el estilo Tudor del palacio añadiendo la mayor parte de las chimeneas de ladrillo y, en 1838, lo abrió al público. La estación ferroviaria se inauguró en 1849 y el lugar mejoró su acceso. Tras un incendio en 1986, los apartamentos del rey se restauraron con esmero.

RECORRIDOS POR HAMPTON COURT

Debido a su extensión, se han ideado seis recorridos temáticos. Si prefiere ir por su cuenta, puede contratar a un guía para la visita o bien adquirir un plano. Aquí hallará dos rutas: la Tudor y la de Guillermo y María.

Recorrido I: los Tudor

Esta visita incluye los recorridos uno, seis y cinco. Empieza con las «King's Beasts» en la entrada del palacio, aunque se trata de réplicas del siglo XX. Los apartamentos de Estado de Enrique VIII están al otro lado de Wolsey's Great Gatehouse, en el Base Court. El Gran Vestíbulo (1532-1535), con su techo pintado, está decorado con tapices flamencos de Enrique,

Izquierda: el Sol gira alrededor de la Tierra en el reloj astronómico de 1540 de Hampton Court.

de la década de 1520. Cruzada la Great Watching Chamber, una galería le lleva a la capilla, con un suntuoso techo Tudor.

Desde aquí, visitará las cocinas Tudor, entre los patios de Clock Court y Base Court, que ocupaban 50 salas. Hay diez salas abiertas, incluido el Beer Cellar, la Boiling House y el Wine Cellar, donde se almacenaban algunos de los 2,7 millones de litros de cerveza que se consumían anualmente. Cruce el Clock Court y suba las escaleras hasta las salas Wolsey y la Galería de Pintura del Renacimiento. En las salas construidas por Wolsey en 1515-1526, se muestran algu-

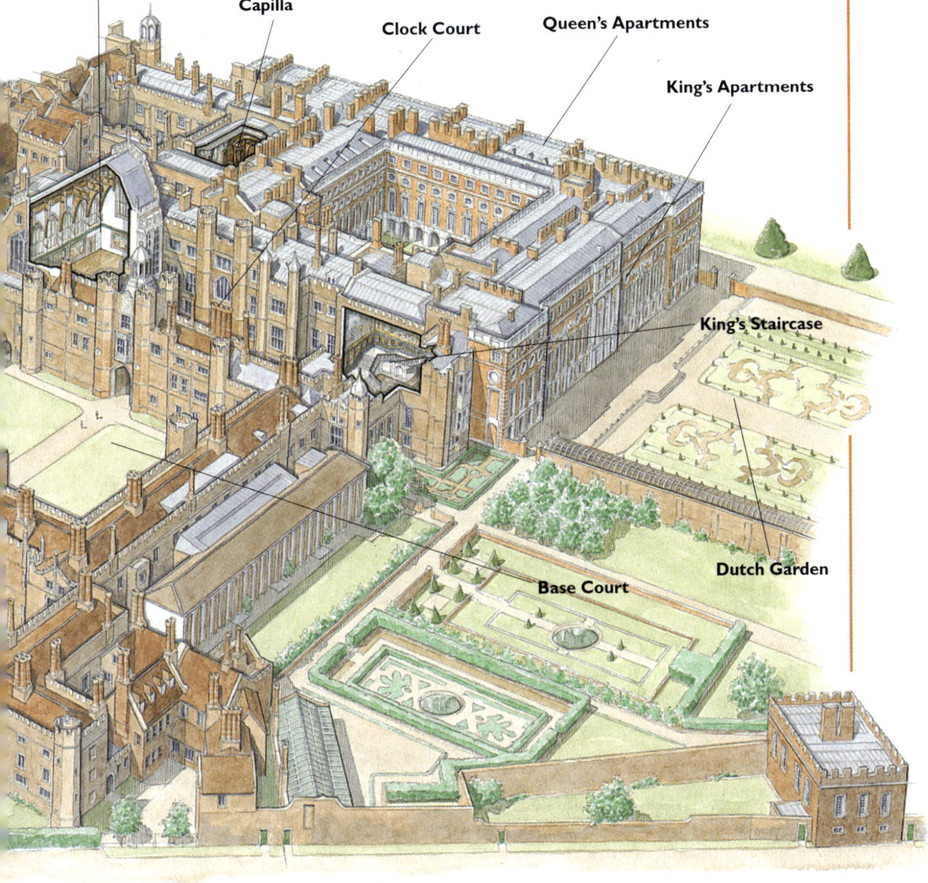

Derecha: la cama del Dormitorio de la Reina se hizo para la reina Carolina.

Great Hall (sobre las cocinas)

Capilla

Clock Court

Queen's Apartments

King's Apartments

King's Staircase

Dutch Garden

Base Court

Una infinidad de caminos sin salida hacen del Maze (laberinto) un auténtico enigma.

nas de las mejores piezas renacentistas de la colección de la reina. Incluyen el gran paisaje *Field of the Cloth of Gold*, que recoge el encuentro entre Enrique VIII y Francisco I de Francia en 1520.

Recorrido II: Guillermo y María

Para contemplar los dos grandes conjuntos de salas reales barrocas, empiece la visita en Fountain Court y suba por una gran escalinata pintada por William Kent en 1735. La Queen's Presence Chamber conduce a las mejores salas: el Comedor Público y la Sala de Audiencias de la reina (con el baldaquino del trono). A continuación, están el Salón, el Dormitorio (la cama se construyó para la reina Carolina en 1715), la Galería y el Vestidor.

Descienda por la escalera trasera y regrese a Clock Court para visitar los Apartamentos del Rey. Al final de la monumental Escalinata del Rey, decorada con una alegoría de Verrio sobre el buen gobierno de Guillermo III, se halla la Guard Chamber, que almacenaba 3.000 armas. En la Presence Chamber está el trono original; el retrato ecuestre del rey hecho por sir Godfrey Kneller y los tapices confeccionados para el Whitehall Palace de Enrique VIII. A continuación, llegará al Gran Comedor del rey, el aposento privado, el gabinete, el Gran Dormitorio y el Vestidor. Las estancias privadas del rey están en el piso inferior. ■

Jardines de Hampton Court

Los jardines Tudor, barrocos y victorianos son cuidados con esmero por un conjunto de 41 jardineros. Del gran trazado de Enrique VIII queda poco; los aislados Knot y Pond Gardens nos dan una idea. El Pond Garden (1536) tiene estanques ornamentales con peces comestibles. El Great Vine proviene de un esqueje cortado en 1768 del viñedo original. La cercana Mantegna Gallery muestra los *Triunfos de César* de dicho pintor (*c.* 1486-1494). El Privy Garden de Guillermo se ha restaurado tal como era en 1702, con flores y arbustos auténticos y 33.000 plantas. Wren poyectó la Banqueting House a orillas del río y Jean Tijou, las verjas de hierro forjado. Otras zonas para pasear son el Maze, plantado por primera vez en 1690, y el Wilderness, con un millón de bulbos. Más allá del Charle's Long Water, los 300 gamos del Home Park descienden de la manada de Enrique VIII. Aquí es donde anualmente tiene lugar el Hampton Court Palace Flower Show de la Royal Horticultural Society, el mayor de su clase en toda Europa. Se celebra en julio. ■

Al este de la City, la Tower of London, el georgiano Spitalfields y los bulliciosos mercados del East End conducen a los renovados Docklands; más allá están la Millennium Dome y el pueblo marinero de Greenwich.

El este de Londres

Escultura contemporánea en los modernos Docklands

El este de Londres

ESTA ZONA ES MUY DISTINTA DE LA ESTUCADA BELGRAVIA Y LOS marchantes de arte de St. James's. La Tower of London medieval cierra sus puertas cada noche ante la multitud londinense. Río abajo, el esplendor palaciego del Royal Greenwich Palace y su parque tiene continuidad en el museo marítimo y sus barcos. En el medio, el East End conserva la vitalidad adquirida a raíz de la construcción de los muelles, tras el gran incremento del comercio posterior a la Revolución industrial del siglo XVIII.

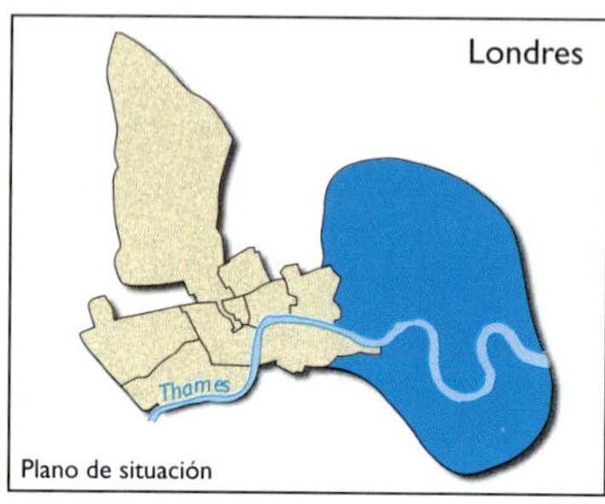

Plano de situación

El romanticismo del East End –abarrotado y pobre, pero alegre, con su dialecto cockney y sus musicales– nació en el siglo XIX. Zonas más antiguas, como Spitalfields y Whitechapel, o pueblos del East End, como Hackney y Limehouse, fueron absorbidos por una oleada de construcción victoriana: viviendas para los obreros británicos que llegaban del campo o bien para los inmigrantes extranjeros. Hombres y mujeres trabajaban en los muelles y se dedicaban a la construcción de barcos, la carpintería y, en la Whitechapel Bell Foundry, a la fabricación de las campanas de las numerosas iglesias victorianas. Elaboraban cerveza, dirigían los mercados callejeros y divertían a las multitudes con sus musicales. Charlie Chaplin actuó por primera vez en el auditorio de Royal Cambridge. El gobierno creó un «pulmón verde», Victoria Park, y algunos benefactores fundaron hogares como la Ragged School.

Hoy, tras detenerse al cerrar los muelles, el corazón del East End vuelve a latir. En la zona hay nuevos lugares para visitar.

En Spitalfields, cuyo centro es Christ Church, se mezclan una elegancia renovada y la industria del vestido, los restaurantes y las mezquitas bangladesís.

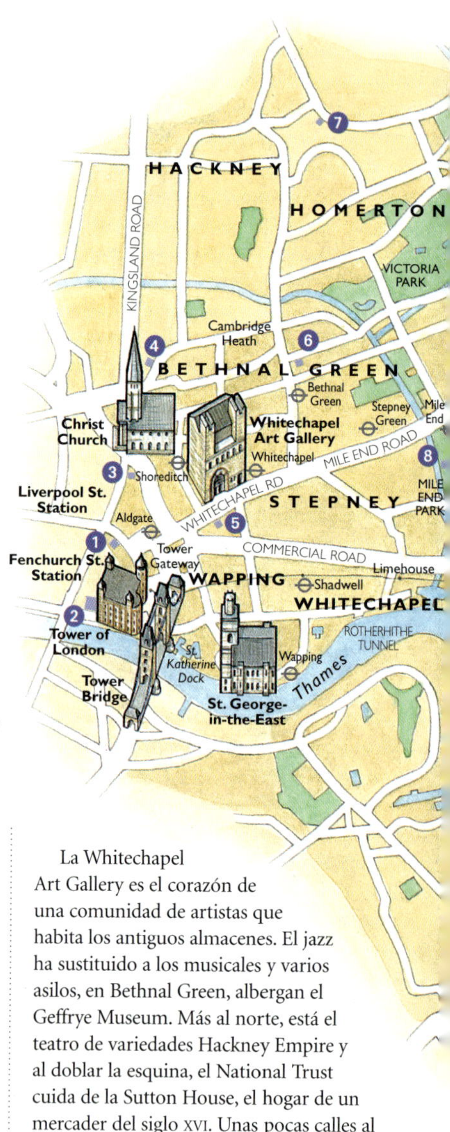

La Whitechapel Art Gallery es el corazón de una comunidad de artistas que habita los antiguos almacenes. El jazz ha sustituido a los musicales y varios asilos, en Bethnal Green, albergan el Geffrye Museum. Más al norte, está el teatro de variedades Hackney Empire y al doblar la esquina, el National Trust cuida de la Sutton House, el hogar de un mercader del siglo XVI. Unas pocas calles al sudoeste de Victoria Park, el Victoria & Albert Museum tiene otra de sus sucursales: el Bethnal Green Museum of Childhood.

Támesis abajo, la revitalización de los 20 km de muelles en desuso se inició en 1981 con el apoyo del gobierno. Actualmente, es una zona consolidada e independiente, como lo demuestra el éxito del St. Katharine Dock, el London City Airport, los apartamentos Cascades y la belleza de Canary Wharf Tower.

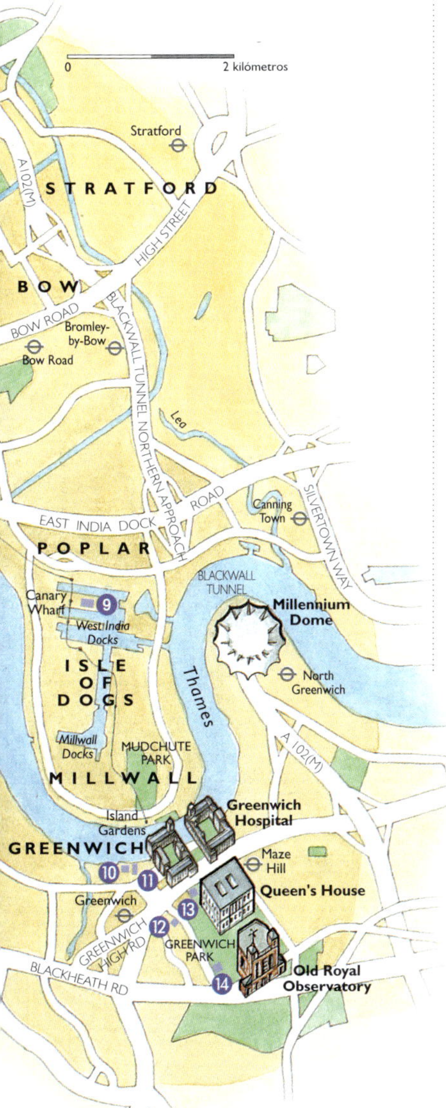

El interior de la Dennis Savers's House refleja la cómoda vida de un mercader de clase media en el siglo XVIII.

La reconstrucción de los Docklands todavía continúa. En la Isle of Dogs, las oficinas y los apartamentos, piezas básicas de las dos primeras décadas de construcción, disfrutan de la compañía del Museum in Docklands, en West India Docks. Más al este, en Royal Victoria Docks se construirá Excel, el Centro Internacional de Exposiciones de Londres. Aún más al este, el Royal Albert Dock alberga el Royal Albert Dock Regatta Centre. Se planea la restauración del *Cutty Sark* de Greenwich, y la Millennium Experience de la península de Greenwich cuenta con la mayor cúpula del mundo. ■

EL ESTE DE LONDRES

1 Sinagoga española y portuguesa
2 All Hallows by the Tower 3 Dennis Savers's House 4 Geffrye Museum
5 Whitechapel Bell Foundry 6 Bethnal Green Museum of Childhood 7 Sutton House 8 Ragged School Museum
9 Canary Wharf Tower 10 *Gypsy Moth IV*
11 *Cutty Sark* 12 Fan Museum
13 National Maritime Museum
14 Ranger's House

Tower of London

Tower of London
Plano pág. 192
020-7709 0765
$$$
Metro: Tower Hill, o para hacerse una idea de su situación Monument y a pie por la City

All Hallows by the Tower
Plano pág. 192
Byward Street, EC3
020-7481 2928
Aportación voluntaria
Metro: Tower Hill

LA FORTALEZA MEDIEVAL BRITÁNICA MEJOR CONSERVADA se oculta tras las torres de la City, olvidada por casi todos los londinenses, pero muy apreciada por los turistas. De hecho, es mucho más: en su interior hay un palacio, una cárcel, un patíbulo, capillas y museos. Desde que Guillermo el Conquistador inició su construcción en 1066, ha servido a la Corona. Se trata del pueblo más pequeño de Londres, donde viven 18 familias.

Guillermo la construyó como un fuerte temporal para mantener bajo vigilancia a los mercaderes de la City, poco dignos de confianza. La levantó entre sus murallas sajonas y las altas murallas romanas de la época. Posteriormente, añadió la actual White Tower, que completaron Guillermo II y Enrique I. Estaba construida con piedra de Caen y sus muros tenían 27 m de altura y 7,5 m de grosor, con espacio interior para tres pozos, un comedor de gala, una sala de reuniones e incluso para la minúscula St. John's Chapel, además de una cárcel y un calabozo. Enrique I también levantó la segunda iglesia de la torre, St. Peter ad Vincula. El último rey normando, Esteban, fue el primero que vivió allí.

La dinastía Plantagenet también utilizó la torre. Enrique II añadió cocinas, un horno y una cárcel. William of Longchamp, leal vasallo de Ricardo II, construyó más muros, el campanario, las

H. M. S. *Belfast*

020-7940 6300

Transbordador desde Tower Pier

$$

Wardrobe Towers y el foso mientras el rey estaba en las cruzadas. Sin embargo fue en vano. El príncipe Juan sitió la torre, se convirtió en rey y reforzó las murallas. Enrique III empezó la muralla interior, el foso, el canal de agua y el palacio real. Encaló la White Tower y montó un zoológico (el rey de Noruega le regaló un oso que llevaba a pescar al Támesis). Eduardo I terminó la muralla interior oeste y la muralla exterior, incluyendo la Byward Tower y Traitor's Gate. Trajo las Joyas de la Corona y la casa de la moneda desde Westminster.

Desde entonces, la Tower of London ha cambiado poco, aunque cabe destacar la construcción de las cúpulas de la torre, del siglo XIV; las casas, en parte de madera, de Enrique VIII; dos bastiones circulares de la Tower Green y los cuarteles de 1840.

La torre ha sido testimonio de alegrías y horrores. Enrique IV inició allí la Ceremony of the Bath en 1399. Bajo el reinado de Enrique VI, el duque de Exeter introdujo la rueda de la tortura y Edmund Campion, el mártir jesuita inglés (1540-1581) la sufrió en tres ocasiones. El yorquista Eduardo IV celebró picnics y juegos en los céspedes de la torre. Pero cuando Ricardo III se marchó para ser coronado en 1483, sus dos sobrinos fueron asesinados en la Bloody Tower. Luego llegaron los Tudor: Enrique VIII construyó casas en Tower Green, pero también hizo ejecutar aquí a dos de sus esposas: Ana Bolena y Catalina Howard. En comparación, fueron bastante afortunadas. Thomas Cromwell, el arzobispo Laud y muchos otros (lord Lovat fue el último en 1747) se convirtieron en un espectáculo público cuando fueron decapitados en la Tower Hill. La princesa Isabel entró por la Traitor's Gate, pero salió de ella en un carruaje dorado para dirigirse a su coronación. En cuanto a los Estuardo, Jacobo I fue el último rey que vivió en la Tower of London y contemplaba a sus leones y osos luchando desde la Lion Tower. Carlos I envió a seis diputados del Parlamento a la torre por insultar a su favorito, el duque de Buckingham. Carlos II celebró el último gran espectáculo de la torre en 1661: unas extravagantes fiestas de primavera que incluyeron la presentación de un nuevo conjunto de Joyas de la Corona, ya que los hombres de Cromwell habían robado las antiguas.

Desde el nivel de la calle, se aprecian las murallas de la torre: las exteriores, las interiores y las torretas de la White Tower.

VISITA A LA TORRE

Los que vayan pronto podrán contemplar las Joyas de la Corona con relativa calma. Sin embargo, la mejor forma de ir es en barca (ver pág. 53), lo que comporta llegar más tarde. Hay mucho que ver; es posible hacer una pausa al mediodía en Tower Wharf o en el cercano St. Katharine Dock y regresar por la tarde. Si la cola es interminable, puede aprovechar para visitar la cercana iglesia de All Hallows by the Tower, el Tower Bridge (ver pág. 198), St. Katharine Dock o tomar el transbordador desde Tower Pier hasta el H. M. S. *Belfast* (ver pág. 209), y regresar a la torre más tarde.

RECORRIDO

Si llega por el río, pasará por debajo del London Bridge. Si llega a pie desde la City, podrá visitar All Hallows y obtener una primera vista de la Tower of London, con el victoriano Tower Bridge al fondo.

Se accede por la Byward Tower, en la esquina sudoeste, no lejos de la Tower Pier. Puede dar una vuelta por su cuenta o unirse a una de las visitas guiadas por los Yeoman

Warders o Beefeaters, que montan guardia en la torre desde 1485.

Lo mejor es visitar las Joyas de la Corona, en las Waterloo Barracks, antes de que haya demasiada gente. Para llegar, debe dirigirse a Traitors' Gate, a la derecha; luego girar a la izquierda, subir las escaleras que pasan ante la Tower Green y seguir adelante. La exposición de las joyas empieza con una sucesión de dibujos. Hay varios diamantes del tamaño de un huevo: la First Star of Africa (530 quilates), en el cetro de Carlos II; los 2.800 diamantes en la Corona Imperial del Estado, que se luce durante la apertura del Parlamento; y el diamante Koh-I-Noor de la India, en la corona de la reina consorte. También se exhiben la ampolla y la cuchara para ungir al soberano, que datan de 1399, y el plato barroco ornamentado realizado para Carlos II.

Desde aquí, regrese a la Tower Green para visitar la iglesia de St. Peter ad Vincula, el patíbulo y, en la Bloody Tower, las salas donde sir Walter Raleigh, el favorito de Isabel I, pasó 13 años. A continuación, vaya a la torre original, la White Tower, cuya zona más mágica es la minúscula St. John's Chapel, en el segundo piso. Al lado, un tramo de muralla romana conduce hacia el hogar de los ocho cuervos de la torre, que tienen su propio cuidador, el Raven Master.

La Martin Tower, en el nordeste, marca el inicio del Wall Walk, a través de las torres y las murallas de Enrique III, hasta la Salt Tower.

El Raven Master con uno de sus cuervos.

Waterloo Barracks (Joyas de la Corona)

Inner Ward

Iglesia de St. Peter ad Vincula

Outer Ward

Tower Green

Byward Tower (entrada principal)

Queen's House

Para acabar, visite algunas de las mejores salas de la torre, en el palacio medieval. Recorra el ala sur, donde se alzan la St. Thomas Tower y la Wakefield Tower, restauradas cuidadosamente para dar una idea de su estructura, su posible decoración y su uso durante el reinado de Eduardo I. ■

Los arcos de medio punto en St. John's Chapel revelan el origen normando de la iglesia.

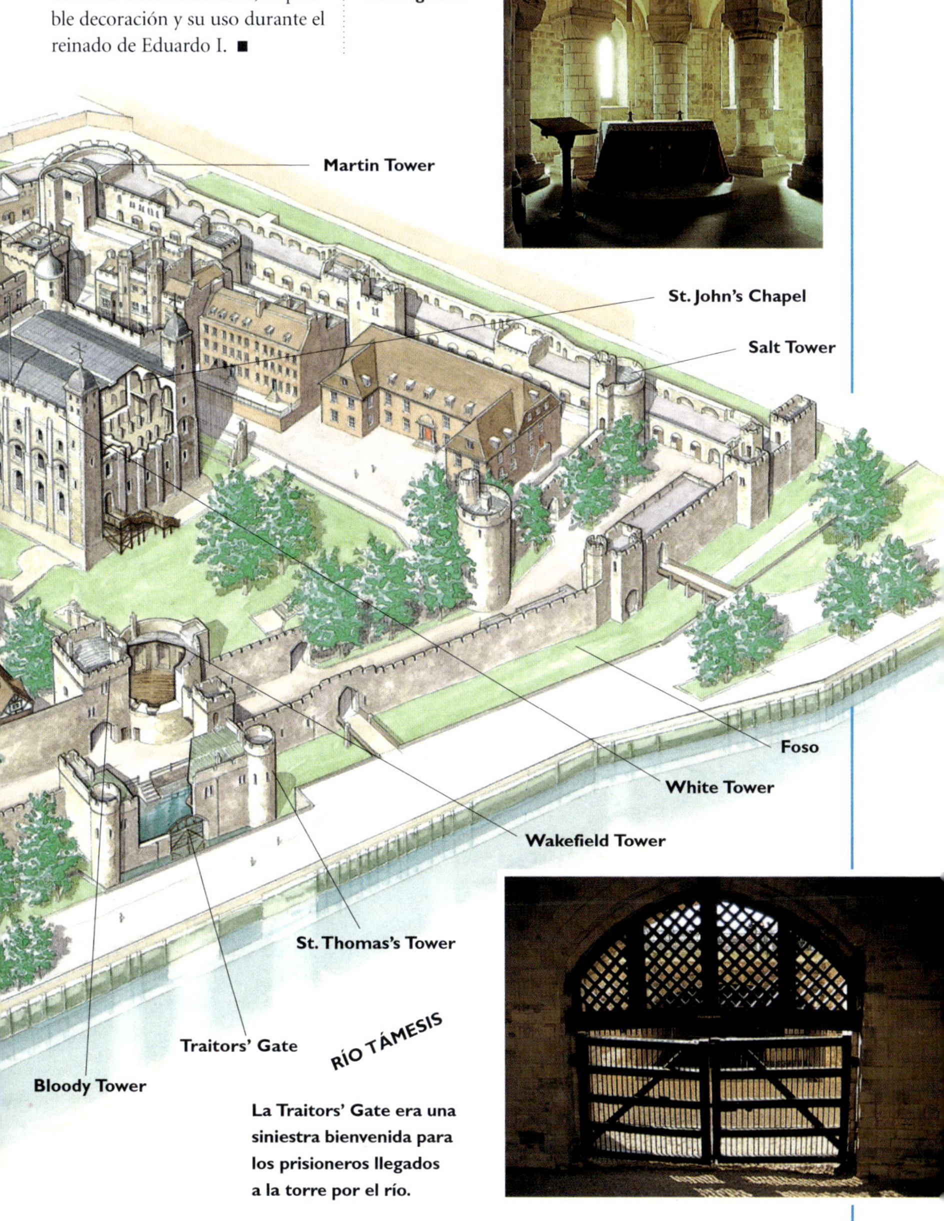

La Traitors' Gate era una siniestra bienvenida para los prisioneros llegados a la torre por el río.

Vista del Tower Bridge y de la remodelación de los Docklands.

Tower Bridge

ESTE ES EL ÚNICO PUENTE RÍO ABAJO DESDE EL LONDON Bridge y uno de los más recientes, ya que se empezó a construir en 1886. Se levantó para descongestionar otros puentes de la City, cuando los grandes barcos entraban en el Upper Pool del puerto.

Tower Bridge

Plano pág. 192

020-7403 3761

Información grabada: 020-7378 7700

$$

Metro: Tower Hill

El Parlamento autorizó la construcción de un puente levadizo doble en 1885. Estipulaba que fuera de estilo gótico, para que armonizara con la vecina Tower of London, y que sus arcadas fuera de 60 m, 41 por encima del río.

El príncipe de Gales lo inauguró en 1894. Tenía 244 m de longitud y costó la enorme suma de 800.000 libras. Hoy, los ascensores llevan a los visitantes hasta la **Tower Bridge Experience.** Allí, hay una exposición sobre el puente y la Sala de los Motores, cuyas calderas de carbón movían el sistema hidráulico hasta que se eléctrificó en 1976. ■

Funcionamiento del Tower Bridge

A pesar de su diseño gótico, el Tower Bridge era extremadamente moderno. Las dos torres tienen una estructura de acero cubierta de piedra para albergar la maquinaria hidráulica y soportar el peso de las 1.000 t de cada báscula. También contienen los ascensores para la pasarela. Los dos tramos laterales del puente cuelgan de una estructura metálica curva.

Sólo se necesitan 90 segundos para levantar el puente. En otros tiempos se abría unas 50 veces al día; hoy, con los muelles cerrados, el puente se levanta unas 500 veces al año (hasta 15 veces al día en verano). A veces, se abre para ocasiones ceremoniales, como la llegada del yate real *Britannia* para las celebraciones del 50 aniversario del final de la segunda guerra mundial. ■

East End y Spitalfields

EN ESTE BARRIO POCO SOFISTICADO E INFORMAL PODRÁ disfrutar de un ambiente genuino sin la presencia de turistas. Asegúrese de que los lugares que quiera visitar estén abiertos.

La **Whitechapel Art Gallery,** a diez minutos a pie de la Tower of London, nació como un escaparate permanente de las artes visuales en el East End. El edificio art nouveau de C. H. Townsend, de 1897-1899, sigue siendo un lugar de reunión para la mayor comunidad artística europea, a cuyos miembros se puede ver por la galería. Una parada inusual es la **Whitechapel Bell Foundry,** donde los descendientes de los fabricantes del Big Ben siguen en activo. En Aldgate está la suntuosa **sinagoga española y portuguesa** *(Tel 020-7626 1274)*, construida en 1701 por Joseph Avis.

En Spitalfields, al este de la estación de metro Liverpool Street, se concentran muchas casas bonitas. A finales del siglo XVIII, se instalaron 12.000 telares de seda en estas calles georgianas. Muchas casas se han restaurado, incluida la **Dennis Savers's House** *(Tel 020-7247 4013)*. **Christ Church** (1720) de Nicholas Hawksmoor, con su alta aguja, es una visita obligada. La mezquita de Bangladesh, en la esquina de Folgate Street, fue una iglesia hugonota y una capilla wesleyana. Junto a Commercial Road, el **Spitalfields Market,** que se remonta a 1893, está muy animado los domingos.

Al norte de Spitalfields hay tres pequeños museos. El **Geffrye Museum** *(Tel 020-7739 9893)* tiene muebles y tallas en madera que se exhiben en 14 hospicios construidos en 1715. Casas de muñecas, ositos de peluche y muchas otras piezas del V&A Museum llenan el **Bethnal Green Museum of Childhood** *(Tel 020-8903 5200)*. **Sutton House** *(Tel 020-8986 2264)* el hogar de un mercader Tudor, alberga una cafetería y una galería de arte. ■

Whitechapel Art Gallery

- Plano pág. 192
- Whitechapel High Street, E1
- 020-7522 7888 Información grabada: 020-7522 7878
- Cerrado lun.
- Metro: Aldgate East

Whitechapel Bell Foundry

- Plano pág. 192
- 34 Whitechapel Road, Fieldgate, E1
- 020-7247 2599
- Recorrido sáb. mañanas. Reservar
- $$
- Metro: Aldgate East

Christ Church Spitalfields

- Plano pág. 192
- Commercial Street, E1
- 020-7247 0165
- Abierto lun.-vier. 12.00-14.30 (llamar para confirmar horarios)

Docklands

LA ÚNICA GRACIA DE ESTE PROYECTO URBANÍSTICO ES su escenario. Se trata de un plan de renovación que no consiguió ni conservar lo genuino de la zona ni aprovechar la oportunidad de crear una ciudad británica del siglo XXI con relevancia arquitectónica. Suba al Docklands Light Railway (DLR) para contemplar una magnífica vista desde la Tower of London hasta Island Gardens.

Museum in Docklands

- No. 1 Warehouse West India Docks, E14
- 020-7515 1162
- Metro: West India Quay (DLR), Canary Wharf (Jubilee Line)

Inaugurado en 1987, el Docklands Light Railway recorre la zona de los Docklands al este de la City y une la estación de Bank con la Isle of Dogs. Cada tren de dos vagones tiene capacidad para 480 viajeros, no lleva conductor y es controlado por ordenador. El tren tiene tanto éxito que se está añadiendo otro tramo, desde la Isle of Dogs hasta Greenwich y Lewisham.

Suba en la estación de metro de Bank. La primera parada es Tower Gateway. Aquí está el puerto deportivo de **St. Katharine Dock.** A continuación llegará a Shadwell, donde podrá visitar la iglesia **St. George-in-the-East** (1714-1729) de Hawksmoor. También está aquí la mayor fábrica de periódicos de Europa, la News International. La estación de Limehouse le acerca a otra iglesia de Hawksmoor, **St. Anne's** (1714-1730), y a las bonitas casas y al pub de Narrow Street.

La línea gira al sur después de la estación de Westferry y empieza la vista de los muelles. West India Quay es la parada del **Museum in Docklands** y Canary Wharf, la de la **Canary Wharf Tower** de Cesar Pelli, la primera que se revistió de acero inoxidable. Heron Quays se balancea entre dos tramos de muelle. A la izquierda verá la península de Greenwich y la **Millennium Dome.** Desde Island Gardens se obtienen las mejores vistas de Greenwich. Puede llegar allí a pie por un túnel bajo el Támesis. ■

El Docklands Light Railway con Canary Wharf detrás.

Millennium Dome

SE TRATA DEL EDIFICIO OFICIAL BRITÁNICO DEL MILENIO. La pieza central de la enorme renovación de la península de Greenwich, en el Támesis, al este de la Isle of Dogs, generó una gran controversia desde el principio: por su coste –cerca de 220 millones de libras en trabajo y estructura, más 40 millones por la cúpula– y por el hecho de que tanto dinero público se concentrara en un proyecto para la capital, en vez de distribuirlo en varios proyectos en todo el país.

La inauguración de la cúpula anunció todo un año de celebración de las ideas y la tecnología británicas.

Sus proporciones son enormes. Inspirada por el éxito de la Cúpula del descubrimiento del Festival de Gran Bretaña de 1951, esta nueva cúpula, construida por la Richard Rogers Partnership, es la mayor estructura del mundo en su género, con una superficie de 8 ha y una circunferencia de casi 1 km.

Se empezó a construir en 1997. Para preparar el terreno, se dispusieron más de 8.000 pilares para los cimientos, a una media de 300 por semana. A continuación, se alzaron 12 mástiles amarillos de 105 t de peso y dos veces la altura de la columna de Nelson. Luego se creó una red de cables de acero para fijar el dosel de fibra de vidrio de la cúpula, un trabajo realizado por escaladores. El aforo es de 10.000 personas. Junto a la cúpula, hay un largo paseo a orillas del río y el Millennium Park. Los tres juntos forman la Millennium Experience. La cúpula cerró tal como estaba previsto a finales de diciembre de 2000 y su futuro está en manos de la iniciativa privada. La escasa afluencia de visitantes durante 2000 avivó la controversia sobre la financiación.

La remodelación del resto de la península también está en manos de la Richard Rogers Partnership, y tendrá lugar en los próximos 15 o 20 años. Entre los arquitectos que participarán en el proyecto está Ralph Erskine. La idea es crear varios pueblos urbanos, con 5.000 casas, espacio para oficinas, zonas de compras y de ocio, un hotel, una escuela y distintos parques. ■

Millennium Dome

Plano pág. 193

Greenwich Peninsula

Metro: Greenwich Peninsula (Jubilee Line). Autobús ribereño y bote lanzadera desde Greenwich

Greenwich

LOS ELEGANTES EDIFICIOS Y LOS MAGNÍFICOS MUSEOS en el interior y los alrededores del extenso parque y la bonita población de Greenwich, son un oasis de paz, junto a los animados Docklands y la península de Greenwich, sus vecinos más cercanos.

Painted Hall y Chapel

- Plano pág. 193
- King William Walk, SE10
- 020-8858 2154
- $$, Gratis lun.-mar.

CÓMO LLEGAR A GREENWICH

Hay varios medios para llegar a Greenwich: en metro, por la Jubilee Line; con el Docklands Light Railway hasta Island Gardens y luego andando a través del túnel; en barco (ver pág. 53); o en tren desde la estación London Bridge. ■

La vista de Greenwich desde la orilla del río es una de las más bellas de Londres. Lo mejor es llegar por el río o con el Docklands Light Railway hasta Island Gardens. También puede andar por King William Walk y luego tomar el camino junto a las verjas de los colegios, llamado Five Foot Walk.

El fabuloso escenario se creó lentamente entre los siglos XVII y XVIII, aunque su época culminante fue en el siglo XVI, bajo los Tudor. El hermano de Enrique V, el duque de Gloucester, construyó Bella Court a orillas del río en 1427 y seis años más tarde cercó 80 ha de terreno que convirtió en Greenwich Park. El monarca Tudor Enrique VII remodeló su Palace of Placentia en 1500 y, posteriormente, Enrique VIII, que había nacido en Greenwich, lo convirtió en su palacio favorito. Añadió un comedor de gala, armerías y un patio de torneos. En el parque, cazaba ciervos y se dedicaba a la cetrería. Sus hijas, María e Isabel I, nacieron aquí, al igual que su hijo, Eduardo VI. Además, desde este lugar divisaba la llegada de sus barcos, cargados de mercancías exóticas y controlaba su armada. En 1512 construyó un muelle real en Woolwich y al año siguiente, otro en Deptford.

Queda poco de este período. Desde la distancia, lo que contemplamos hoy es el edificio central. Ana de Dinamarca, la esposa de Jacobo I, empezó los cambios e introdujo un nuevo estilo arquitectónico. Eliminando algunos de los edificios originales en madera, encargó a Inigo Jones que empezara a construir Queen's House en 1616. Esta villa palladiana fue el primer edificio renacentista de Inglaterra y es el trabajo más temprano de Jones que se ha conser-

vado. Otra reina, Enriqueta María, esposa de Carlos I, la completó y la decoró. El yerno de Jones, John Webb, la amplió, construyendo puentes para solucionar el problema de la carretera entre Londres y Dover, que cruzaba la propiedad. Aunque los hombres de Cromwell convirtieron Queen's House en una fábrica de galletas, se mantuvo en pie.

Carlos II, que había pasado su exilio en Francia y soñaba con crear un Versailles en Greenwich, empezó la construcción de un ala a orillas del río en 1664. También trajo al jardinero de Versalles de Luis XIV, André le Nôtre, para que diseñara la distribución del parque, con avenidas que salían de Queen's House y subían por la colina. Cuando Guillermo y María ascendieron al trono, su gran proyecto urbanístico también afectó a Greenwich. Invitaron a sir Christopher Wren a crear un hospital para marineros jubilados, al estilo del Royal Hospital Chelsea, su hospital para soldados (ver pág. 168). Entre 1696 y 1702, creó la impresionante vista que hoy contemplamos. Demolió el último de los edificios Tudor y añadió un ala igual a la de Carlos II, con una gran escalinata entre ambas. Los dos edifcios en forma de «U» están uno frente al otro y la Queen's House queda en el centro.

KING WILLIAM WALK

Para visitar las grandes salas públicas del hospital barroco de Wren, que antaño acogía a 2.710 marineros, debe entrar por King William Walk. La verja del camino está coronada por cúpulas símbolicas, celestiales y terrenales. El hospital, hoy la **University of Greenwich,** está en su mayor parte cerrado a los visitantes, pero se puede acceder al **salón decorado** y a la **capilla.** El Painted Hall se concebió como el comedor de los marineros, pero se utilizó muy poco. El diseño de Wren, la decoración arquitectónica de Hawksmoor y las pinturas de James Thornhill lo convirtieron en el interior secular más espectacular de este período.

El techo de Thornhill, pintado entre 1707 y 1726, muestra a Guillermo y María entregando la Paz y la Libertad a Europa, y a un envejecido Luis XIV sosteniendo una espada rota debajo de ellos.

La Queen's House, rodeada por el palacio de Carlos II y el hospital de Wren.

El Painted Hall, proyectado como un comedor para los marineros veteranos, se utilizaba muy poco.

Cutty Sark
Plano pág. 193
King William Walk, SE10
020-8858 3445
$$

Gypsy Moth IV
Plano pág. 193
King William Walk, SE10
020-8858 3445

Cuando la capilla se incendió en 1779, James Stuart la reconstruyó en estilo clásico. Su ayudante, William Newton, supervisó la refinada decoración, una de las mejores de Londres, incluso de Inglaterra. Fíjese sobre todo en la puerta que hay entre la capilla y el vestíbulo octogonal.

Desde el palacio, camine hacia el este hasta llegar a la **Trafalgar Tavern** (1873), junto al **Trinity Hospital,** fundado en 1613, y siga hasta el pub del siglo XVII *Cutty Sark*, en Ballast Quay, que tiene espléndidas vistas al Támesis.

Pasado el embarcadero, hacia la boca del túnel, encontrará dos barcos. El mercante de té ***Cutty Sark,*** construido en 1869 en Clydeside (Escocia), es el único superviviente de un breve periodo en que los barcos más rápidos del mundo navegaban entre el Extremo Oriente y Londres con sus valiosas cargas. El Cutty Sark viajó de China a Inglaterra en 99 días y de Australia a Londres en sólo 72. A su lado, se halla el pequeño ***Gypsy Moth IV,*** un queche de 16,5 m de eslora con el que sir Francis Chichester dio la vuelta al mundo en solitario entre 1966-1967.

Éste es un buen momento para visitar la ciudad de Greenwich, donde se celebra un mercado los fines de semana (ver pág. 152). Detrás de las elegantes Nelson Road y College Approach, permanece un mercado victoriano cubierto, que está cerca de **St. Alfege Church** (1714), una iglesia de Hawksmoor bien restaurada. Camine desde aquí hasta el **Fan Museum** *(Tel 020-8305 1441)*, en Croom's Hill, donde se muestra la historia y el delicado arte de los abanicos en dos casas georgianas de la ciudad. La exposición cuenta con 2.000 piezas de gran belleza y calidad, y con una amplia gama de diseños.

NATIONAL MARITIME MUSEUM

Se trata del mayor museo náutico del mundo y uno de los complejos museísticos más bellos de Gran Bretaña. Repasa la historia de Gran Bretaña y el mar. La colección incluye desde porcelana y objetos de cristal hasta barcazas reales. Ocupa la Queen's House, la Royal Hospital School y el Old Royal Observatory de Greenwich Park, en la colina.

Fundado en 1934, del museo cabe destacar la Queen's House y el Old Royal Observatory.

La colección se centra en la armada de Gran Bretaña, los mercaderes, los exploradores y el comercio. Incluye material sobre las exploraciones al Ártico, las grandes migraciones hacia Norteamérica, los viajes de Cook, los triunfos de Nelson y mapas del Imperio Británico. Hay interesantes colecciones de maquetas de barcos, pinturas, medallas, uniformes, instrumentos de navegación y barcos.

Sobre todo destacan diez piezas: los restos del buque insignia de Enrique VIII, el *Mary Rose*, que se hundió en Portsmouth en 1547; un cuadro de la victoria sobre la armada española en 1588; la soberbia pintura de Van Wieringen *Heemskerk's Defeat of the Spaniards at Gibraltar, 25 April, 1607*; una maqueta del barco *St. Michael* de 1669; el retrato que Kneller realizó en 1689 de Samuel Pepys, escritor e importante administrador naval; la dorada barcaza construida por William Kent para Federico, príncipe de Gales, en 1732; una colección de 40 maquetas de barco que incluyen el *Royal William* de 1719; el cuadro de Canaletto *El Hospital de Greenwich visto desde la ribera norte del Támesis* (1747-1750); el centro de mesa de oro y plata de Paul Storr, de 1817; el remolcador a vapor *Reliant* (1907); y la enorme colección dedicada al almirante Nelson, que incluye objetos de plata, espadas y un uniforme.

No se pierda el interior de **Queen's House**. El vestíbulo es un cubo perfecto de 12 m, con un suelo blanco y negro de Nicholas Stone colocado en 1638, la Tulip Staircase y un balcón voladizo.

National Maritime Museum

- Plano pág. 193
- Romney Road, SE10
- 020-8858 4422
- $$. Incluye Queen's House y Old Royal Observatory

El *Cutty Sark*, uno de los grandes barcos de vela victorianos llamados *clippers*.

La línea del meridiano de Greenwich en el Old Royal Observatory.

En el techo, las pinturas de Gentileschi, hoy en Marlborough House, se recrearon por ordenador cuando se restauró la sala. En el piso superior, los Apartamentos de Estado incluyen los del Rey, en la zona este, y los de la Reina, en la zona oeste. La Queen's Presence Chamber es un ejemplo de la decoración inglesa del siglo XVII, con grotescos italianos que incorporan las flores de lis francesas al escudo de armas de Gran Bretaña, para simbolizar el matrimonio de Carlos I con Enriqueta María de Francia.

En el parque, el **Old Royal Observatory** *(Romley Road; Tel 020-8858 4422)* consiste en varios edificios con una vista espectacular de Londres. Wren construyó la **Flamsteed House** en 1675 para John Flamsteed, el primer astrónomo real, y la utilizaron sus sucesores hasta 1948. Flamsteed realizó un proyecto para Carlos II que contenía más de 30.000 observaciones, estudió las estrellas y trazó mapas de navegación de gran exactitud. Desde 1833, una bola roja, la Time Ball, baja todos los días a las 13.00 horas desde un mástil, de forma que los marineros que pasan pueden comprobar sus relojes. En 1884, una convención internacional acordó que Greenwich marcaría los cero grados de longitud. El meridiano de Greenwich cruza el patio y divide los dos hemisferios. El horario del mundo se rige por el Greenwich Mean Time. La Flamsteed House, el Observatory y los Meridian Buildings contienen la colección astronómica del museo.

GREENWICH PARK Y RANGER'S HOUSE

En este parque de 80 ha crecen árboles que datan de la época en que Le Nôtre lo proyectó para Carlos II. En las avenidas hay castaños, cipreses, abedules y ricinos; además de otras especies, como habas de la India, tulipanes, fresnos y robles rojos. Desde Great Cross Avenue, por debajo del quiosco de música, obtendrá una vista espectacular del East End, la City y Westminster. Hay un jardín de rosas cerca de la **Ranger's House;** los guardias han desaparecido, pero la casa georgiana alberga la Suffolk Art Collection. ■

Ranger's House

- Plano pág. 193
- Chesterfield Walk, SE10
- 020-8853 0035
- Cerrado lun.-mar. nov.-marzo
- $

Durante 2.000 años, Londres ha centrado sus actividades más serias en la orilla norte del Támesis. La orilla sur (South Bank) sigue siendo un centro lúdico: museos, salas de conciertos, teatros y restaurantes se aglutinan aquí.

South Bank

Verja del Globe Theatre

South Bank

EL CENTRO SERIO DE LONDRES –WESTMINSTER Y LA CITY– ESTÁ EN LA orilla norte del Támesis, pero la orilla sur es un gran complejo de esparcimiento. Aquí, museos de temáticas diversas se alternan con teatros, salas de conciertos, restaurantes y una bonita catedral. Las semillas de este desarrollo se plantaron cuando el gobierno puritano prohibió los teatros en la City en 1574. Se trasladaron a la otra orilla del río, donde placeres tan sencillos como jardines de cerezos, tabernas, luchas de osos o la danza, además del fácil acceso por el río, convirtieron el Southwark en un refugio de empresarios teatrales. Posteriormente, en la zona oeste, la idea del siglo XVIII de crear un teatro nacional se materializó en una compañía cerca de la Waterloo Station y, más recientemente, en un teatro de tres escenarios en el South Bank Arts Complex.

Este tramo del Támesis entre el Tower Bridge y el Westminster Bridge está justo enfrente de la City y Westminster, y llena el espacio interior de la amplia curva del río. Aquí, Southwark nació como una «ciudad dormitorio» del Londres romano, justo enfrente, unida por un puente que cruzaba el Támesis. A lo largo de los siglos, a medida que Londres se expandía, la orilla sur también crecía: los puentes se multiplicaron, seis para el tráfico rodado, tres para el ferrocarril y uno peatonal. La revitalización de la orilla sur está casi completada. Un paseo a orillas del río prácticamente ininterrumpido ofrece magníficas vistas de la City y Westminster.

La extensión de la Jubilee Line, que recorre la orilla sur desde Westminster hasta la Millennium Dome, es el tramo más moderno del metro de Londres. La estación de Bermondsey está a pocos minutos a pie del muelle de Cherry Garden Pier. Al este, la mansión de Eduardo III, en el cruce entre Bermondsey Wall Street y Cathay Street, se ha excavado parcialmente. Cerca de allí está el pub The Angel, donde el capitán Cook planeó sus viajes y James McNeill Whistler pintó vistas de Londres. En los siglos XVIII y XIX, los enormes almacenes de la zona eran apodados «la despensa de Londres». En la década de 1960, las calles demasiado estrechas y la incapacidad del Támesis para la circulación de los buques cargueros hizo que estos almacenes prácticamente se abandonaran.

En dirección oeste hacia St. Saviour's Dock, en Mill Street, Andrew Wadsworth adquirió New Concordia Wharf en 1980 y lo convirtió en el primer núcleo residencial de los Docklands. También está aquí el impresionante China Wharf de Piers Gough y el Vogan's Mill de Michael Squire Associates. Más allá del Butler's Wharf y el Tower Bridge se encuentra la London Bridge City. Aquí, las posadas medievales y los jardines dieron paso a grandes almacenes, donde el Art déco de la St. Olaf's House, de Goodhart-Rendel, y Hay's Wharf han recobrado su antiguo esplendor. El H. M. S. *Belfast* (ver pág. 195), anclado en el cercano Támesis, es un crucero de la segunda guerra mundial, equipado con camarotes, armamento y escaleras de mano.

Southwark ocupa el área entre el London Bridge y el Blackfriars Bridge. Su gran catedral queda prácticamente ahogada por las líneas del ferrocarril. En contraste, la zona ribereña es un gran espacio abierto, un buen escenario para el reconstruido Globe Theatre y su museo, que evocan las diversiones de la época Tudor, y la Tate Modern, en Bankside.

Al oeste de Blackfriars Bridge y la Oxo Tower, el South Bank Arts Complex ocupa la orilla del río. En el corazón de esta gran área está la impresionante Waterloo International Terminal, de 360 m de longitud, construida por Nicholas Grimshaw entre1991 y 1993. A esta estación llegan los visitantes que viajan con el Eurostar. Finalmente, el London Aquarium ocupa el sótano del County Hall. En este mismo edificio está la Dalí Universe, una exposición permanente sobre Dalí. Más allá, un tramo de escaleras le conduce al Westminster Bridge. Desde allí se puede obtener una de las mejores vistas de las Houses of Parliament, al otro lado del Támesis. ■

Plano de situación

SOUTH BANK

1 Lambeth Palace 2 County Hall
3 Purcell Room 4 Queen Elizabeth Hall
5 Museum of the Moving Image
6 Pine Tower Wharf 7 Clink Exhibition
8 Hays Galleria 9 H. M. S. *Belfast*
10 Bramah Tea & Coffee Museum
11 Design Museum

South Bank Arts Complex

SOUTH BANK CENTRE
(Royal Festival Hall, Purcell Room, Queen Elizabeth Hall y Hayward Gallery)

Plano pág. 208
South Bank, SE1
020-7960 4242
Gratuito-$$$ según la celebración
Metro: Waterloo, Embankment o Charing Cross, luego cruzar a pie el Hungerford Bridge

National Film Theatre (NFT)
Plano pág. 208
South Bank, SE1
020-7928 3232
$$
Igual que South Bank Centre

CONSTRUIDO PARA EL FESTIVAL DE GRAN BRETAÑA DE 1951, es el mayor complejo artístico de Europa. Se celebran actos desde primera hora de la mañana hasta la noche, y pueden ser tan variados como un recital de jazz o una tragedia shakesperiana. Desde los puentes de Westminster o Waterloo, la mejor forma de acceder a los edificios es dando un paseo por la amplia avenida a orillas del río o bien cruzando la pasarela de Hungerford.

El Festival de Gran Bretaña de 1951, una extravagancia patrocinada por el gobierno, se utilizó para animar a la población durante la austeridad de la posguerra. Una nueva generación de arquitectos construyó un país de las maravillas en miniatura, para mostrar los logros británicos en la ciencia, el arte y la sociología. A pesar de sus diseños e ideas poco comprometidos, millones de personas lo visitaron. Destacaron la Cúpula del Descubrimiento y el Skylon, una nave futurista de aluminio que parecía flotar en el aire. También había esculturas de Reg Butler y Henry Moore, además del Festival Hall. Hoy llamada **Royal Festival Hall,** esta sala de conciertos la construyeron en 1951 Robert Matthew y J. L. Martin, se amplió en 1962 y es el único edificio del festival que ha llegado a nuestros días. La sala, de 2.600 butacas, sustituyó al Queen's Hall, bombardeado durante la segunda guerra mundial, y reemplazó la mediocre acústica del Albert Hall. Con la inspiración de Le Corbusier, sus líneas sencillas y su auditorio en forma de huevo que descansa entre un bosque de columnas y galerías de cristal, se convirtió en el primer edificio público moderno de Londres.

Entre 1964 y 1967 se construyeron dos salas de conciertos menores: el **Queen Elizabeth Hall** y la **Purcell Room,** además

de la **Hayward Gallery.** En el piso superior, los pasillos a menudo azotados por el viento, las entradas anónimas y las vacías paredes de cemento no son muy acogedores, pero la maravillosa música que escuchará en su interior y el arte que se expone en ella le compensarán.

El **National Film Theatre** (1956-1958) está escondido bajo el Waterloo Bridge, donde se venden a diario libros de segunda mano, en el camino que hay bajo las arcadas del puente. El enorme programa del NFT va desde antiguos clásicos hasta los últimos filmes vanguardistas extranjeros. También organiza anualmente el London Film Festival.

Detrás, el **Museum of the Moving Image,** conocido como MOMI, está cerrado por reformas hasta 2003. Cuando reabra, el museo contará toda la historia del cine y la televisión, desde los dioramas y juegos de sombras, hasta las últimas técnicas cinematográficas y televisivas.

El **Royal National Theatre** de sir Denys Lasdun fue la culminación de un antiguo sueño. Ya en el siglo XVIII, el empresario teatral David Garrick sugirió la creación de un teatro nacional. La campaña decisiva fue apoyada, entre otros, por H. Granville-Barker, George Bernard Shaw y Laurence Olivier, y el teatro abrió finalmente en 1977. El teatro tiene tres salas: el escenario abierto de Olivier, apropiado para las grandes producciones; el Lyttelton, más pequeño y convencional; y el Cottesloe, pequeño y más flexible. Los espacios del vestíbulo también se aprovechan para conciertos; los teatros, para charlas antes de las representaciones, y la visita a los camerinos es de las mejores de Londres. La vista nocturna desde sus terrazas es impresionante: desde St. Paul hasta Westminster.

El llamativo y circular **BFI London Imax Cinema** *(Tel 020-7902 1234)* proyecta películas en 2D y 3D en la pantalla más grande de Europa.

El **British Airways London Eye** abrió en 2000 enfrente de las Houses of Parliament y se convirtió en una de las mejores atracciones de la capital. Los pasajeros describen un círculo completo en 32 cápsulas cerradas, en lo que parece una rueda de bicicleta gigante. Las vistas son impresionantes. ■

Vista desde el British Airways London Eye.

Royal National Theatre

- Plano pág. 208
- South Bank, SE1
- Información y visitas a los camerinos: 020-7452 3400 Oficina postal: 020-7452 3000
- Cerrado dom.
- Gratis-$$ según el espectáculo
- Igual que South Bank Centre

British Airways London Eye

- South Bank, SE1
- 0820-400 600.
- Reserve un tique por adelantado para evitar las colas
- Waterloo

Izquierda: las salas de concierto en el South Bank.

London Aquarium

London Aquarium
Plano pág. 208
County Hall, Riverside Building, Westminster Bridge Road, SE1
020-7967 8000
$$$
Metro: Westminster, Waterloo

EN LO MÁS PROFUNDO DE COUNTY HALL SE ESCONDE EL más oscuro y fascinante laberinto de la capital, ya que sus ventanas de cristal nos conducen a hábitats submarinos de todo el mundo. Aquí viven miles de peces, desde bancos de minúsculos peces turquesa que nadan en formación, hasta temibles tiburones. En nuestro mundo de incesante curiosidad por lo que nos rodea, de gran interés por conservar nuestro frágil planeta, los acuarios son un nuevo tipo de «museo viviente», y el de Londres es uno de los mejores. Tras visitarlo, el deseo de detener la destrucción y la contaminación de las aguas le parecerá más urgente.

El County Hall, antaño sede del gobierno londinense, alberga el acuario.

En el acuario podrá disfrutar de efectos sonoros, una piscina donde está permitido tocar a los animales, un tanque con huevos y alevines, y abundantes y claras descripciones sobre el contenido de los tanques, que se ordenan temáticamente. Se necesita destinarle bastante tiempo a la visita; si no dispone de mucho, contemple detenidamente un tanque en vez de recorrerlos todos demasiado rápido. También podrá asistir a las conferencias gratuitas que ofrecen los especialistas científicos del acuario y ver numerosos documentales.

La primera exposición recorre el viaje de un riachuelo desde su tramo superior, de aguas rápidas y turbulentas, hasta las aguas perezosas de su estuario, mostrando cómo los peces y otras criaturas acuáticas viven en los estanques tranquilos o en los canales. Más allá, encontrará las aguas templadas de un puerto pesquero donde viven pulpos, sepias, medusas y peces aguja. El océano Atlántico está representado por un enorme tanque de tres pisos en cuyas profundidades nadan pastinacas, congrios, rayas y tiburones. El océano Índico se muestra como el hogar del pez león, las rayas con motas azules, las anémonas y ciertas especies de tiburones. También hay caballitos de mar y peces payaso de arrecifes de coral, el pez pulmón de aguas tropicales y el pez arquero de los manglares, que caza moscas con gran puntería. ■

Imperial War Museum

ESTE MUSEO DE LA GUERRA DEL SIGLO XX NO SÓLO TRATA de tanques y pistolas. De hecho, son una minúscula parte de esta fascinante colección, que explica todos los aspectos de la guerra: civil o militar, aliada o enemiga, militar o política, social o cultural.

El museo se inauguró en 1920 en el antiguo Bedlam Asylum, construido en 1812-1815, donde vivió la madre de Charlie Chaplin durante algún tiempo. Además de las amplias exposiciones, se celebran muestras temporales de los casi 10.000 carteles y pinturas del museo. El museo envía corresponsales de guerra a los lugares en conflicto de todo el mundo.

En el vestíbulo se exhiben aviones de combate y un enorme cohete V2, que contrastan con las muestras gráficas que ilustran el daño humano de la guerra, como una impresionante y angustiosa narración de la liberación de Belsen, en 1945. Esto forma parte de la nueva exposición permanente dedidada al Holocausto. Se exhibe en la ampliación del museo de Arup Associates, junto con una exposición permanente del impacto de la guerra del siglo XX sobre la población civil, y galerías que harán los objetos más accesibles.

La Secret War Gallery, en el piso superior, justifica el dinero invertido y los conocimientos en materia de espionaje gubernamental e inteligencia artificial, con explicaciones sobre algunas operaciones de la SAS (Special Air Services) durante la guerra del Golfo. Otras galerías contienen la Douglas Doll de Arthur Hardon, que entretenía a las tropas, o las protecciones de paja de las botas que los alemanes utilizaron para soportar el frío soviético.

La galería dedicada a los conflictos posteriores a 1945 contiene un fragmento del muro de Berlín y el uniforme de la guerra Golfo del general Schwarzkopf. Son muy evocadores el paseo por las trincheras de la primera guerra mundial y la Blitz Experience, que refleja las calles bombardeadas de Londres. No se pierda el simulador de vuelo bautizado como Operación Jericó. Una galería reciente se dedica a la recuperación económica y social de Gran Bretaña tras la posguerra. ■

Imperial War Museum

Plano pág. 208
Lambeth Road, SE1
020-7416 5000 o 0900-160 0140
$$
Metro: Lambeth North, 5 minutos a pie

Máquinas de guerra bajo el techo de cristal de la nave principal del museo.

Southwark Cathedral

Southwark Cathedral

Plano pág. 208

Southwark Cathedral, SE1

020-7367 6700

Metro: Southwark (Jubilee Line), London Bridge

LA REPUTACIÓN LIBERAL DEL SOUTHWARK MEDIEVAL FUE fomentada por su iglesia priorato, St. Mary Overie, que pertenecía a la diócesis de Winchester, en Hampshire. Las prostitutas, conocidas como Winchester Geese, abundaban, y las diversiones incluían las luchas de toros y osos, las peleas de gallos y el juego. La llegada de los teatros selló la condición de la zona como el centro de diversiones de las épocas Tudor y Estuardo. Todo esto queda evocado en la pequeña Clink Exhibition, en Clink Prison, que nació como un calabozo bajo el palacio del obispo para los clérigos desobedientes. No se pierda el bonito rosetón del siglo XIV, cerca de allí.

Efigie de John Gower, amigo de Chaucer, con su cabeza descansando sobre sus obras literarias.

Hoy, después de que los nuevos almacenes, el ferrocarril y un nuevo puente hayan destruido gran parte del Southwark del siglo XIX, una esmerada renovación ha restaurado la catedral, las calles adoquinadas y los viejos almacenes.

La catedral nació como el priorato agustiniano de St. Mary Overie, fundado en 1106. En 1212, el priorato se incendió y de la iglesia gótica sólo quedaron el coro y la girola. El coro se renovó (se añadió una celosía Tudor de piedra), pero después de la Reforma se usó como pocilga de cerdos y como panadería. En el siglo XIX perdió su capilla del extremo este por la construcción del London Bridge y se restauró en estilo victoriano: la torre y la girola en 1822, la nave en 1838 y en 1890, por sir Arthur Blomfield. En 1905 la iglesia de St. Mary se convirtió en catedral.

Se necesita agudeza visual para distinguir la mezcla de estilo gótico francés e inglés. El presbiterio, los capiteles y el triforio ingleses contrastan con el pasadizo con arcadas del primer piso y la bóveda, franceses. Se puede observar la torre del crucero del siglo XIV, con sus posteriores (1689) pináculos, el transepto norte normando y el rosetón del siglo XIX en el transepto sur, al igual que los muros de la Harvard Memorial Chapel, del siglo XII, y su interior de 1907. La catedral contiene la tumba polícroma del poeta John Gower, contemporáneo de Chaucer. ■

Una fanfarria para Shakespeare en el renacido Globe.

International Shakespeare Globe Theatre

International Shakespeare Globe Theatre

Plano pág. 208
New Globe Walk, Bankside, SE1
Teatro: 020-7401 9919. Exposición: 020-7902 1500 Programa educativo: 020-7902 1433
Cerrado oct.-abril Programa educativo todo el año
Exposición: $$. Teatro y programa educativo varían.
Metro: Southwark (Jubilee Line), London Bridge

CUANDO EL ACTOR AMERICANO SAM WANAMAKER LLEGÓ a Londres en 1949, empezó a buscar el emplazamiento orignal del Globe Theatre, construido en 1599, cerrado en 1642 y posteriormente destruido. En 1970 Wanamaker empezó a recrear lo que consideraba el teatro público más importante jamás construido. Aunque murió en 1993 y el arquitecto del teatro, Theo Crosby, le siguió en 1994, la reconstrucción del teatro isabelino se completó.

El emplazamiento del teatro, a unos 200 metros de su localización original, se aclaró en 1987. Pentagram Desing utilizó ilustraciones contemporáneas y pruebas arqueológicas, junto con los materiales y las técnicas tradicionales, para recrear el teatro Tudor: un edificio polígonal con 20 intercolumnios de tres pisos. Tiene un aforo de 1.401 personas, con 500 espectadores de pie. En 1994 se levantaron los muros del teatro y se empezó a construir el techo de paja, el primero del centro de Londres desde el Gran Incendio de 1666. El 27 de mayo de 1997 se inauguró la primera temporada del teatro con obras como *Enrique V* y *El cuento de invierno*, de Shakespeare; *A Chaste Maid in Cheapside*, de Middleton y *The Maid's Tragedy*, de Beaumont y Fletcher. Ha sido todo un éxito a pesar de los problemas de sonido cuando llueve. Los directores y actores han hablado de la experiencia de estar más cerca del público, algo que debió ser importante para Shakespeare.

La Globe Theatre Company representa varias obras cada verano. El **Inigo Jones Theatre** ha sido remodelado recientemente. ■

Tate Modern

PARA PONER EL ÚLTIMO SELLO DE APROBACIÓN A LA revitalización del South Bank, se trasladó la colección de arte moderno internacional Tate a la central eléctrica de Bankside, de sir Giles Gilbert Scott. Su presencia está revitalizando sus alrededores y ha dado lugar al primer puente sobre el Támesis en un siglo, con el Millennium Bridge, abierto en junio de 2000.

Tate Modern
- Plano pág. 208
- Bankside, SE1
- 020-7887 8000 Información grabada: 020-7887 8008
- Metro: Southwark (Jubilee Line), London Bridge o Mansion House, luego cruzar a pie (5 min.) Southwark Bridge.

Tanto el edificio como su emplazamiento son sensacionales. La central eléctrica de ladrillo de Scott, parecida a una catedral, se alza en una amplia terraza ribereña, enfrente de St. Paul's Cathedral. Finalizada en 1963 para sustituir a una antigua central eléctrica, el tesoro más preciado de su estructura es el Turbine Hall, con unos 30 m de altura y 150 de longitud, que ocupa toda la anchura del edificio.

Herzog & de Meuron, un estudio de arquitectos suizo, ganó el concurso. Han sido alabados por el uso del espacio y la luz, además de su originalidad. Los visitantes acceden al edificio por una rampa y descienden hasta el Turbine Hall, que es una «calle cubierta». Luego, continúan por varias galerías iluminadas hasta llegar a otras zonas del edificio. Cuenta con espacios para actividades, un centro de informacón, un auditorio, tiendas y programación educativa. Hay cuatro zonas para comer, con un agradable jardín y un mirador al río; una de ellas es un café en la azotea que ofrece espectaculares vistas de Londres.

LA COLECCIÓN

En 1916, la Tate obtuvo la responsabilidad de formar una colección de arte moderno internacional, que reuniera la escultura y la pintura de 1900 en adelante. El crecimiento reciente de la colección,

La central eléctrica de Bankside revivió con la imaginativa renovación de Herzog y de Meuron.

junto con el aumento de su popularidad, hizo que el edificio de Millbank quedara pequeño. Se abrieron sucursales de la Tate en Liverpool, en 1987, y en St. Ives, Cornualles, en 1993. Por fin, debido a la demanda popular, la colección moderna abandonó Millbank.

El número de obras se ha duplicado desde 1950 y la colección se considera una de las cuatro más importantes de arte moderno del mundo. Los directores de la Tate saben dónde están sus lagunas y han hecho una lista de pinturas y esculturas que completarían una colección representativa de los autores importantes.

Los movimientos mejor representados son el surrealismo, el expresionismo abstracto, el pop art, el minimalismo y el arte conceptual. Muchas obras maestras de influyentes artistas europeos y americanos que se ven sólo de forma intermitente se exhibirán permanentemente.

Entre estas obras mestras están *Maiastra* (1911) de Constantin Brancusi; *La metamofosis de Narciso* (1937) de Salvador Dalí; *El caracol* (1953) de Henri Matisse; *Las tres bailarinas* (1925) de Pablo Picasso y *Díptico de Marilyn* (1967) de Andy Warhol.

En cuanto a las obras de los artistas británicos sucede exactamente lo mismo. Tendremos más oportunidades de contemplar grandes obras como *Tres estudios para una crucifixión* de Francis Bacon; *Una mañana temprano* de sir Anthony Caro; *Mr & Mrs Clark and Percy*, de David Hockney; *Figuras yacientes* de Henry Moore y *The Resurrection, Cookham* de Stanley Spencer.

Algunas obras se mostrarán de forma permanente en tres conjuntos de galerías y otras irán cambiando. Además, un conjunto adicional de galerías celebrará tres exposiciones temáticas anuales, una de las cuales estará dedicada a un único autor. Estas exposiciones, que pueden hacer referencia a la arquitectura o al diseño, se escogeran para completar la colección general. ■

Las obras maestras modernas se benefician del gran espacio de este antiguo edificio industrial (imagen generada por ordenador).

Butler's Wharf

Design Museum

Plano pág. 209

Butler's Wharf, Shad Thames, SE1

020-7403 6933

$$

Metro: Bermondsey (Jubilee Line), London Bridge o Tower Hill, y luego cruzar el río

LOS PRINCIPALES MUELLES DE LONDRES ERAN LOS «muelles legales» de la orilla norte, mientras que los de la orilla sur aliviaban el gran volumen de carga del siglo XIX. Después de su cierre, los londinenses trataron de forma muy distinta estos dos testimonios de la riqueza de la ciudad. Las dos vistas actuales lo demuestran claramente. La primera, desde Butler's Wharf, muestra el Tower Twisting Hotel, que no armoniza con St. Katharine Dock y el resto de la orilla, en tamaño, forma y materiales. La segunda es la vista de Butler's Wharf desde la orilla norte. Aquí, una mezcla de antiguos almacenes reconstruidos y de interesantes edificios nuevos mantiene viva la historia del Londres ribereño y lo convierte en un barrio activo del siglo XXI.

El protagonista de Butler's Wharf es sir Terence Conran. De pequeño, acudía al lugar con su padre, un comerciante de resinas, y miraba como desembarcaban las mercancías. Contempló el declive de Bermondsey y decidió revitalizar la zona. Con una gran estrategia de remodelación, su compañía, Conran Roche, reconstruyó las infraestructuras para crear una nueva comunidad. En 1984 adquirieron el lugar y sus 17 edificios históricos. Los almacenes de harina, cereales y arroz habían cerrado, al igual que los de caucho, tapioca, té y café. Sin embargo, se siguió almacenando las fragantes canela y nuez moscada.

Conran abrió el muelle y convirtió el enorme y céntrico Butler's Wharf Building (1871-1873) en apartamentos, tiendas y varios restaurantes. Su proyecto preferido fue el del **Design Museum,** inaugurado en 1989, para exponer piezas clásicas y provocativas. Su restaurante tiene vistas panorámicas. Cerca de allí, el **Bramah Museum of Tea & Coffee** (*Clove Building, Maguire Street; Tel 020-7378 0222*) repasa los 350 años de historia de estos dos lucrativos productos y expone té, café y pasteles de verdad. Alejándose del río desde Butler Wharf, destacan nuevos edificios como el Horsleydown Square (1989) de Julyan Wickham; The Circle (1987-1989) de CZWG; el Camera Press (1993) de Panter Hudspith y el David Mellor Building (1990) de Michael Hopkins. ■

El Design Museum nació de las ideas de su fundador, sir Terence Conran.

Cuando se empiece a cansar de Londres, la solución es fácil: suba a un tren y huya de la ciudad a la calma relativa de Windsor Castle, Oxford, los Cotswolds, Brighton o York Minster.

Excursiones

St. Thomas representado en una vidriera de la catedral de Canterbury

Excursiones

A VECES LONDRES PUEDE SER DEMASIADO ESTIMULANTE, URBANO Y ruidoso, con demasiado ritmo. Es reconfortante saber que se puede salir de allí muy fácilmente. Sin embargo, hasta el siglo XX, la historia de Londres estuvo más llena de llegadas que de salidas. El gran sistema ferroviario inglés del siglo XIX trajo gente, mercancías y comercio a Londres, una ciudad gigante que desde los tiempos medievales fue mucho mayor que cualquier otra de esta pequeña isla.

Hoy, mientras las congestionadas carreteras desaniman a algunos viajeros potenciales, el sistema ferroviario se ha convertido en una herramienta vital para escapar de la ciudad. Las grandes estaciones victorianas de Londres invitan a gozar del aire puro del campo inglés. Viajar en tren es sencillo, y abundan los billetes baratos. Se puede reservar por teléfono e incluso alquilar un coche en su lugar de destino *(National rail inquiries; Tel 08457-484950).*

Para conocer posibles destinos, el centro de información de la British Tourist Authority *(1 Regent Street, W1)* tiene datos sobre monumentos, edificios históricos, jardines, festivales de música y alojamiento. El National Trust posee y cuida un gran número de propiedades; el *National Trust Handbook* contiene una lista con explicaciones sobre las casas y jardines a su cargo. Hacerse miembro permite entrar de forma gratuita a sus propiedades *(Tel 020-8315 1111).* Pertenecer al English Heritage da libre acceso a sus propiedades *(Tel 020-7973 3000).* La lista de jardines abiertos en Inglaterra que elabora anualmente el National Gardens Scheme es extensa, al igual que la guía de 200 jardines del National Trust. Además de los hoteles, hay muchos lugares pintorescos donde alojarse. Por ejemplo, el Landmark Trust *(Tel 01628-825925)* tiene más de 150 edificios en alquiler, desde templos y torres hasta casas de campo. Distinctly Different *(Tel 01225-866648)* ofrece sitios menos usuales, incluidos castillos, molinos o faros. Wolsey Lodges *(Bed & Breakfast* de gama alta*; Tel 01473-822058),* muy apreciado por los turistas exigentes, tiene un amplio catálogo.

A 40 minutos de tren al oeste desde Waterloo Station llegará a Windsor. Además del castillo, se pueden visitar las ciudades gemelas de Windsor y Eton, el Great Park, pasear en barco por el Támesis y recorrer Legoland. Los trenes de Waterloo se dirigen, al sudoeste, hacia Salisbury y su magnífica catedral. Las antiguas piedras monumentales de Stonehenge están a pocos kilómetros al norte, en Salisbury Plain, mientras que Wilton House, de Inigo Jones, y los jardines de Stourhead se hallan al oeste.

Desde la estación de Paddington, los trenes salen hacia las agujas de los *colleges* de Oxford, al oeste. El ostentoso Blenheim Palace está en la cercana Woodstock. Más allá, la bonita estación de Kemble, de piedra color miel, señala su llegada a los Cotswolds. Kemble está en las afueras de la ciudad de mercado de Cirencester, rodeada por pintorescos pueblos y colinas llenas de ovejas. Otra línea que sale de Paddington conduce al lugar de nacimiento de Shakespeare: Stratford-upon-Avon; y a las conocidas ciudades de Broadway y Moreton-in-Marsh, que conviene evitar en verano. Una línea más desde Paddington le llevará a las elegantes casas georgianas de Bath.

Los trenes que salen de Charing Cross, Victoria y Waterloo se dirigen al condado de Kent, en el sudeste. Aquí, la magnífica catedral de Canterbury domina la ciudad, donde sobreviven calles medievales y una torre normanda. La estación del romántico castillo de Leeds, adquirido por la reina Eleanor en 1278, es Bearstead, cerca de Maidstone. Desde allí se pueden tomar autobuses. Los trenes de Victoria también le conducen a Lewes y las óperas de verano de Glyndebourne, y a Brighton para poder pasear junto al mar, comprar antigüedades y visitar los claustros del Prince Regent's Pavilion.

Los trenes desde Liverpool Street y King's Cross le llevarán a los *colleges* y a los claustros de Cambridge y a las mágicas catedrales de Ely y Peterborough, cerca de allí.

Más lejos, se puede realizar una excursión de un día o un fin de semana a York y Leeds. York tiene su magnífico Minster, el Jorvik Viking Centre y las antiguas murallas de la ciudad, y Leeds se asienta entre las colinas de Yorkshire descritas por Brontë en sus novelas, con el cercano North Yorkshire Moors National Park. ■

Windsor

Windsor
Mapa pág. 221 C2
Información
24 High Street
01753-743900.
Alojamientos: 01753-743907

SITUADO JUNTO AL TÁMESIS, A 32 KILÓMETROS AL OESTE del centro de Londres, Windsor es de fácil y rápido acceso. El castillo es magnífico, aunque hay más cosas para ver y hacer. Una serie de celebraciones anuales incluyen el Royal Windsor Horse Show en mayo, el Windsor Carnival en junio, el Royal Windsor Rose Show y los partidos de polo en julio, y el Windsor Festival en septiembre. Todos ellos son eventos muy animados y acogedores.

La gran avenida de acceso a Windsor Castle.

Windsor Castle
01753-868286
Información 24 horas: 01753-831118
Abierto a diario, excepto celebraciones estatales y compromisos oficiales. Capillas: sólo devotos, servicios dom. a las 10.45, 11.45 y 17.15

A todo el mundo le gusta visitar el **Windsor Castle,** que se alza en una colina en el centro de la ciudad, con sus torres recortándose en el cielo. Fue Guillermo el Conquistador quien, hacia 1080, construyó esta defensa como parte de un anillo de fortificaciones que rodeaba Londres. Eduardo II convirtió el castillo normando en un palacio gótico. Fundó el College of St. George en la Lower Ward y reconstruyó la Upper Ward. Por otro lado, Eduardo IV construyó **St. George's Chapel** y Enrique VIII añadió la gran verja en la Lower Ward. Carlos II quería convertir Windsor en su palacio principal fuera de Londres, y encargó al arquitecto Hugh May que creara el más suntuoso conjunto de **State Apartments** barrocos de toda Inglaterra, decorados por Grinling Gibbons, el pintor Antonio Verrio y otros. Posteriormente, Jorge III pidió a James Wyatt que realzara el carácter romántico del castillo; pero fue Jorge IV quien contrató a Jeffrey Wyatville para que elevara la famosa **Round Tower** de Enrique II hasta su altura actual de 65 m y mejorara la silueta medieval del castillo añadiendo torres.

Wyatville también decoró las State Rooms y completó el **Long Walk** del parque, iniciado por Carlos II.

La reina Victoria convirtió Windsor en su palacio principal, y cuando el príncipe Alberto murió aquí en 1861, eligió crear una capilla conmemorativa de mármol y mosaico en este lugar.

Tras un devastador incendio el 20 de noviembre de 1992, la Grand Reception Room, la State Dining Room, la Crimson Drawing Room y otras salas se restauraron cuidadosamente. El trabajo duró cinco años y se financió en parte con los ingresos obtenidos al abrir el Palacio de Buckingham al público en 1993. Las partes del castillo destruidas fueron reconstruidas por la Sidell Gibson Partnership, en un estilo gótico moderno. Este se puede

contemplar sobre todo en el **Lantern Lobby.**

Los State Apartments, con obras de arte de la colección de la reina, son la principal atracción del museo, pero hay otras cosas interesantes. Allí está la exquisita **Queen Mary's Dolls' House,** hecha por sir Edwin Lutyens para la reina en 1924 a una escala de 1:12; el **China Museum,** donde se exponen cerámicas de Sèvres, Worcester y Meissen, entre otras; **St. George's Chapel,** construida entre 1475 y 1528; y la **Albert Memorial Chapel,** creada por sir George Gilbert Scott.

Al pie de la ciudad de Windsor, pasado el **Theatre Royal** *(Thames Street; Tel 01753-853888)* y la casa donde vivió sir Christopher Wren, está el Támesis. Los caminos de sirga son muy bonitos y las barcas realizan agradables recorridos por el río. Más allá del puente está **Eton,** cuyos colegios frecuentaron alumnos de la nobleza.

La ciudad limita al sur y al este con el **Windsor Great Park,** en cuyas 1.950 ha crecen muchos árboles de más de 500 años de edad. Al sur, **Legoland** satisface las expectativas. ■

La Round Tower de Enrique II, reformada por Wyatville.

Ceremonia del Cambio de la Guardia, a diario mayo-principios agos.; días alternos el resto del año.

$ $$$. Reducido al cerrrar secciones.

Legoland

☎ 08705-040404

$ $$$$

Oxford

El Tom Quad de la Christ Church, con la Tom Tower, de Wren, se divisa a la izquierda; la cúpula de la Radcliffe Camera, a la derecha.

ENTRE LOS RÍOS CHERWELL Y TÁMESIS (LLAMADO ISIS aquí), las murallas color miel y las agujas de los antiguos edificios universitarios de Oxford otorgan al centro de esta bulliciosa ciudad una tranquilidad intemporal. Con una visita guiada, los turistas verán *colleges* cuyo diseño y tradiciones han cambiado poco desde que se fundaron en la época Tudor o medieval.

Oxford

Mapa pág. 221 B2

Una hora en tren desde Paddington; 90 minutos con la National Express desde la estación Victoria de autobuses

Información: 08705-808080

Información

The Old School (en la estación de autobuses), Gloucester Green, Oxford

01865-726871 Información, mapas, visitas guiadas y recorridos

Entre los colegios más antiguos está **Merton** *(Merton Street; Tel 01865-276310)*, fundado en 1264. Su Mob Quad del siglo XIV contiene la biblioteca más antigua de Inglaterra todavía en uso. **Balliol** *(Broad Street; Tel 01865-277777)* ha formado a más políticos que cualquier otro. El poeta Percy Bysshe Shelley fue expulsado temporalmente del **University College** *(High Street; Tel 01865-276602)* por escribir panfletos subversivos.

Magdalen *(The High, 01865-276000)* se construyó a finales del siglo XV y tiene un bonito parque con ciervos en la parte posterior. El mayor *college*, **Christ Church** *(St. Aldate's; Tel 01865-276150)*, lo fundó el cardenal Wolsey en 1525. Su capilla es la menor catedral de Gran Bretaña, construida en el siglo XII como priorato. Paseando por el camino de sirga, cruzará **Christ Church Meadow** y llegará a los **Botanic Gardens** más antiguos de Gran Bretaña.

Puede unirse al pasatiempo de los estudiantes y alquilar una batea en Cherwell, desde el Magdalen Bridge o en el Isis desde el Folly Bridge, cerca de Christ Church, de donde salen barcos turísticos. Los festivales de verano incluyen la competición de remo Eights Week (finales de mayo).

En el pueblo de Garsington, se representan óperas en **Garsington Manor** *(Tel 01865-361636)* en junio, cuando el público hace un picnic en los jardines, vestido elegantemente, crea un ambiente de *fête champêtre.*

Los impresionantes museos de Oxford están abiertos todo el año. El **Ashmolean Museum** *(Beaumont Street; Tel 01865-278000; cerrado lun.)*, fundado en 1683, y por lo tanto el más antiguo de Gran Bretaña, exhibe arte egipcio, clásico, oriental y europeo, además de objetos de plata y cerámicas. La propia historia de la ciudad se explica en el **Museum of Oxford** *(St. Aldate's; Tel 01865-252761)*, la de la universidad en el **Oxford Story** *(Broad Street; Tel 01865-790055)* y la del universo se explora en el magnífico edificio del **University Museum of Natural History** *(Parks Road; Tel 01865-272950)*. El **Pitt Rivers Museum** *(Parks Road; Tel 01865-270927)* está dedicado a la arqueología y la antropología. Otros edificios de Oxford que debería buscar incluyen la **Bodleian Library,** fundada en 1598, y el redondo **Sheldonian Theatre,** ambos en Broad Street; la **Radcliffe Camera,** parte de la Bodleian Library, está junto al Sheldonian.

ALREDEDORES DE OXFORD

Cerca de Oxford hay tres casas de campo interesantes para visitar, todas con un bonito jardín.

El **Blenheim Palace,** del duque de Marlborough se alza en las afueras del bonito Woodstock, a 13 km al noroeste de Oxford por la A44. Construido en agradecimiento al duque por su victoria sobre los franceses y bávaros en la Batalla de Blenheim en 1704, el palacio italianizante de John Vanbrugh está rodeado por un parque muy inglés, diseñado por Capability Brown. Sir Winston Churchill nació aquí en 1874, entre los tapices, las pinturas y los muebles que siguen llenando las doradas State Rooms y la Long Library. En el parque hay un ferrocarril de vía estrecha, un lago y el Marlborough Maze.

Otra gran casa cerca de Oxford es **Waddesdon Manor,** un castillo renacentista francés construido por el barón Ferdinand de Rothschild entre 1874 y 1889. A unas 30 km al nordeste de Oxford, hoy la casa pertenece al National Trust. Los muebles y las porcelanas francesas relucen en los salones, y los jardines de influencia francesa están muy cuidados.

Más pequeña es **Rousham,** a unos 20 km al norte de Oxford por la A4260. Se trata de una casa del siglo XVII, situada en el centro de un jardín que diseñó William Kent en el siglo XVIII. ■

Blenheim Palace

- Mapa pág. 221 B2
- Woodstock, Oxfordshire
- 01993-811325
- Cerrado finales oct.-mediados mayo
- $$: incluye el parque y la mayoría de las atracciones. Suplemento para Marlborough Maze y botes de remos.

Waddesdon Manor

- Mapa pág. 221 B3
- Waddesdon, cerca de Aylesbury, Buckinghamshire
- Reservas: 01296-651226. Información grabada: 01296-653211
- Casa: cerrada lun.-mar., también miér. abril-jun. y sept.-oct., y todo nov.-marzo. Terrenos: cerrado lun.-mar. y enero-feb.
- $$$. Entradas para una hora concreta.

Rousham House y jardín

- Rousham, Oxfordshire
- 01869-347110
- Casa: abierta miér. y dom. abril-sept., y festivos lun. por la tarde. Jardines abiertos todo el año. No se admiten niños
- $$

Relájese en un bote de remos en los ríos de Oxford.

Salisbury y Stonehenge

SOUTH WILTSHIRE ES MUY CONOCIDO POR DOS LUGARES magníficos: la elegancia de la catedral de Salisbury, situada en un recinto magnífico, y las piedras de Stonehenge, en extensos prados de Salisbury Plain. Es una zona ideal para pasear, montar a caballo, ir en bicicleta y explorar pueblos inalterados.

Salisbury
Mapa pág. 221 B2
Información
Fish Row, Salisbury
01722-334956

Catedral de Salisbury
The Close, Salisbury
01722-555120
Abierto a diario. Vísperas: 17.30
Aportación voluntaria. Varios recorridos $

Mompesson House
The Close, Salisbury
01722-335659
Cerrado lun.-mar. y nov.-marzo
$

SALISBURY

Los ríos Avon, Wylye y Bourne serpentean por los valles hasta encontrarse en New Sarum o Salisbury. Un buen lugar para empezar a explorar esta ciudad es **Old Sarum,** al norte. Aquí, montículos, fosos y murallas nos hablan de un fuerte de la Edad de Hierro, un asentamiento romano, una ciudad sajona, un castillo normando *(Castle Road; Tel 01722-335398)* y una **catedral.**

El obispo Richard Poore trasladó la catedral de Old Sarum a su emplazamiento actual. En 1220 empezó la única catedral medieval inglesa que se construiría en un único estilo. Completada en 1258, su alta aguja de 120 m de altura, fue añadida una generación más tarde. Mientras el exterior es rico en ventanas de tracería y frisos ornamentados, la sencilla simetría interior queda realzada por la falta de mobiliario y por una vidriera medieval. Hay algunas tumbas importantes, como la del obispo Giles de Bridport (1260). La Chapter House, en los claustros, expone una de las cuatro copias de la Carta Magna.

Estatuas góticas en las hornacinas de la catedral de Salisbury.

El **recinto de la catedral** de Salisbury es uno de los más bonitos y grandes del país. Antaño lugar de la comunidad eclesiástica, es hoy una tranquila plaza rodeada por casas elegantes. Con tres grandes puertas que se siguen cerrando cada noche, sus muros se construyeron hacia 1330.

En el recinto se pueden visitar varios edificios. **Mompesson House,** dirigida por el National

Trust, se construyó para Charles Mompesson en 1711 y luego la decoró Charles Longeville con un bonito enlucido y una escalera de roble tallada. El guardarropía de 1254 acoge el **Royal Gloucestershire, Berkshire & Wiltshire Regimental Museum** *(Tel 01722-414536)*. Siéntese bajo el magnífico techo del **Medieval Hall** *(Tel 01722-412472)* para ver un documental de la historia de Salisbury. Para informarse sobre Stonehenge y otros sitios relacionados, visite el **Salisbury & South Wiltshire Museum.**

ALREDEDORES DE SALISBURY

Al oeste de la ciudad está **Wilton House,** el hogar de la familia Herbert desde 1544. Sus salas son tan magníficas como su romántico parque. En el pueblo de Wilton, conocido por sus alfombras, la **Wilton Carpet Factory** permite visitar sus naves originales. Para los amantes de los jardines, **Heale Garden** *(Middle Woodford; Tel 01722-782504)* está a 8 km al norte a través del campo de Wiltshire, y los **Houghton Lodge Gardens y el Hydroponicum** *(cerca de Stockbridge; Tel 01264-810177)* están a 24 km al este, cerca del río Test, en Hampshire.

STONEHENGE

Uno de los emplazamientos prehistóricos más significativos se alza en las llanuras de Salisbury. Este círculo místico, enigmático y probablemente simbólico, de piedras gigantes pudo haber señalado el centro de un antiguo territorio administrativo, cultural y social, que fue importante hacia 3000 a.C. Está cerca de los yacimientos de cinco comunidades prehistóricas y está marcado por los restos de estructuras ceremoniales y domésticas, incluidos dólmenes, los montículos donde se enterraba a la gente en el Neolítico y la Edad del Bronce, y las marcas rectangulares de campos y casas celtas.

La función original del círculo de piedras aún se discute: quizá fue el centro de una celebración religiosa de los solsticios de verano e invierno; quizá fue un gigantesco calendario astronómico. Más tarde se añadió una avenida de 3 km hacia el río Avon para marcar la línea de la salida del sol en el solsticio de verano, y se transportaron unas 80 piedras azules, algunas de 2 t, desde las colinas Preseli, en el sur de Gales, a 385 km de allí. Más tarde, se añadieron trilitos en el corazón del complejo. Stonehenge es un centro de ceremonias druidas revividas; miles de personas se reúnen allí para celebrar el solsticio de verano. ■

El misterio y la fuerza de Stonehenge siguen vivos.

Salisbury & South Wiltshire Museum
- ✉ The King's House, The Close, Salisbury
- ☎ 01722-332151
- 🕒 Cerrado dom. sept.-jun.
- $ $$

Wilton House
- ✉ Wilton, Salisbury
- ☎ 01722-746729
- 🕒 Cerrado nov.-marzo
- $ $$$

Wilton Carpet Factory
- ✉ King Street, Wilton, Salisbury
- ☎ 01722-744919
- $ $

Stonehenge
- Mapa pág. 221 B2
- ✉ Unión de la A303 y la A360
- ☎ Información grabada: 01980-624715
- $ $$ (incluye una excelente guía auditiva)

Cabeza de piedra, en el museo de los baños romanos, en Bath.

Bath
Mapa pág. 221 A2
Información
Abbey Church Yard, Abbey Chambers, Bath
01225-477101

Bath Visitor Call
Información grabada sobre distintos aspectos de Bath: festivales 0891-360387, baños romanos y Museum of Costume 0891-141178. Edificio del Bath Museum, 1 Royal Crescent, Abbey Heritage Vaults y William Herschel Museum 0891-141180. Recorridos a pie por Bath 0891-360393.

Baños romanos y museo
Pump Room, Stall Street
01225-477785
$$$

Bath

A HORCAJADAS DEL RÍO AVON ENTRE COLINAS onduladas, Bath fue el balneario romano Aquae Sulis, famoso entre los siglos I y V. Sus aguas ricas en minerales y sus fuentes de agua caliente dieron prosperidad a la ciudad durante siglos.

Después de pasar por el Avon Valley, el tren de Londres aminora la marcha y ofrece un magnífico panorama de la ciudad, con el pináculo de la torre de **Bath Abbey** *(Abbey Courtyard; Tel 01225-422462)* sobresaliendo sobre las manzanas y los barrios georgianos. Empiece su visita en la abadía, la última iglesia monástica completa construida en Inglaterra antes de la Disolución de los Monasterios del siglo XVI. Con sus enormes ventanas, el interior parece una enorme linterna cubierta por una vasta bóveda, en gran parte reconstruida por sir George Gilbert Scott en 1864. No se pierda los intrigantes monumentos a quienes no sanaron las aguas curativas de Bath. Cerca de allí, el complejo de **baños romanos,** con un templo, baños y un museo de esculturas, monedas y otros restos, constituye uno de los mejores asentamientos romanos europeos. A pesar del largo desuso, los baños se conservan bien. Junto a ellos, la Pump Room fue el centro social del Bath del siglo XVIII; entre sus visitantes estaban el príncipe de Gales, posteriormente Jorge IV, y el pintor Thomas Gainsborough.

Gran parte de Bath se construyó en el siglo XVIII con la piedra local y nació una elegante ciudad georgiana bien conservada en la actualidad. Great Pulteney Street es particularmente bella y se accede cruzando el Pulteney Bridge, (1770) de Robert Adam. Otros edificios destacables son el **Guildhall,** en High Street junto al viejo mercado cubierto, el bonito **Theatre Royal,** en Milsom Street y el edificio **Octagon,** enfrente. El **Circus** y **Royal Crescent** son dos soberbias composiciones arquitectónicas creadas por los arquitectos jefe de Bath, John Wood el Viejo y su hijo, John Wood el Joven. El **nº1 de Royal Crescent,** diseñado para el suegro de John Wood el Joven se ha restaurado y amueblado con esmero y está abierto al público. Es digno de comparación con el hogar del científico y astrónomo **William Herschel,** en New King Street.

En Bath abundan los museos, muchos de ellos dedicados a su historia. El **Building of Bath Museum** *(The Vineyards; Tel 01225-333895)* cuenta la historia de la Bath georgiana, mientras el **Georgian Garden,** en el nº 4 de The Circus, recrea un jardín de una ciudad del siglo XVIII. El **Book Museum** está dedicado a la encuadernación de libros y al lugar que ocupa Bath en la literatura inglesa; el negocio de Mr. Bowler narra un siglo de historia de una pequeña empresa de Bath en el **Museum of Bath at Work** *(Julian Road; Tel 01225-318348)*. El **Bath Postal Museum** *(8 Broad Street; Tel 01225-460333)* recuerda a los visitantes que el Penny Black, el primer sello del mundo, se utilizó en Bath en 1840. La **Bath Boating Station** es un museo de esquifes, bateas y canoas de alquiler.

Otro museo interesante es el **Holburne Museum and Crafts Study Centre,** la colec-

La presa bajo el Pulteney Bridge.

ción de sir William Holburne de objetos de plata, porcelanas, pinturas y mucho más. Se puede contemplar en el Sydney Hotel, del siglo XVIII, junto con una colección de objetos artesanales británicos con obras del arquitecto-diseñador Ernest Gimson y del alfarero Bernard Leach, entre otros. En el sótano de las grandes Assembly Rooms, del siglo XVIII, el **Museum of Costume** *(Bennett Street; Tel 01225-477789)* tiene una excelente colección desde la época Tudor hasta la actualidad.

ALREDEDORES DE BATH

Al sudeste de la ciudad, el **American Museum in Britain** exhibe su valiosa colección de calidad en 18 salas que van del siglo XVII al XIX. **Bradford-on-Avon** es una bonita ciudad a orillas del río, construida en piedra, a unos 13 km al sudeste de Bath por la A363. Más lejos, pero de fácil acceso, está **Dyrham Park,** a 13 km al norte por la A46, una casa de principios del siglo XVIII con un parque con ciervos; **Lacock Abbey,** a 19 km al este de Bath, justo al salir de la A350, es una casa de campo que nació como una abadía en el siglo XIII y que hoy es un museo en honor a Herny Fox Talbot, el padre de la fotografía. **Stourhead,** a 32 km al sur de Bath, al salir de la B3092, es un bonito ejemplo de un jardín paisajístico inglés del siglo XVIII. Los tres lugares son propiedad del National Trust. ■

American Museum in Britain

- ✉ Claverton Manor, Bath
- ☎ 01225-460503
- 🕒 Cerrado lun. y nov.-feb.
- $ $$

Bradford-on-Avon Información

- ✉ 34 Silver Street
- ☎ 01225-865797

Dyrham Park

- Mapa pág. 221 A2
- ✉ Cerca de Chipping Sodbury, Wiltshire
- ☎ 01179-372501
- 🕒 Casa: cerrada miér.-jue. y nov.-marzo
- $ $$

Lacock Abbey

- Mapa pág. 221 B2
- ✉ Lacock, cerca de Chippenham, Wiltshire
- ☎ 01249-730227
- 🕒 Abadía: cerrada mar. y nov.-marzo. Claustro y terrenos: abiertos a diario
- $ $$

Stourhead

- Mapa pág. 221 A2
- ✉ Stourton, Wiltshire
- ☎ 01747-841152 Información grabada: 0900-133 5205
- 🕒 Casa: cerrada jue.-vier. y nov.-marzo Jardines: abiertos a diario
- $ $$

Stratford y los Cotswolds

LA CIUDAD DONDE NACIÓ EL POETA, ACTOR Y ESCRITOR de teatro William Shakespeare está tan ligada a su famoso ciudadano que es difícil no encontrarse con multitud de turistas que la visitan. Lo mismo ocurre con los alrededores y los Cotswolds, que se extienden hacia el sur. Intente visitarlo en temporada baja, y reserve entradas para el Royal Shakespeare Theatre.

La granja y el jardín tudor de Ann Hathaway.

Stratford-upon-Avon

Mapa pág. 221 B3
Royal Shakespeare Theatre, Box Office
01789-403403

Centros de información

Bridgefoot, Stratford-upon-Avon
01789-293127

Corn Hall, Market Place, Cirencester
01285-654180

77 Promenade, Cheltenham
01242-522878

Para los peregrinos de Shakespeare, hay cinco visitas clave. En Stratford, el **lugar de nacimiento de Shakespeare,** en Henley Street *(Tel 01789-204016);* **Nash's House and New Place** *(Tel 01789-204016)* en Chapel Street, el hogar de la nieta de Shakespeare, con un jardín isabelino donde éste se retiró; y **Hall's Croft** *(Tel 01789-204016)*, de estilo Tudor, donde vivieron su hija y su yerno, el Dr. John Hall, y que está amueblado según la moda de la época. Fuera de la ciudad puede visitar el **Anne Hathaway's Cottage** de su esposa *(Tel 01789-204016)*, una granja de la época Tudor en Shottery y la casa de **Wilmcote,** donde vivía su madre, Mary Arden.

Aparte de Shakespeare, en la ciudad también está la mansión isabelina de John Harvard, donde nació el fundador de la Harvard University en 1607. Se puede realizar un crucero por el Avon.

A 16 km al norte de Stradford por la A46, el **Warwick Castle** *(Tel 01926-406600)* es uno de los mejores castillos ingleses, construido por Guillermo el Conquistador en 1068. Unos cuantos kilómetros al norte, encontramos las ruinas de **Kenilworth Castle** *(Tel 01926-852078)*, que incluyen un torreón normando, el Great Hall y jardines Tudor. Aquí Robert Dudley construyó el hogar para los soldados de Warwick. **Ragley Hall** y su parque de 160 ha *(13 km al oeste de Stratford; Tel 01789-762090)* está cerca de varias casas más pequeñas y jardines del área, incluida **Snowshill Manor,** con sus numerosas colecciones, y los destacados **Hidcote Manor Gardens.**

LOS COTSWOLDS

Al sur de Stratford, las ovejas que pastaban en las colinas de los Cotswolds proporcionaron prosperidad a las ciudades con mercado construidas en piedra. **Cirencester** es la mayor, **Burford** tiene una impresionante calle mayor, y **Charlbury** está situada en el Evenlode Valley. **Tetbury** y **Chipping Norton** atestiguan la riqueza de la lana. Quizás haya demasiados turistas para disfrutar de la belleza de Bourton-on-the-Water, Moreton-in-Marsh y Stow-on-the-Wold. ■

Canterbury y Leeds Castle

LA CATEDRAL DE CANTERBURY, FUNDADA EN 597 D.C., ES la iglesia madre de la comunión anglicana y la sede del arzobispo de Canterbury. Como tal, no sólo tiene un interior muy interesante, sino que también domina la historia de la ciudad. Para explorar las calles y las vistas, puede ir por su cuenta, apuntarse a una visita guiada o recorrerla en un carro tirado por caballos.

El castillo de Leeds, rodeado por un lago.

El actual edificio de la **catedral** *(Tel 01227-762862)* se inició en 1070 y muestra más de cuatro siglos de progreso arquitectónico, desde la cripta y el coro normandos, hasta la alta nave gótica. La conocida Bell Harry Tower, con 70 m de altura, construida en 1495, es también de estilo gótico. Los caballeros de Enrique II asesinaron al arzobispo Thomas à Becket en el transepto noroeste porque se había atrevido a criticar al rey. El santuario en memoria del santo fue objeto de peregrinaje medieval. Los peregrinos de ficción de Geoffrey Chaucer en los *Cuentos de Canterbury* se parecían a los reales. El santuario fue saqueado por Enrique VIII, pero las velas siguen ardiendo en la Trinity Chapel en el extremo este de la catedral.

Recorra las calles de edificios medievales, desde la catedral hasta **St. Augustine's Abbey** *(Longport; Tel 01227-767345)*, el **Roman Museum** *(Longmarket; Tel 01227-785575)* y **The Canterbury Tales** *(St. Margaret's Street; Tel 01227-479227)*, donde se representan las historias de los peregrinos de Chaucer.

Justo al este de Maidstone, **Leeds Castle** fue uno de los palacios de Enrique VIII. Construido en el centro de un lago, está rodeado por 200 ha de parque. ■

Canterbury

Mapa pág. 221 D2

Información

34 St. Margaret's Street

01227-766567

Cerrado dom. nov.-Semana Santa. Visitas guiadas a diario

Leeds Castle

Broomfield, Maidstone

01622-765400
Información grabada 0870-600 8880

$$$

El Royal Pavillion del príncipe regente.

Brighton y Hove

EL PRÍNCIPE REGENTE PUSO BRIGHTON EN EL MAPA cuando construyó allí su Royal Pavilion, un palacio de inspiración hindú. Desde entonces, ha acogido y divertido a los visitantes.

Brighton
Mapa pág. 221 C1
Información
Bartholomew Square
01273-292599

Glyndebourne
Mapa pág. 221 C1
Festival Opera
Glyndebourne, Lewes, East Sussex
01273-812321
Actuaciones: finales mayo-finales agos.

Visite el Royal Pavilion para imaginar la vida de la alta sociedad en la época del príncipe regente. Cerca de allí, hay un laberinto de callejuelas repletas de tiendas de antigüedades, y un paseo a orillas del mar le permitirá contemplar las casas estilo regencia y el Palace Pier. Brighton también cuenta con un excelente **Museum & Art Gallery** *(Church Street; Tel 01273-290900)*, monumentos conmemorativos victorianos en **Lewes Road Cemeteries,** el **Booth Museum of Natural History** *(194 Dyke Road; Tel 01273-292777)* y el **Fishing Museum** *(201 Lower Kings Road Arches; Tel 01273-723064)*, así como un precioso teatro y un calendario de ferias y festivales. Al norte de la ciudad, está la eduardiana **Preston Manor** *(Tel 01273-290900)*. En la cercana **Hove,** la **Regency Town House** *(13 Brunswick Square; Tel 01273-206306)* se ha restaurado y abierto al público, mientras que en las afueras, la cámara oscura de **Foredown Tower** *(Foredown Road, Portslade; Tel 01273-292092)*, ofrece vistas a Sussex Downs.

En los Downs puede visitar los pueblos de Alfriston o Firle, muy cercanos. Están a unos 25 km al este de Brighton, cerca de **Charleston Farm House,** asociada con el Bloomsbury Group. Los entusiastas de la ópera podrán disfrutar de funciones en el teatro de Michael Hopkins en **Glyndebourne,** donde se hace un picnic durante el intermedio. ■

Navegando por el río Cam más allá de los colegios, con los *backs* a la derecha.

Cambridge

SITUADA EN UNA CURVA DEL RÍO CAM, EN UNA llana región campestre, Cambridge es una idílica y tranquila ciudad universitaria, muy distinta de la bulliciosa y activa Oxford.

El *college* más antiguo es el **Peterhouse,** fundado en 1284. Los demás son ejemplos de los estilos arquitectónicos británicos. El más bello es el **King's College** *(Tel 01223-331417)*, cuya mejor vista se obtiene desde el río Cam o desde los *backs*, praderas al otro lado del río con sauces y narcisos. La King's College Chapel es quizás el mejor ejemplo de arquitectura gótica perpendicular británica.

El **Queens' College** *(Tel 01223-335511)* cuenta con magníficos patios Tudor y con el Mathematical Bridge, construido en 1749 sin utilizar clavos ni tornillos (aunque reparaciones posteriores los han añadido). El **Trinity** *(Tel 01223-338400)* tiene una biblioteca proyectada por Wren a orillas del río. Los estudiantes intentan dar la vuelta al Great Court mientras suenan las doce campanadas. Otros *colleges* que no debe perderse son el **Clare,** el **Magdalene,** el **St. John's,** el **Jesus** y el **Emmanuel.** Los visitantes pueden pasear por los patios, las capillas, los jardines o unirse a una visita guiada (el acceso puede ser restringido).

ELY Y PETERBOROUGH

Estas dos ciudades de los llanos al norte de Cambridge tienen catedrales normandas. La de Ely es famosa por su torre de linterna y su vidriera; la de Peterborough por su fachada oeste y su techo pintado. Ely está junto al río Great Ouse, a unos 24 km al norte de Cambridge; Peterborough está a unos 40 km al noroeste de Ely. ■

Cambridge
Mapa pág. 221 C3
Información
Wheeler Street
01223-322640
Visitas turísticas: 01223-463290

Ely
Mapa pág. 221 C3
Información
Oliver Cromwell's House, 29 St. Mary's Street
01353-662062

Peterborough
Mapa pág. 221 C3
Información
45 Bridge Street
01733-452336

York y Leeds

York
Mapa pág. 221 B5
Información
Exhibition Square
01904-621756

A tres horas de viaje de Londres, el tren llega a los páramos vírgenes de Yorkshire, en el norte de Inglaterra. Aquí, los romanos, los sajones, los vikingos y los normandos dejaron su huella en York.

Las torres de la York Minster.

Los visitantes pueden recorrer la muralla romana de la ciudad y explorar el **Jorvik Viking Centre** *(Coppergate; Tel 01904-643211)*, donde retrocederán a través de los siglos en «coches del tiempo». Pero es la **York Minster** lo que domina las estrechas calles de la ciudad. Empezada en el siglo XIII, se trata de la mayor iglesia gótica de Inglaterra y sus vidrieras son extraordinarias. Otras atracciones incluyen el **York Castle Museum** *(The Eye of York; Tel 01904-653611)* con salas que recrean diversos periodos, el enorme **National Railway Museum** *(Leeman Road; Tel 01904-621261)*, el **Merchant Adventurers' Hall,** construido por los poderosos gremios medievales de York y la **City Art Gallery** *(Exhibition Square; Tel. 01904-551861)* con pinturas que recorren 600 años y una colección de cerámica.

LEEDS

Al otro lado de los páramos está **Leeds** *(Información turística, City Station; Tel 0113-242 5242)*, una ciudad cuyos mercados y edificios públicos atestiguan los siglos de riqueza obtenida de la lana y la industria. Los museos incluyen la **City Art Gallery** *(The Headrow; Tel 0113-247 8248)*, destacable por sus obras del siglo XX, y el **Royal Armouries Museum** *(The Waterfront; Tel 0870-510 6666)* con representaciones de torneos y luchas con espadas. El **Henry Moore Institute** *(The Headrow; Tel 0113-234 3158)* –el escultor estudió en Leeds– ofrece variadas exposiciones. Tres de los parques nacionales británicos están cerca de aquí: el Yorkshire Dales, el North York Moors y el Peak District, ideales para pasear. ■

Información práctica

Un león de Trafalgar Square

INFORMACIÓN PARA EL VIAJE

PLANEAR EL VIAJE

CUÁNDO IR

Londres se adapta a los gustos de cada visitante. No hay ninguna temporada «muerta». Sin embargo, hay épocas adecuadas para ciertos intereses, como celebraciones tradicionales, visitas a jardines o conciertos en iglesias.

Enero, febrero y marzo, tras la avalancha navideña, son los mejores meses para disfrutar de las obras de teatro y las óperas populares, y para poder visitar los museos con una calma relativa. Incluso en los restaurantes más caros es más facil reservar; y los adictos a las compras pueden aprovechar las rebajas. El último domingo de enero se conmemora la decapitación de Carlos I; en febrero se celebra el Año Nuevo chino en el Soho londinense.

En Semana Santa, se puede disfrutar de una música extraordinaria, ya que las pasiones pascuales se cantan en las catedrales, iglesias y salas de conciertos. En esta época, abundan las carreras de caballos y se celebra la competición de remo entre Oxford y Cambridge. En los parques, los narcisos cubren los céspedes y los árboles echan las primeras hojas. En el Hyde Park se celebra el desfile de Pascua y el desfile ecuestre de Harness.

En abril y mayo aumentan las celebraciones culturales. Es el momento para los festivales de arte, las casas que sólo abren en verano y las competiciones de deportes tan elegantes como el polo, en Ascot, y las pruebas ecuestres de Windsor. También empiezan varias ferias de antigüedades. Hay exposiciones florales en las salas de la Royal Horticultural Society en Pimlico, que culminan con el Chelsea Flower Show. La reina suele pasar esta época en Windsor y quizás los State Apartments permanezcan cerrados. Esté atento a los eventos especiales del primero y el último lunes de mayo, ambos festivos.

Junio anuncia el buen tiempo. Los festivales artísticos incluyen los de Greenwich, Spitalfields y la temporada de conciertos al aire libre en Kenwood House y Marble Hill House. Los eventos deportivos tradicionales incluyen el Derby en Epsom, la semana de Ascot, la Henley Royal Regatta, el torneo de Stella Artois en Queen's y el campeonato de tenis en Wimbledon. En todos los casos se deben reservar las entradas. Otras celebraciones tradicionales son la ceremonia de la orden de la Jarretera en Windsor y el desfile de la bandera.

En julio y agosto muchos londinenses se marchan de la ciudad. Pero los museos y los teatros están llenos de turistas. Además de los festivales de arte, en junio se celebra también el City of London Festival y los conciertos nocturnos a diario en el Royal Albert Hall, conocidos como la Henry Wood Promenade. Una vez los londinenses regresan de sus vacaciones, en septiembre y octubre, los festivales del Támesis y del Covent Garden se alternan con exposiciones de arte, óperas y obras de teatro. En los parques, las flores de verano dan paso a un colorido otoñal.

Noviembre y diciembre están llenos de tradiciones: la apertura del parlamento (octubre o noviembre), el día de los inocentes, la presentación del alcalde y las festividades navideñas. Las calles y las tiendas se decoran, las entradas de teatro deben reservarse con antelación y se puede escuchar música sacra en catedrales, iglesias y salas de concierto.

CLIMA

El clima del Reino Unido sorprende a diario a los mismos británicos. Cualquier cosa es posible: sol cálido en abril o agua nieve en agosto. Esto da lugar a dos peculiaridades londinenses: el clima es un tema recurrente de conversación y poca gente lleva paraguas o gabardina. Teóricamente, en Londres las estaciones están bien definidas. El invierno (noviembre-marzo) suele ser frío, con heladas y en ocasiones nieve; en primavera (abril-mayo) las temperaturas son más agradables; en verano (junio-agosto) son lo suficientemente altas para cenar al aire libre e incluso pasar calor; y en otoño (septiembre-octubre) las mañanas de frío intenso pueden acabar en días soleados.

El lema para los visitantes es «vaya preparado». No haga caso del escaso equipamiento de los londinenses y lleve consigo un paraguas y un impermeable. Finalmente, tenga preparada una alternativa siempre que vaya al campo, por si se estropea el día.

PASAPORTES Y VISADOS

Los ciudadanos de la Unión Europea no necesitan pasaporte ni visado para viajar al Reino Unido.

CÓMO LLEGAR AL CENTRO DE LONDRES

DESDE LOS AEROPUERTOS

Gatwick (Tel 01293-535353) El aeropuerto se halla a unos 50 km al sur del centro de Londres, así que el tren es más rápido y fiable que el transporte por carretera. Hay dos itinerarios posibles: el Gatwick Express hasta la estación Victoria tarda unos 30-35 minutos, sale cada 15 minutos durante el día y con menos frecuencia por la noche. Los trenes de Connex South Central hacen el mismo recorrido pero tardan más, ya que paran en varias estaciones. Los trenes de Thameslink paran en London Bridge, Blackfriars, City Thameslink, Farringdon y King's

Cross Thameslink. Por carretera el autobús Airbus A5 (Tel 08705-747777) tarda unos 80 minutos y sale una vez cada hora, desde las 5.00 hasta las 20.00. Un taxi cuesta más de 50 libras.

Heathrow
(Tel 020-8759 4321)
El principal aeropuerto londinense está a unos 25 km al oeste del centro de Londres, por lo que la carretera y el tren son las mejores opciones. El tren es más fiable durante las horas punta. El Heathrow Express tarda unos 20 minutos en llegar a la estación de Paddington, y sale cada 15 minutos entre las 5.07 y las 23.52. Se puede tomar el metro, la línea de Piccadilly tarda entre 40 y 60 minutos, y funciona regularmente desde las 5.30 hasta las 23.30 cruzando el centro de Londres. Algunas de sus paradas son Knightsbridge (30 minutos), Piccadilly Circus y Oxford Street. Si prefiere ir por carretera, el Airbus A2 (Tel 08705-747777) tarda de 60 a 90 minutos, con varias paradas en el centro de Londres. Un taxi cuesta de 25 a 45 libras.

London City Airport
(Tel 020-7646 0000)
Este pequeño aeropuerto está en la Isle of Dogs, en los Docklands, a unos 15 km al este del centro de Londres. Un servicio de autobuses llega hasta la estación de Canary Wharf, donde podrá tomar el Docklands Light Railway, un tren elevado, hasta el Bank. El recorrido entero dura unos 20 minutos y está conectado con la red de metro. El Airbus sigue hasta la estación de Liverpool Street (25 minutos) y sale cada 10 minutos del aeropuerto. Un taxi tarda entre 20 y 40 minutos y cuesta de 15 a 20 libras.

Stansted
(Tel 01279-680500)
El aeropuerto más nuevo de Londres se halla a unos 55 km al nordeste del centro de la ciudad, por lo que el tren es más rápido que la carretera. El Stansted Express tarda 42 minutos para llegar a la estación de Liverpool Street y sale cada 30 minutos entre las 6.00 y las 23.59. Un taxi cuesta más de 50 libras.

EN TREN O EN AUTOBÚS

Los trenes Eurostar (Tel 0990-186186) llegan a la estación internacional de Waterloo desde París, Eurodisney, Bruselas y Lille.

Los trenes nacionales (Tel 08457-484950) llegan a las estaciones de Charing Cross, Euston, King's Cross, Liverpool Street, Paddington, Victoria y Waterloo.

Los autobuses de largo recorrido llegan a la Victoria Coach Station (Tel 020-7730 3466). La National Express (Tel 0990-808080) es la mayor compañía de Gran Bretaña y los autobuses de Eurolines (Tel 01582-404511) viajan hasta el continente.

CÓMO MOVERSE

TRANSPORTE PÚBLICO

No se deje intimidar por la complejidad del transporte público de Londres, ya que le ayudará a disfrutar plenamente de la ciudad. Los taxis tan sólo son una atracción más y, cuando hay atascos, el importe de la carrera aumenta rápidamente. Lo mejor es que tome el metro o el autobús, como hacen los londinenses.

EN TAXI
Hay dos tipos de taxi: el «black cab» y el «minicab». Los black cab son casí siempre negros y tienen una forma muy peculiar. Hay un número limitado y todos sus conductores conocen la ciudad a la perfección. Están asegurados a todo riesgo y se les puede confiar la entrega de paquetes. Para tomar uno, diríjase a una parada de taxis, llame a alguna compañía, como Radio Taxis (Tel 020-7272 0272) o Dial a Cab (Tel 020-7253 5000), o bien pare uno en la calle, siempre que la luz amarilla «For Hire» esté iluminada. El precio depende de la distancia y el tiempo; por las noches y los fines de semana las tarifas suben. El conductor debe tomar la ruta más corta, a no ser que usted le indique lo contrario. Para reclamaciones diríjase a la Oficina de Transporte Público (Tel 020-7230 1631).

Los minicabs cuentan a menudo con conductores poco experimentados y vehículos sin seguro. Teóricamente, sólo se pueden contratar por teléfono, pero también se pueden parar en la calle. Le aconsejamos que elija una compañía de minicabs recomendada. Una excepción es la Lady Cabs (Tel 020-7254 3501), que sólo cuenta con conductoras.

EN BUS Y EN METRO
El London Transport dirige el metro («tube») y la mayoría de los autobuses. Las tarifas para ambos servicios se estructuran según seis zonas concéntricas. Las zonas 1 y 2 cubren la mayor parte del centro londinense. Se puede comprar un billete individual por viaje, pero la forma más rápida, fácil y económica de viajar es comprar una Travelcard. Sirve para el metro, el autobús y los trenes DLR, entre otros. Hay varios tipos de Travelcard: diaria (válida hasta las 9.30), otra diaria (válida a partir de las 9.30), semanal, de fin de semana y familiares. Cada tarjeta se puede comprar para cualquier número de zonas. Sólo debe mostrarla cuando se lo pidan.

Autobuses londinenses
No hay nada como recorrer Londres en la primera fila del piso superior de un autobús rojo de dos pisos y contemplar a la gente, los edificios, los anuncios y el ambiente callejero. Para coger un autobús debe dirigirse a una parada: un poste con un signo rojo. Encontrará una lista de los autobuses que paran allí y sus recorridos. En algunos autobuses el billete se compra o se muestra al subir. En otros, el revisor pasa

a vender los billetes o a inspeccionarlos a cada pasajero.

Metro
Este enorme sistema de doce líneas con unas 300 estaciones se extiende por todo Londres y transporta a dos millones y medio de personas diariamente. El metro londinense está bien iluminado, es fácil de utilizar y seguro. En primer lugar, decida su recorrido sobre el plano del metro. Luego, compre una tarjeta diaria. A continuación pásela por las máquinas automáticas, siga el color de la línea que desee tomar y asegúrese de que viaja en la dirección correcta. Para hacer un transbordo siga las indicaciones que hay en cada andén. Una vez más deberá pasar el billete por las máquinas automáticas antes de salir y guárdelo para el viaje siguiente. En caso de duda, pregunte. Incluso los londinenses se pierden.

Docklands Light Railway (DLR)
Tel 020-7918 4000
Este ferrocarril elevado va desde la estación de Bank hasta la de Tower Gateway, ambas conectadas con la red de metro, y continúa por la zona de los Docklands.

VISITAS TURÍSTICAS ORGANIZADAS

Incluso el viajero más independiente agradece en ocasiones un recorrido organizado. Las visitas en autobús le proporcionarán una visión general de la ciudad; los paseos a pie le mostrarán la historia de las calles y sus principales monumentos; los cruceros por el río le permitirán contemplar la ciudad desde una perspectiva diferente y otras visitas organizadas le facilitarán el acceso a lugares que, en general, suelen estar cerrados al público. Aquí encontrará una selección; los centros de información turística locales le indicarán algunos otros y en la sección «Around Town» del folleto *Time Out* podrá consultar todavía más. La mayoría de teléfonos le ofrecen información grabada de gran utilidad.

RECORRIDOS EN BUS
Big Bus Company (Tel 020-8944 7810); London Pride (Tel 020-7904 4761/2); Original London Sightseeing Tour (Tel 020-8877 1722).

CRUCEROS POR EL RÍO
Westminster Passenger Services Association (Tel 020-7930 2062) le informará sobre los barcos que parten desde el muelle de Westmister y bajan por el río y tienen paradas en la Tower of London, Greenwich y la Thames Barrier. Los viajes río arriba incluyen paradas en Richmond, Kew y el Hampton Court Palace.

PASEOS A PIE
Citisights (Tel 020-8806 4325); Historical Tours (Tel 020-8668 4019); Original London Walks (Tel 020-7624 3978).

RECORRIDOS A MEDIDA
Para contratar a un guía cualificado (Blue Badge) contacte con Tour Guides (Tel 020-7495 5504).

RECORRIDOS AÉREOS
Adventure Balloons (Tel 020-8840 0108) –en globo– o Cabair Helicopters (Tel 020-8953 4411), en helicóptero.

RECORRIDOS ESPECIALES
Entre los muchos que hay, destacan los Super Tours de la Westminster Abbey y la St. Paul's Cathedral, los recorridos del Royal National Theatre, los de algunas mansiones, como Linley Sambourne House o Dennis Savers's House, recorridos centrados en la arquitectura con Architecture Dialogue (Tel 020-7267 7697); en los Beatles, con Beatles Walks (Tel 020-7624 3978); en jardines, con Garden Day Tours (Tel 020-7720 4891) y un exclusivo recorrido de Londres y el Támesis en vehículos anfibios con Frog Tours (Tel 020-7928 3132).

CONSEJOS PRÁCTICOS

ELECTRICIDAD

La corriente es de 230V, con un rango permitido de 216.2-253V y 50 kHz. Los enchufes tienen tres agujeros.
Los aparatos españoles necesitan un adaptador y, en ocasiones, un transformador de corriente.

DINERO

La libra esterlina es la moneda oficial de Gran Bretaña. Una libra se divide en 100 peniques. Hay monedas de 1, 2, 5, 10, 20 y 50 peniques, y de 1 y 2 libras. Hay billetes de 5, 10, 20 y 50 libras.

PERIÓDICOS

Los periódicos de mayor prestigio son *The Times*, *Financial Times*, *Daily Telegraph*, *Independent* y *The Guardian*. Los mejores periódicos dominicales son *The Sunday Times*, *Sunday Telegraph*, *Observer* e *Independent on Sunday*. El único periódico nocturno es el *Evening Standard*, de lunes a viernes, que tiene una amplia sección dedicada a las ofertas de ocio. El *Time Out* se publica los martes, y contiene listas exhaustivas de las actividades londinenses.

HORARIOS

La mayoría de atracciones turísticas abren a diario, aunque más tarde los domingos. Las tiendas abren seis días a la semana, algunas en domingo. Las compras a última hora se pueden realizar el miércoles (Knightsbridge) y el jueves (Oxford Street, Regent Street y Covent Garden). Los bancos abren de lunes a viernes, de 9.30 a 17.00. Algunas sucursales también permanecen abiertas los sábados de 9.30 a 15.30. Entre las sucursales de Chequepoint, abiertas las 24 horas del día, están la de Oxford Street 548 y la de Earls Court Road 23. Recuerde que es necesario identificarse para poder cobrar los cheques de viaje.

OFICINAS POSTALES

Los sellos se venden en las oficinas de correo y en algunos kioscos y tiendas. La oficina postal de Trafalgar Square, en la calle William IV, está abierta hasta tarde. Los buzones son rojos.

FESTIVOS NACIONALES

1 enero, Viernes Santo, lunes de Pascua, el primer y el último lunes de mayo, el último lunes de agosto, el 25 y 26 de diciembre.

LAVABOS

Se conocen como *rest rooms*, *toilets*, *lavatories*, W. C., *conveniences*, *ladies* (damas) y *gents* (caballeros). Si los lavabos públicos no están en buenas condiciones, entre en el hotel o en los grandes almacenes más cercanos. En los teatros hay a menudo pocos lavabos, y colas muy largas durante el descanso.

TELÉFONOS

Para hacer una llamada local puede utilizar monedas o comprar una tarjeta de teléfonos BT en un kiosco u otra tienda. Marque el 0207 más los siete dígitos del número deseado para el centro de Londes, o el prefijo 0208 para los barrios periféricos. Los números de fuera de Londres tienen un prefijo de cinco cifras y un número de 6. Los pitidos espaciados de forma regular significan que la línea comunica y un tono continuo significa que el número no existe.

Para las llamadas internacionales lo mejor es utilizar una tarjeta telefónica, que puede adquirir en los kioscos y otras tiendas. Marque el 00, el código del país y el número. Antes de utilizar el teléfono del hotel, pregunte las tarifas al recepcionista y también los números gratuitos. Pueden ser de gran utilidad.

Información telefónica
192 (llamadas británicas)
153 (llamadas internacionales)
Ayuda: 100

DIFERENCIA HORARIA

La diferencia de Gran Bretaña con respecto a España es de una hora menos.

PROPINAS Y OTRAS COSTUMBRES

En los restaurantes debe comprobar si el servicio ya está incluido en la cuenta; si no, la propina normal suele ser de un 10 %. No se considera de buena educación fumar puros. En los pubs y los bares no se deja propina, excepto si le sirven en la mesa.

En teatros, cines y salas de concierto el público no suele ponerse en pie para aplaudir.
Los taxistas esperan una propina de un 10 %, incluso más si cargan con equipaje.

OFICINAS DE TURISMO

EN LONDRES

British Tourist Authority
La oficina está en el número 1 de Regent Street. Tiene mostradores de información; reservan habitaciones de hotel, entradas de teatro y cambian divisas. El teléfono de información es el 020-8846 9000.

London Tourist Board
La oficina central está en el patio delantero de la estación Victoria SW1, Tel 020-7971 0026 (información grabada) www.londontown.com. Para reservar hotel llame al 020-7604 2891 (pequeña comisión por reserva). Hay otras oficinas en las Heathrow Terminals 1, 2 y 3, y en el vestíbulo del metro, en la Liverpool Street Station, Waterloo International Station y en las galerías subterráneas Selfridges.

Las oficinas de turismo locales incluyen la City of London Information Centre, St. Paul's Churchyard, EC4 (Tel 020-7332 1456); Greenwich Tourist Information Centre, 46 Greenwich Church Street, Greenwich, SE10 (Tel 020-8858 6376); Richmond Tourist Information Centre, Old Town Hall, Whittaker Avenue, Richmond, Surrey (Tel 020-8940 9125); y Southwark Tourist Information Centre, Lower Level, Cottons Centre, Middle Yard, SE1 (Tel 020-7403 8299).

Información al turista, Tel 0839-123456
Este teléfono ofrece información grabada 24 horas al día, con una lista de todos los acontecimientos londinesnes, ordenados por temas, incluido teatro, espectáculos infantiles y mercados callejeros. El precio de la llamada es caro. Para acceder a información específica de forma directa, marque el 0839-123 más el 400 (eventos de la semana), 401 (eventos de la temporada) o el 411 (Cambio de la Guardia).

OFICINAS DE TURISMO BRITÁNICO EN ESPAÑA

Para obtener información llame al Tel 902 171 181 (central de atención telefónica) o visite la web: www.visitbritain.com/es

VISITANTES MINUSVÁLIDOS

Los turistas con discapacidades no suelen encontrar muchas dificultades. Para más información, contacte con Artsline, 54 Charlton Street, NW1 (Tel 020-7388 2227). Le informarán sobre el acceso a los museos y otros centros lúdicos. Su folleto, *Disability Arts in London*, publicado junto con RADAR (Royal Society for Disability and Rehabilitation) ofrece información sobre recorridos turísticos adaptados a turistas minusválidos (Tel 020-7250 3222).

URGENCIAS

POLICÍA, BOMBEROS Y AMBULANCIAS

Para acceder a cualquiera de estos servicios marque el 999 desde cualquier teléfono; es gratuito. Es importante que dé a la operadora la dirección donde ha ocurrido el incidente y la referencia más próxima: cruce de calles o número del edificio. Espere junto al teléfono hasta que llegue el equipo de atención.

OBJETOS PERDIDOS

Informe siempre a la policía, así podrá aprovechar su seguro. Si pierde el pasaporte, informe a su embajada (y lleve siempre una fotocopia en algún otro lado, para que le puedan expedir otro en seguida).

En el metro: London Transport Lost Property Office, 200 Baker Street, NW1, Tel 020-7486 2496; rellene un impreso de objetos perdidos en cualquier estación de metro.
En el autobús: llame al 020-7222 1234 y facilite el número de línea de autobús en el que ha ocurrido el percance.
En un taxi: Taxi Lost Property, 15 Penton Sreet, N1, Tel 020-7833 0996.

Tarjetas de crédito perdidas

Solicite inmediatamente a su banco que anule su tarjeta de crédito y acuda a la comisaría de policía más cercana. Para saber el teléfono (24 horas) de su tarjetas de crédito llame al 192.

INFORMACIÓN MÉDICA

Si necesita un médico o un dentista, pregunte en la recepción de su hotel. Si el problema es menor, puede acudir a cualquier farmacia. Para reclamar a su compañía de seguros, guarde las recetas de todos los medicamentos y tratamientos. Para llamar a una ambulancia, marque el 999 (ver antes).

Hospitales del National Health Service (NHS)

Entre los hospitales abiertos las 24 horas al día están:
University College Hospital, Gower Street (entrada por Grafton Way), WC1, Tel 020-7387 9300.
Chelsea and Westminster Hospital, 369 Fulham Road, SW10, Tel 020-8746 8000.

Hospitales privados

No tienen servicio de urgencias. Cromwell Hospital, Cromwell Road, SW5, Tel 020-7460 2000.

Otros servicios

Great Chapel Street Medical Centre (13 Great Chapel Street, W1, Tel 020-7437 9360) es un consultorio abierto a todo el mundo, pero es de pago si no tiene un acuerdo con el NHS. Para una óptica con taller propio, acuda a Dolland and Aitchison, 229-231 Regent Street, W1, Tel 020-7499 8777. Para problemas oftalmológicos más serios acuda al Moorfields Eye Hospital, City Road, EC1, Tel 020-7253 3411. Para médicos y farmacéuticos homeopáticos, póngase en contacto con la British Homeopathic Association, 27A Devonshire Street, W1, Tel 020-7935 2163.

Farmacias

Puede que algunos medicamentos españoles no estén disponibles en el Reino Unido. Intente llevar todo lo necesario. Si necesita más, lleve el prospecto para que el farmacéutico le pueda aconsejar algo lo más parecido posible.
La Bliss Chemist (5 Marble Arch, W1, Tel 020-7723 6116) está abierta de 9.00 a 24.00 h.

CONSEJOS

Guarde todo objeto de valor en la caja fuerte del hotel.
Apunte y fotocopie información importante de los pasaportes, las entradas y las tarjetas de crédito, y guarde las copias en otro lugar.
Lleve poco dinero con usted; guarde el resto en la caja fuerte del hotel. Guarde el dinero y los documentos en un bolso cerrado. No deje su bolso en el suelo de ningún restaurante, teatro o cine. No viaje sólo por la noche, si no es en un «black cab» o por calles bien iluminadas o en autobús, con otras personas. Evite los parques por la noche.

EMBAJADAS Y CONSULADOS

Embajada del Reino Unido en Madrid. Fernando el Santo, 16. 28010 Madrid. Tel 91 419 02 08

Consulado del Reino Unido en Barcelona. Avda. Diagonal, 477. 13. 08036 Barcelona. Tel 93 419 90 44

Consulado del Reino Unido en Madrid. Marqués de la Ensenada, 16, 2. 28004 Madrid. Tel 91 308 52 01

PELÍCULAS Y LIBROS SOBRE LONDRES

Hay muchas películas ambientadas en Londres y en la época más radiante del cine británico, Londres tenía más de 100 estudios cinematográficos. Entre las más antiguas destacan *El quinteto de la muerte*, *Passport to Pimlico*, *My Fair Lady*, *Oliver* y *Alfie*; las más recientes incluyen *La locura del rey Jorge* y *Ricardo III*.
Hay abundantes cartas y diarios sobre Londres, desde los más conocidos, de Samuel Pepys y el Dr. Johnson, hasta los de James Boswell, Virginia Woolf, Harold Nicolson, Cecil Beaton, entre otros. Algunos se han reeditado en ediciones de bolsillo, otros aparecen en antologías literarias. Las novelas, poemas y obras de teatro ambientadas en Londres van desde los *Cuentos de Canterbury* de Chaucer hasta los poemas más recientes de sir John Betjeman y las novelas históricas de Peter Ackroyd, pasando por las obras teatrales de Shakespeare, las poesías de Wordsworth y las novelas de Thackeray, Dickens y Conan Doyle (historias de Sherlock Holmes). Siempre hay una amplia selección impresa y un vistazo a la contraportada del libro le informará del periodo histórico y el área de Londres donde se sitúa la acción.
Se han escrito muchos relatos de las diversas épocas londinenses: el de John Stow en el siglo XVI, el de Christopher Hibbert en el siglo XX... En Londres hay muchas librerías de prestigio. Entre ellas destacan Daunt Books for Travellers, 83 Marylebone High Street, W1 (Tel 020-7224 2295), y Hatchards, 187 Piccadilly, W1 (Tel 020-7439 9921).

HOTELES Y RESTAURANTES

HOTELES

Para que su visita a Londres sea un éxito, el alojamiento es fundamental. Hay hoteles de todas las categorías, simples y exóticos, pero su situación es lo más importante. Londres es muy grande y podría perder horas trasladándose de un lugar a otro. Es aconsejable pensar dónde pasará sus días y sus noches, y luego elegir un hotel bien situado, adecuado a su estilo de vida, sus deseos y su presupuesto.

Los hoteles de Londres están sufriendo una revolución, sobre todo los más lujosos. Hoteles de diseño, como el One Aldwych, se unen al lujoso y moderno The Hempel y al Metropolitan Hotel, con su Met Bar. El Myhotel, abierto a finales de 1998, es el primer hotel de Terence Conran, diseñado siguiendo la doctrina Feng Shui para crear un «oasis de paz».

A los hoteles lujosos más tradicionales, como el Savoy, Berkeley, Claridge's y Dorchester, se han añadido el Hyde Park Hotel y Le Meridian Waldorf. Otros hoteles de Le Meridian son el Piccadilly y la Grosvenor House.

Le aconsejamos que reserve habitación con antelación. Los hoteles londinenses son de los más caros del mundo, por lo cual le aconsejamos que pregunte por las ofertas especiales. Estas ofertas pueden incluir fines de semana o el tranquilo mes de febrero. Quizás encontrará mejores precios en un hotel de lujo que en un concurrido hotel de negocios. Los hoteles nuevos a menudo ofrecen descuentos, aunque pueden tener los problemas del principiante. Algunos hoteles tienen habitaciones familiares muy económicas; otros, como el nuevo Orion Trafalgar Square, cuentan con cocina en la habitación. Cuando haga la reserva es posible que le pidan una paga y señal o bien el número de su tarjeta de crédito. Compruebe el precio de la habitación: debe incluir el IVA del 17,5 %.

Para cualquier problema, diríjase al encargado. Si el problema persiste, hable con el director y quéjese por escrito. El London Tourist Board hace reservas por teléfono (020-7604 2890) y se ocupa de estas quejas.

Los hoteles (listados según precio y por orden alfabético) van desde 2 hasta 5 estrellas, según el sistema de calidad establecido por la Automobile Association (AA). Esto es lo que puede esperar:

★★ Las habitaciones son entre pequeñas y medianas, y al menos la mitad cuentan con baño o ducha. También es posible que haya teléfono y televisión.

★★★ Normalmente las habitaciones son más espaciosas y el hotel cuenta con más servicios, un restaurante mejor y un bar. Todos los dormitorios tienen baño.

★★★★ El alojamiento es más espacioso y cómodo, y la comida es de calidad. Todos los dormitorios cuentan con servicios propios (tanto baño como ducha).

★★★★★ Enormes y lujosos hoteles de fama internacional.

Las estrellas rojas (★), desde 1 hasta 5, se conceden a los hoteles que se distinguen por sus niveles de hospitalidad, servicio, comida y comodidad.

Tenga en cuenta que **si no se especifica lo contrario:**

1. Todas las habitaciones cuentan con baño, televisión y teléfono.
2. Las habitaciones no tienen aire acondicionado.
3. Los hoteles están abiertos todo el año.
4. Los precios no incluyen el desayuno.

Todos los hoteles inspeccionados por la AA están clasificados con estrellas. Los hoteles en casas particulares de la ciudad no lo están; ofrecen habitaciones lujosas y un servicio de calidad, pero pocas veces tienen zonas comunes o restaurante. También hemos incluido unos cuantos establecimientos de *bed-and-breakfast* (alojamiento y desayuno).

Los turistas minusválidos pueden obtener una lista de los establecimientos adaptados a sus necesidades en el Holiday Care Service (2° piso, Imperial Buildings, Victoria Road, Horley, Surrey; Tel 01293-7745325; Fax 01293-784647).

Los turistas que piensen en una estancia larga pueden alquilar un apartamento por semanas. Los precios suelen ser muy competitivos, incluso en el centro. Entre las agencias especializadas en alquileres de este tipo están The Apartment Service (Tel 020-8944 1444, Fax 020-8944 6744), Aston's (Tel 020-7590 6000, Fax 020-7590 6060), Holiday Serviced Apartments (Tel 020-7373 4477, Fax 020-7373 4282) y Palace Court Holiday Apartments (Tel 020-7727 3467, Fax 020-7221 7824).

RESTAURANTES

La revolución gastronómica empezó en Londres en la déca-

PRECIOS

HOTELES

Coste de una habitación doble sin desayuno

$$$$$	Más de 280 €
$$$$	200-280 €
$$$	120-200 €
$$	80-120 €
$	Menos de 80 €

RESTAURANTES

Coste de una comida de tres platos sin bebida

$$$$$	Más de 80 €
$$$$	50-80 €
$$$	35-50 €
$$	20-35 €
$	Menos de 20 €

da de 1980 y todavía no ha terminado. Si sabe adonde acudir, encontrará comida de calidad de casi cualquier parte del mundo.

El resultado es que el mundo de la restauración londinense no cesa de ganar prestigio. Los chefs son estrellas que escriben artículos en los periódicos, publican libros de cocina y protagonizan programas televisivos. Los restaurantes de moda aparecen en las columnas de sociedad de los periódicos y es necesario reservar con antelación. En verano, para disfrutar de una mesa al aire libre o en los jardines del restaurante, se necesita mucha suerte o llegar temprano.

Es posible que el servicio no esté incluido. En este caso una propina de un 10 % es lo adecuado si ha quedado satisfecho y un poco más si el servicio es extraordinario. Para degustar algunos de los mejores manjares de Londres a buen precio, suele haber un buen menú a la hora del almuerzo.

En pocos restaurantes se requiere una vestimenta específica, pero en los mejores es aconsejable vestir de forma elegante. En algunos restaurantes tradicionales como el Savoy, se requiere ir vestido con traje y corbata. Sin embargo, se aplican rigurosamente las leyes sobre el tabaco, y se puede escoger entre sección de fumadores o de no fumadores. Se considera de mala educación fumar un puro o una pipa en un restaurante, y hablar por teléfono móvil desde la mesa.

Los bares de moda del centro también requieren una mejor vestimenta. Algunos están en los hoteles de lujo; otros frente a restaurantes, como el Mezzo en Covent Garden. En los pubs, en cambio, se acepta una forma de vestir más informal y permiten fumar en casi todos. Generalmente sirven buena comida. Algunos están incluidos en la siguiente sección.

Los restaurantes y bares de los hoteles más destacados se incluyen en la entrada del hotel. Asimismo, algunos restauradores y chefs importantes, como Oliver Peyton, puede que sólo aparezcan en un restaurante, con referencia a sus otros establecimientos. Es esencial reservar para obtener mesa en cualquiera de los restaurantes reseñados a continuación.

Los restaurantes (listados por precio) reciben de una a cinco escarapelas, según el sistema de la AA, que reflejan la calidad de su cocina. En esta selección, cuando un restaurante tiene tres escarapelas o más, se indica mediante el símbolo ❁. Puede esperar lo siguiente:

❁ El chef debe elaborar una cocina de buena calidad utilizando ingredientes frescos.

❁❁ Los platos deben reflejar la habilidad del chef, su conocimiento para equilibrar los ingredientes y su buen uso de los productos de temporada.

❁❁❁ La cocina debe ser de gran calidad, imaginativa, preparada con esmero, demostrar una técnica cuidada y buen gusto.

❁❁❁❁ En este nivel, la cocina debe ser innovadora, de enorme calidad y conseguir una gran consistencia, presentación y gusto.

❁❁❁❁❁ Platos de calidad internacional. Platos cocinados a la perfección, con una presentación impecable, sabores intensos y exóticos, e ingredientes de lujo.

Tenga en cuenta que las categorías de los restaurantes están sujetas a cambios.

Aparte de los restaurantes de los hoteles, el cierre durante los festivos, Navidades o Semana Santa puede variar de año en año, por lo que es mejor comprobarlo antes. Cuando reserve una mesa, le aconsejamos que escoja la sección de fumadores o de no fumadores.

A= almuerzo
C= cena

EL TÁMESIS

Hay un número limitado de habitaciones con buenas vistas al Támesis, por lo que es esencial reservar con antelación. Los pubs a orillas del río son de los mejores de Londres y sirven una comida excelente; los que reseñamos son prácticamente atracciones turísticas.

HOTELES

CONRAD INTERNATIONAL LONDON

$$$$$ ★★★★★ ❁
CHELSEA HARBOUR
SW10 0XG
TEL 020-7823 3000
FAX 020-7351 6525

Con vistas sobre una dársena del extremo oeste de Chelsea. Todas las habitaciones son suites, la mayoría tienen balcones y vistas al río. Café con terraza a orillas del Támesis.

160 P 80 Fulham Broadway (15 minutos a pie)
Principales tarjetas

THE SAVOY

$$$$$ ★★★★★ ❁❁❁
STRAND
WC2R 0EU
TEL 020-7836 4343
FAX 020-7240 6040

Emplazamiento ideal, a mitad de camino entre la City y el West End. Los baños reformados cuentan con duchas con masaje y algunos dormitorios tienen vistas al Támesis. El bar americano, el salón de té Pavilion y el restaurante River son de auténtico lujo.

228 150 Charing Cross P 65
Principales tarjetas

THE ROYAL HORSEGUARDS

$$$$$ ★★★★ ❁
WHITEHALL COURT
SW1A 2EJ
TEL 020-7839 3400
FAX 020-7925 2263

Ocupa parte de un enorme edificio de cuento de hadas, a poca distancia a pie de todas las atracciones de Westminster. Algunos dormitorios tienen vistas al río. Salones impresionantes.
280 Embankment Principales tarjetas

RESTAURANTES

RIVER CAFÉ
$$$$
THAMES WHARF STUDIOS
RAINVILLE RD.
W6 9HA
TEL 020-7381 8824
Rose Gray y Ruth Rogers crean una impresionante cocina del norte de Italia con los ingredientes más frescos y de mayor calidad. Pruebe el cochinillo relleno asado. Una carta de vinos excelente. Las mesas al aire libre tienen vistas al río.
108 Hammersmith (15 minutos a pie) Cerrado dom. C Principales tarjetas

CHEZ MAX
$$$
168 IFIELD RD.
SW10 9AF
TEL 020-7835 0874
FAX 020 7244 0618
En este restaurante de barrio se ofrece una cocina de inspiración francesa y un ambiente de *bistro*. El atento personal estará encantado de describirle cómo son los platos de la carta. Pruebe el *risotto aux champignons sauvages et roquette*.
50 Earl's Court Cerrado dom. y Navidad Principales tarjetas

PUTNEY BRIDGE
$$$
THE EMBANKMENT
SW15 1LB
TEL 020-8780 1811
Cocina europea moderna (fantástico *risotto*) en el segundo restaurante de Trevor Gulliver (el primero fue el St. John, en Clerkenwell). Un edificio asombrosamente moderno, donde todas las mesas tienen vistas al río.
148 Putney Bridge Principales tarjetas

TATE GALLERY RESTAURANT
$$$
TATE BRITAIN
MILLBANK
SW1 4RG
TEL 020-7887 8877
En este subsuelo no hay vistas al río, pero un mural de Rex Whistler cubre las paredes. Una carta de vinos excepcional se combina con la cocina británica, como, por ejemplo, el bacalao a las hierbas.
85 Pimlico Cerrado dom. C Principales tarjetas

PUBS RIBEREÑOS
(de oeste a este)

THE DOVE
$
19 UPPER MALL
W6 9TA
TEL 020-8748 5405
A poca distancia desde Chiswick House, por un bonito camino de sirga. Un pub sencillo, de 300 años de antigüedad, con buen ambiente y muchos asientos para contemplarlo comiendo el tradicional pan con queso o un plato tailandés.
Hammersmith Principales tarjetas

THE BULL'S HEAD
$
STRAND-ON-THE-GREEN
KEW
W4 3PQ
TEL 020-8994 1204
Gran variedad de cervezas en un bonito camino de sirga, ideal antes o después de visitar los Kew Gardens. A diario se sirve comida desde el mediodía hasta las 22.00.
Kew Gardens/Gunnersbury Park Principales tarjetas

LONDON APPRENTICE
$
CHURCH ST.
ISLEWORTH
TW7 6BG
TEL 020-8560 1915
A pocos metros de la entrada para coches de Syon House. Buena comida y cervezas de calidad.
Hounslow East (y luego el bus H37) Principales tarjetas

TOWN OF RAMSGATE
$
62 WAPPING HIGH ST.
E1 9PL
TEL 020-7264 0001
Un pub tradicional, probablemente de contrabandistas, a poca distancia de la Tower of London.
Wapping Principales tarjetas

THE BARLEY MOW
$
BY LIMEHOUSE BASIN
E14 8DP
TEL 020-8265 8931
Amplias vistas del ancho Támesis desde las numerosas mesas de la terraza.
Limehouse (DLR) Principales tarjetas

THE CUTTY SARK
$
BALLAST QUAY
LASSELL ST.
SE10 9PJ
TEL 020-8858 3146
Un encantador pub de pueblo en el que se sirven sopas, chanquetes, costillas y bistecs. Bancos en el exterior
Greenwich (DLR)
hasta Greenwich (5 minutos a pie por el camino de sirga) Principales tarjetas

LA CITY, CLERKENWELL, E ISLINGTON

Los restaurantes en la City de Londres proliferan, y a 5 o 10 minutos en taxi están los impresionantes restaurantes de Clerkenwell e Islington, muy adecuados para después del teatro.

HOTELES

THE CITY HOTEL
$$$$
12 OSBORN ST.
E1 6TE
TEL 020-7247 3313
FAX 020-7375 2949
Abierto en 1998, el City es un hotel muy necesario en la animada área que rodea Whitechapel.
54 60 Aldgate East salones Principales tarjetas

THE BARBICAN
$$$
120 CENTRAL ST.
EC1V 8DS
TEL 020-7251 1565
FAX 020-7253 1005
Un hotel bien situado, justo al norte de la ciudad. Sólo a 10 minutos a pie del Barbican Centre y la City, o de la estación de metro de Old Street.
465 12 Old Street/Barbican Principales tarjetas

RESTAURANTES

LOLA'S
$$$$
359 UPPER ST.
N1 0PD
TEL 020-7359 1932
Julia Preston (anteriormente dueña del Alastair Little Soho, ver pág. 249) ofrece una cocina europea moderna en una antigua cochera de tranvías, muy espaciosa y luminosa, justo al lado de Camden Passage. Su *calzone* de verduras y *mozzarella* es excelente.
80 Angel Principales tarjetas

TATSUSO
$$$$
32 BROADGATE CIRCLE
EC1M 6BT
TEL 020-7638 5863
Uno de los mejores restaurantes japoneses de Londres, con un espectáculo a la hora del almuerzo en el Circle. La cuenta sube fácilmente si no va con cuidado. Le recomendamos el *sushi* y el *teppan-yaki*.
140 Liverpool Street Cerrado sáb. y dom. Principales tarjetas

PARA OCASIONES ESPECIALES

MAISON NOVELLI
El primer restaurante y todavía el más representativo de Jean-Christophe Novelli. Aquí Novelli impactó con su estilo y en la actualidad el chef Bobby Cabral cocina platos franceses igualmente innovadores, como la *terrine* de conejo, pato y salchicha de Toulouse con vinagreta de alubias y cebolleta, y el róbalo asado sobre un lecho de *tagliatelle al pesto*. Un servicio atento y acogedor.
$$$$
29 Clerkenwell Green, EC1R 0DU 020-7251 6606 100 Farringdon Cerrado sáb. A y dom. Principales tarjetas

ALBA
$$$
107 WHITECROSS ST.
EC1Y 8JD
TEL 020-7588 1798
Un restaurante muy italiano cerca del Barbican Centre. Pasta fresca con salsa de hígado de pollo, escalopas de ternera y varios platos vegetarianos; un pastel de helado de nueces fantástico.
60 Barbican Cerrado sáb. y dom. Principales tarjetas

LE CAFÉ DU MARCHÉ
$$$
CHARTERHOUSE MEWS
CHARTERHOUSE SQUARE
EC1M 6AH
TEL 020-7608 1609
Los platos de esta *brasserie* francesa incluyen *daube de boeuf* y *tarte aux fruits*. Ofrece un ambiente muy relajado y tranquilo, lejos del agobio de la ciudad.
60 Barbican Cerrado sáb. A y dom. Principales tarjetas

EUPHORIUM
$$$
203 UPPER ST.
N1 1RQ
TEL 020-7704 6909
Platos internacionales con un estilo moderno y sencillo, por ejemplo, *papardelle* con setas o conejo confitado. Un ambiente relajado y paredes con obras de arte contemporáneas.
60 Highbury e Islington Principales tarjetas

FREDERICK'S
$$$
CAMDEN PASSAGE
N1 8EG
TEL 020-7359 2888
Uno de los restaurantes más antiguos de Islington, que sirve cocina europea actual. Cordero confitado, salmón asado y el wellington de ternera son platos muy recomendables; además también ofrece varios platos vegetarianos.
130 Angel Cerrado dom. Principales tarjetas

GLADWIN'S
$$$
MINSTER COURT
MARK LANE
EC3R 7AA
TEL 020-7444 0004
La comida de Peter Gladwin se mueve alrededor del mundo; se detiene en Nueva Orleans para la ensalada de gambas y papaya, en Francia para la tarta provenzal de limón y en Escocia para la becada.
120 Bank/Monument Cerrado C, sáb. y dom. y 2 semanas a mitad de agos. Principales tarjetas

MORO
$$$
34–36 EXMOUTH MARKET
EC1R 4QE
TEL 020-7833 8336

CLAVE Hotel Restaurante Habitaciones Nº de plazas Aparcamiento Metro Cerrado Ascen

Sam y Sam Clark, marido y mujer, preparan unos platos innovadores, con mucha influencia española. Pruebe la cecina con alcachofas y el pastel de almendras.
75 Farringdon Cerrado sáb. A y dom. Principales tarjetas

QUALITY CHOP HOUSE
$$$
94 FARRINGDON RD.
EC1 3EA
TEL 020-7837 5093
Un antiguo café para obreros que hoy sirve platos consistentes muy ingleses, tales como hígado y tocino con salsa de cebolla y puré de patatas.
40 Farringdon/King's Cross Cerrado sáb. A y 10 días en Navidad Principales tarjetas

RESTAURANT TWENTYFOUR
$$$
TOWER 42 OLD BROAD ST.
EC2N 1HQ
TEL 020-7877 7703/2424
FAX 020-7877 7742
Podrá disfrutar de vistas del Tower Bridge y de la Millennium Dome desde este moderno restaurante situado en el corazón de la City. No deje de probar la pechuga de pato con *tatin* de cebolla roja.
70 Bank/Liverpool Street Cerrado sáb. y dom. Principales tarjetas

WHITE ONION
$$$
297 UPPER ST.
N1 2TU
TEL 020-7359 3533
Una cocina soberbia preparada por Eric Guignard, que prefiere el ritmo de Islington al de Knightsbridge. Pruebe su cordero o cualquiera de sus *puddings*.
60 Angel/Highbury e Islington Cerrado lun.-vier. A Principales tarjetas

CICADA
$$
132–136 ST JOHN ST.
EC1V 1XX
TEL 020-7608 1550
Un gran espacio interior, muy moderno, con un bar en el centro y un ambiente muy agradable para disfrutar de todo tipo de comida asiática, como el salmón a la brasa y las albóndigas de cangrejo y jengibre al vapor.
70 Farringdon Cerrado sáb. A y dom. Principales tarjetas

THE EAGLE
$$
159 FARRINGDON RD.
EC1R 3AL
TEL 020-7837 1353
En este pub de ambiente muy alegre, el menú, corto y escrito en una pizarra, puede incluir salchichas italianas con judías o pez espada asado.
55 Farringdon Principales tarjetas

WESTMINSTER, ST. JAMES'S, MAYFAIR, Y MARYLEBONE

En el corazón de Londres, están los hoteles más lujosos de la ciudad, con sus excepcionales restaurantes y sus animados bares, que los convierten en un punto de encuentro ideal.

HOTELES

ATHENAEUM
$$$$$ ★★★★
116 PICCADILLY
W1V 0BJ
TEL 020-7499 3464
FAX 020-7493 1860
El confortable lujo y el excelente servicio de este hotel hace que los clientes repitan, al igual que el restaurante Bullochs, los tés de Windsor Lounge y su completo balneario. Las habitaciones de los pisos altos tienen vistas al parque.
157 50 Hyde Park Principales tarjetas

BROWN'S
$$$$$ ★★★★
ALBEMARLE ST.
W1X 4BP
TEL 020-7493 6020
FAX 020-7493 9381
Un tradicional y elegante hotel inglés situado en el corazón mismo del viejo Mayfair, saliendo de Bond Street. Las chimeneas chispeantes y los crujientes suelos de madera son ecos de las antiguas mansiones de Mayfair.
118 Green Park Principales tarjetas

CHURCHILL INTERCONTINENTAL
$$$$$ ★★★★★
30 PORTMAN SQUARE
W1A 4ZX
TEL 020-7486 5800
Un hotel moderno y acogedor que al mismo tiempo ofrece una variada oferta lúdica, sobre todo en la planta Club. Entre los salones, profusamente decorados, destaca el restaurante Clementine's, que sirve una excelente cocina mediterránea. Cuenta con pista de tenis para los clientes.
441 100 50 Marble Arch Principales tarjetas

PARA OCASIONES ESPECIALES

CLARIDGE'S

Los invitados de la reina se trasladan aquí tras abandonar Buckingham Palace. En las esquinas están situadas las enormes suites. Los magníficos salones Art déco incluyen el fabuloso comedor (anglo-francés). Sirven el mejor té de toda la ciudad.

$$$$$ ★★★★★
Brook St., W1A 2JQ
020-7629 8860
Fax 020-7499 2210
197 100 Bond Street Principales tarjetas

THE CONNAUGHT
$$$$$ ★★★★★
CARLOS PLACE
W1Y 6AL
TEL 020-7499 7070
FAX 020-7495 3262
Considerado el hotel más discreto de Londres, es aquí donde los famosos se mantienen en el anonimato. Sin embargo, los visitantes y los clientes pueden utilizar el minúsculo bar trasero, el restaurante con artesonado y el íntimo Salón Verde, que ofrece excelente cocina francesa e inglesa.
90 70 restaurante, 30 Salón Verde Bond Street Principales tarjetas

THE DORCHESTER
$$$$$ ★★★★★
PARK LANE
W1A 2HJ
TEL 020-7629 8888
FAX 020-7409 0114
Ha sido lujosamente renovado, incluyendo las habitaciones Oliver Messel de la buhardilla. Los clientes y los visitantes podrán disfrutar de excelentes tés Promenade, del bullicioso y concurrido bar, y de los dos restaurantes: el tradicional Grill y el opulento Oriental (cantonés).
248 81 Grill, 51 Oriental 21 Hyde Park Corner Principales tarjetas

FOUR SEASONS
$$$$$ ★★★★★
HAMILTON PLACE
PARK LANE
W1A 1AZ
TEL 020-7499 0888
FAX 020-7493 6629
Un hotel moderno, muy bien diseñado, con unas habitaciones excelentes, sobre todo las Conservatory. Algunos de los principales chefs de Londres han trabajado en su restaurante Four Seasons, que sirve comida europea moderna.
220 90 55 Hyde Park Corner Principales tarjetas

GROSVENOR HOUSE
$$$$$ ★★★★★
PARK LANE
W1A 3AA
TEL 0870-400 8500
FAX 020-7493 3341
Forma parte del grupo Meridien. Se trata de un hotel enorme con varias salas de conferencias, salones de baile y un conjunto impresionante de restaurantes, incluyendo Chez Nico, de Nico Landenis, que ofrece alta cocina, y La Terrazza, de temática italiana.
453 95 Marble Arch 65 Chez Nico, 70 La Terrazza Principales tarjetas

LANDMARK HOTEL
$$$$$ ★★★★★
222 MARYLEBONE RD.
NW1 6JQ
TEL 020-7631 8000
FAX 020-7631 8080
El espectacular Jardín de Invierno, un patio de palmeras que abre todo el día, le da carácter a este edificio de finales de la época victoriana. Habitaciones grandes con suntuosos baños.
299 90 Marylebone Principales tarjetas

THE LANESBOROUGH
$$$$$ ★★★★★
HYDE PARK CORNER
SW1X 7TA
TEL 020-7259 5599
FAX 020-7259 5606
Situado en Hyde Park Corner, este hotel tiene un mobiliario lujoso, una espléndida decoración floral y unas habitaciones muy confortables. El restaurante Conservatory, con sus palmeras y fuentes, sirve cocina internacional.
95 104 Hyde Park Corner Principales tarjetas

THE LEONARD
$$$$$
15 SEYMOUR ST.
W1H 5AA
TEL 020-7935 2010
FAX 020-7935 6700
Lujoso hotel de Marylebone, justo detrás de Marble Arch. Las habitaciones combinan una decoración elegante y un equipamiento moderno, que incluye reproductor de CD, fax y módem.
28 Marble Arch Principales tarjetas

LONDON MEWS HILTON
$$$$$
2 STANHOPE RD.
PARK LANE
W1Y 7HE
TEL 020-7493 7222
FAX 020-7629 9423
Un hotel que ofrece tranquilidad e intimidad, además de las instalaciones del bullicioso hotel London Hilton adyacente.
72 5 Marble Arch Principales tarjetas

MAYFAIR INTERCONTINENTAL LONDON
$$$$$ ★★★★★
STRATTON ST.
W1A 2AN

PARA OCASIONES ESPECIALES

THE METROPOLITAN
Abierto de nuevo en febrero de 1997, el Metropolitan enseguida se convirtió en el hotel moderno más importante de Londres. Es difícil reservar mesa para su restaurante japonés Nobu, pero todavía es más complicado poder entrar en su bar Met.
$$$$$
19 Old Park Lane,
W1K 1LB
020-7447 1000
Fax 020-7447 1100
155 Hyde Park Corner Principales tarjetas 120
Cerrado sáb. y dom. A

CLAVE Hotel Restaurante Habitaciones Nº de plazas Aparcamiento Metro Cerrado Ascen

TEL 020-7629 7777
FAX 020-7629 1459
Su remodelación incluye el aire acondicionado y algunas lujosas suites. La comida británica de Michael Coaker se sirve en el restaurante Opus 70.
290 82 Green Park
Principales tarjetas

LE MERIDIEN PICCADILLY
$$$$$ ★★★★★
21 PICCADILLY
W1V 0BH
TEL 0870 400 8400
FAX 020-7437 3574
Situado en las intersecciones de St. James's, Mayfair y la zona de los teatros. Los huéspedes pueden disfrutar de habitaciones elegantes, un magnífico gimnasio y balneario, y de la asombrosa comida de Robert Reid en el Oak Room de Marco Pierre White.
267 80 Piccadilly Circus
Principales tarjetas

MOSTYN HOTEL
$$$$$ ★★★
4 BRYANSTON ST.
W1H 8DE
TEL 020-7935 2361
FAX 020-7487 2759
Cerca de Marble Arch y de Oxford Street, este hotel georgiano dispone de habitaciones elegantes y baños de mármol.
121 Marble Arch
En las habitaciones
Principales tarjetas

THE RITZ
$$$$$ ★★★★★
150 PICCADILLY
W1V 9DG
TEL 020-7493 8181
FAX 020-7493 2687
Un hotel exquisito con vistas a Green Park. Su comedor, pintado y dorado, es el más bello de Londres. El té es decepcionante y el bar es una pasarela para los que tienen estilo.
131 120 Green Park
Principales tarjetas

SHERATON PARK TOWER
$$$$$ ★★★★★
101 KNIGHTSBRIDGE
SW1X 7RN
TEL 020-7235 8050
FAX 020-7235 3368
Un hotel moderno y circular, que ofrece un servicio excelente y un ambiente animado. Pruebe *la cuisine de la mer* en el restaurante o regálese con un té de la tarde en el Rotunda Lounge.
289 65 P 90
Knightsbridge
Principales tarjetas

THE STAFFORD
$$$$$ ★★★★
16–18 ST. JAMES'S PLACE
SW1A 1NJ
TEL 020-7493 0111
FAX 020-7493 7121
Un pequeño hotel entre los más lujosos de Londres, escondido en una callejuela que parte de St. James's Street. Un precioso comedor y excelentes vinos, almacenados en bodegas con 350 años de antigüedad.
81 42 Green Park
Cerca Principales tarjetas

22 JERMYN STREET
$$$$$
22 JERMYN ST.
SW1Y 6HL
TEL 020-7734 2353
FAX 020-7734 0750
Un lujoso hotel en la calle comercial más elegante de St. James's. El servicio de habitaciones sirve comidas encargadas en L'Odeon (ver pág. 254).
18 P Piccadilly
Cerca Principales tarjetas

RESTAURANTES

LE GAVROCHE
$$$$$
43 UPPER BROOK ST.
W1Y 1PF
TEL 020-7408 0881
Una decoración discreta, un servicio perfecto y una extensa carta de vinos son el telón de fondo del restaurante de Michel Roux, en funcionamiento desde hace más de 25 años. Su perfecta cocina francesa incluye la *darne de boeuf à l'ancienne*.
60 Marble Arch
Cerrado sáb. y dom.
Principales tarjetas

AL SAN VICENZO
$$$$
30 CONNAUGHT ST.
W2 2AF
TEL 020-7262 9623
Los clientes siempre vuelven al conocido restaurante de Vincenzo y Elaine Borgonzolo para degustar la pechuga de ganso con *mostarda di Cremona*, la pierna de venado con salsa de membrillo y las anguilas fritas.
24 Marble Arch
Cerrado sáb. A y dom.
Principales tarjetas

BICE
$$$$
13 ALBERMARLE ST.
W1X 3HA
TEL 020-7409 1011
Restaurante filial del original Bice de Milán, con la esperada decoración de los años veinte. Encontrará un servicio muy atento y un menú italiano que incluye un buen *risotto alla milanese*, pasta fresca como los *quadrucci* y tarta de pistacho.
90 Green Park
Cerrado sáb. A y dom.
Principales tarjetas

LE CAPRICE
$$$$
ARLINGTON ST.
SW1A 1RT
TEL 020-7629 2239
Este restaurante y The Ivy (ver pág. 250) están dirigidos con gran eficacia por un mismo equipo. El ambiente es parecido al de un club, con clientes elegantes que brindan con champán y que piden *risotto nero* o pescado al horno.
80 Green Park
Principales tarjetas

HOTELES Y RESTAURANTES

PRECIOS

HOTELES
Coste de una habitación doble sin desayuno

$$$$$	Más de 280 €
$$$$	200-280 €
$$$	120-200 €
$$	80-120 €
$	Menos de 80 €

RESTAURANTES
Coste de una comida de tres platos sin bebida

$$$$$	Más de 80 €
$$$$	50-80 €
$$$	35-50 €
$$	20-35 €
$	Menos de 20 €

COAST
$$$$
ALBEMARLE ST.
W1X 3FA
TEL 020-7495 5999
El restaurante de Oliver Peyton está situado en un antiguo salón de exposiciones de coches, con paredes verdes, sillas amarillas y atrevido arte moderno. La carta incluye calamares fritos en *wok* y terrina de caza. El Atlantic Bar & Grill de Peyton (ver más adelante), el Mash (19-21 Great Portland Street, Tel 020-7637 5555) y el Isola (145 Knightsbridge, Tel 020-7838 1044) se benefician del asesoramiento de Bruno Loubet.
150 Green Park Cerrado dom. Principales tarjetas

MATSURI
$$$$
15 BURY ST.
SW1Y 6AL
TEL 020-7839 1101
El nombre significa «festival» en japonés. La comida es espectacular, pero delicada. Pruebe el *sushi*, el sencillo *okonomi-yaki* o el más atrevido *teppan-yaki*.
133 Green Park Cerrado dom. Principales tarjetas

MORTON'S RESTAURANT
$$$$
28 BERKELEY SQUARE
W1X 5HA
TEL 020-7493 7171
Garry Hollihead es el chef en el restaurante de un club que ha abierto sus puertas a los no socios, que así pueden disfrutar de esta cocina especializada en pescado.
56 Bond Street Principales tarjetas

OLD DELHI
$$$$
48 KENDAL ST.
W2 2BP
TEL 020-7723 3335
Uno de los mejores restaurantes hindúes de Londres, muy famoso entre los indios del norte que disfrutan del sabroso *mughal* y de platos persas como el cordero guisado con limas.
56 Bayswater/Marble Arch Principales tarjetas

LA PORTE DES INDES
$$$$
32 BRYANSTON ST.
W1H 7AE
TEL 020-7224 0055
Continuando con el éxito obtenido en Bruselas (de ahí su nombre francés), este enorme y bonito restaurante, decorado de forma extravagante, sirve una excelente –aunque cara– comida hindú.
350 Marble Arch Cerrado sáb. A Principales tarjetas

THE SQUARE
$$$$ ❀❀❀
6-10 BRUTON ST.
MAYFAIR
W1X 7AG
TEL 020-7495 7100
Los platos de Philip Howard, con toque francés, se sirven en un espacio de techos altos y con grandes ventanales. La *terrine* de foie-gras y la pintada con alcachofas y jamón son los platos que destacan en su carta.
70 Green Park Cerrado sáb. A y dom. A Principales tarjetas

TAMARIND
$$$$
20 QUEEN ST.
W1X 7PJ
TEL 020-7629 3561
Excelente cocina hindú. Las recetas se elaboran de forma que conservan sus especias y aromas propios. Un ejemplo es el pollo marinado en chile verde y mostaza.
95 Green Park Cerrado sáb. A Principales tarjetas

33 ST. JAMES'S
$$$$
33 ST. JAMES'S ST.
SW1 1HD
TEL 020-7930 4272
Una clientela elegante degusta escalopes a la brasa con salsa de curry y Sauternes, carrilladas de cerdo a la brasa y buenos *puddings*.
75 Green Park Cerrado sáb. A y dom. Principales tarjetas

THE AVENUE
$$$
7–9 ST. JAMES'S ST.
SW1A 1EE
TEL 020-7321 2111
El diseño de David Copperfield y unos buenos vinos, gracias a su asociación con Christie's, son una combinación ideal para platos como el *coq au vin* con puré de patatas al ajo y perejil.
180 Green Park Principales tarjetas

CHOR BIZARRE
$$$
16 ALBEMARLE ST.
W1X 3HA
TEL 020-7629 9802
A pesar de su entorno de tienda de baratijas, la comida hindú que sirven es excelente. Algunas recetas caseras de los propietarios son muy interesantes. Pruebe el *baghare baingan* (berenjena) y el *missi roti*.

85 Green Park
Principales tarjetas

STEPHEN BULL RESTAURANT

$$$
5–7 BLANDFORD ST.
W1H 3AA
TEL 020-7486 9696
John Hardwick está al frente de este restaurante insignia de Bull, decorado con paredes llenas de espejos. Pruebe el conejo asado o el *fondant* de ruibarbo con sorbete. Cuenta con una buena selección de vinos. Otras sucursales son el Stephen Bull Smithfield (71 St. John Street, Tel 020-7490 1750) y el Stephen Bull (12 Upper St. Martin's Lane, Tel 020-7379 7811).
53 Bond Street
Cerrado sáb. A, dom. y la semana de Navidad
Principales tarjetas

UNION CAFÉ

$$$
96 MARYLEBONE LANE
W1M 5FP
TEL 020-7486 4860
Un café espacioso y moderno, donde ponen el énfasis en los ingredientes frescos originarios de toda Inglaterra. Pruebe el besugo a la parrilla. También sirven desayunos.
70 Bond Street
Cerrado dom.
Principales tarjetas

BROWNS BRASSERIE

$$
18 MADDOX ST.
W1R 9LA
TEL 020-7491 4565
Una de las *brasseries* más conocidas de Londres. Grande y con un distintivo aire de Mayfair. Pruebe los excelentes filetes y los pasteles de salmón. Hay sucursales en St. Martin's Lane, Covent Garden (Tel 020-7497 5050) y Canary Wharf (Tel 020-7845 7100).
180 Oxford Circus
Cerrado dom.
Principales tarjetas

OCEANA

$$
JASON COURT
76 WIGMORE ST.
W1M 6BE
TEL 020-7224 2992
Brillante restauración de este bar y restaurante subterráneos realizada por Tony Kitous. Las descripciones del menú son minimalistas y reflejan el estilo moderno. Influencias gastronómicas de todo tipo se reflejan en platos como la sopa de calabacín, las gambas marinadas y los carrillos de buey a la brasa.
90 Bond Street
Cerrado sáb. A y dom.
Principales tarjetas

SILKS & SPICE

$$
23 FOLEY ST.
W1P 7LB
TEL 020-7636 2718
Comida malayo-tailandesa en un café de ambiente relajado. Entre los platos recomendados están el *yum woon sen* (pollo troceado y ensalada de fideos) y los mejillones verdes de Nueva Zelanda.
75 Great Portland Street
Cerrado sáb. y dom. A
Principales tarjetas

PARA OCASIONES ESPECIALES

HAZLITT'S

Antaño el hogar del escritor William Hazlitt (1778-1830), este bonito edificio se ha convertido en un hotel en el corazón del Soho. Piezas de anticuario decoran las habitaciones. Emplazamiento ideal para los que deseen ir al teatro o visitar museos.

$$$$$
6 Frith St., W1V 5TZ
020-7434 1771
Fax 020-7439 1524
23 Tottenham Court Road
Principales tarjetas

SOFRA

$$
18 SHEPHERD ST.
W1Y 7LN
TEL 020-7493 3320
Con la característica madera vista y la sobriedad de la cadena Sofra, los platos turcos más innovadores transforman a los clásicos. Si no quiere complicarse la vida a la hora de pedir, le aconsejamos el variado *mezze*.
100+ Green Park
Principales tarjetas

TRAFALGAR SQUARE Y SOHO

HOTELES

ORION TRAFALGAR SQUARE

$$$
18–21 NORTHUMBERLAND AVENUE
WC2N 5BJ
TEL 020-7766 3701
FAX 020-7766 3766
Una idea práctica para el centro de Londres: un bloque de estudios y apartamentos de una y dos habitaciones.
189 (estudios y apartamentos)
17 Charing Cross
Principales tarjetas

RESTAURANTES

ALASTAIR LITTLE SOHO

$$$$
49 FRITH ST.
W1V 5TE
TEL 020-7734 5183
En este pequeño y sobrio restaurante, los platos innovadores de Alastair Little incluyen la panceta de cerdo asada y la aleta de raya hervida. Todos los platos destacan por su sencillez y calidad. Toby Gush es el cocinero del restaurante de Alastair Little, en Lancaster Road (Tel 020-7243 2220).
35 Leicester Square/ Tottenham Court Road
Cerrado sáb. A y dom.
Principales tarjetas

ELENA'S AT L'ÉTOILE
$$$$
30 CHARLOTTE ST.
W1P 1HJ
TEL 020-7636 7189
Elena Salvoni se labró un nombre en el conocido L'Escargot del Soho (48 Greek Street, Tel 020-7437 2679) y ahora dirige este centenario restaurante del Soho. La comida francesa incluye rodaballo con rábanos picantes y perejil.
80 Goodge Street/ Tottenham Court Road
Cerrado sáb. A y dom.
Principales tarjetas

THE IVY
$$$$
1 WEST ST.
COVENT GARDEN
WC2H 9NE
TEL 020-7836 4751
Conseguir mesa es lo más difícil. Una vez lo haya logrado, el atento personal le asegurará una comida memorable en este viejo restaurante del Soho, cuya clientela al mediodía degusta pescado asado y *pudings* irresistibles.
100 Leicester Square/ Covent Garden
Principales tarjetas

PIED À TERRE
$$$$
34 CHARLOTTE ST.
W1P 1HJ
TEL 020-7636 1178
Shane Osborne mantiene el nivel establecido por Richard Neats. Platos de alta cocina que incluyen el consomé de codorniz confitada, de inspiración oriental, y la cabeza y lengua de cerdo a la brasa.
40 Goodge Street
Cerrado sáb. A, dom, 2 semanas en Navidad y 2 semanas en agos.
Principales tarjetas

QUO VADIS
$$$$
26–29 DEAN ST.
W1V 6LL
TEL 020-7437 9585
Este restaurante del Soho ofrece un excelente servicio y una elegante decoración con piezas de Marco Pierre White. El menú incluye tanto platos clásicos como modernos. Pruebe los deliciosos *raviolli* de salmón e hinojo glaseados con emmental y salsa de tomate; y el pato confitado con *pak choi*, zanahorias a la brasa y una salsa agridulce.
90 Leicester Square/Tottenham Court Road
Cerrado sáb. A y dom. A
Principales tarjetas

PARA OCASIONES ESPECIALES

MEZZO

El restaurante de Conran, con su gran y bullicioso bar situado en la parte delantera, fue el famoso Marquee Club de la década de 1960. Cuando el restaurante está lleno, hay bastante ruido, pero la calidad de la cocina no se ve afectada. Pruebe la pintada asada o el salmón con curry rojo tailandés.
$$$$
100 Wardour Street
W1V 3LE
020-7314 4000
350 Piccadilly Circus
Cerrado sáb. A
Principales tarjetas

BERTORELLI'S
$$$
19 CHARLOTTE ST.
W1P 1HP
TEL 020-7636 4174
Restaurante italiano moderno y con clase. Algunas especialidades de Maddalena Bonino incluyen los calamares a la brasa y el *risotto* de pollo ahumado.
100 Goodge Street/ Tottenham Court Road
Cerrado sáb. A y dom.
Principales tarjetas

MON PLAISIR
$$$
21 MONMOUTH ST.
WC2H 9DD
TEL 020-7836 7243
Un bistro francés tradicional y reconocido. Puede elegir entre una amplia carta de platos de calidad, pero le recomendamos que termine con la *crème brûlée*.
96 Covent Garden/ Leicester Square
Cerrado sáb. A y dom.
Principales tarjetas

ALPHABET
$$
61–63 BEAK ST.
W1R 3LF
TEL 020-7439 2190
Con una reputación envidiable en todo Londres, este bar se centra en las bebidas, no en la comida. Sus cócteles bien elaborados y los vinos a precios asequibles lo hacen muy popular entre los londinenses.
Oxford Circus/Piccadilly
Cerrado dom.
Principales tarjetas

BLUES BISTRO & BAR
$$
42–43 DEAN ST.
W1 5AV
TEL 020-7494 1966
Un sofisticado estilo americano, con una barra cromada, un personal muy amistoso y una clientela de moda. Buenas ensaladas, conejo con mostaza, platija con fideos y pastel de lima.
140 Leicester Square/ Tottenham Court Road
Cerrado sáb. y dom. A
Principales tarjetas

CHUEN CHENG KU
$$
17 WARDOUR ST.
W1V 3HD
TEL 020-7437 1398
Uno de los últimos restaurantes donde se sirve *dim sum* desde un carrito (11.00-18.00). Llegue pronto para probar las bolas de masa fresca al vapor, los caracoles al vapor y hasta 30 recetas más.
500 Leicester Square/ Piccadilly Circus
Principales tarjetas

FUNG SHING
$$
15 LISLE ST.
WC2
TEL 020-7437 1539
Este restaurante familiar chino es uno de los mejores del Soho. El pescado es su especialidad: anguila asada con miel o aletas de tiburón a la brasa.
115 Leicester Square
Principales tarjetas

GOLDEN HARVEST
$$
17 LISLE ST.
WC2H 7BE
TEL 020-7287 3822
Este innovador restaurante chino combina los sabores tradicionales con nuevos ingredientes, tanto en los múltiples platos a base de pescado –calamar, carpa– como en el cordero a la menta.
120 Leicester Square
Principales tarjetas

KULU KULU
$$
76 BREWER ST.
W1R 3PH
TEL 020-7734 7316
Un café-restaurante japonés, muy famoso por su *sushi* servido en una cinta transportadora. Otros platos son el *agedofu* y el *tempura udon*.
26 Piccadilly Circus
Cerrado dom.
Principales tarjetas

DE COVENT GARDEN A LUDGATE HILL

En esta magnífica zona hay varios hoteles más bien lujosos. Hay muchos restaurantes, pero no de tanta calidad como se podría esperar. La zona ha sufrido las consecuencias de la desbandada de periódicos de Fleet Street y al mismo tiempo del auge de los restaurantes de la City.

HOTELES

COVENT GARDEN
$$$$$
10 MONMOUTH ST.
WC2H 9HB
TEL 020-7806 1000
FAX 020-7806 1100
El bonito salón, con artesonado de madera y el ambiente singular de su biblioteca Tiffany, junto con una decoración brillante, hacen que este hotel parezca muy alejado del bullicio londinense.
50 Covent Garden
AE, MC, V

PARA OCASIONES ESPECIALES

ONE ALDWYCH

Lo más dinámico desde 1998. El edificio se inauguró en 1907 para albergar el periódico *Morning Post*, y Gordon Campbell-Gray y Mary Fox Linton lo han transformado en un hotel a la última moda. Está decorado con obras de arte de calidad y cuenta con un balneario enorme y suntuoso. Tiene un restaurante-bar, el Indigo, y otro restaurante más formal, el Axis.
$$$$$ ★★★★★
1 Aldwych, WC2B 4BZ
020-7300 1000
Fax 020-7300 1001
105 110 Axis, 62 Indigo Charing Cross
Principales tarjetas

LE MERIDIEN WALDORF
$$$$$ ★★★★★
ALDWYCH
WC2B 4DD
TEL 0870-400 8484
FAX 020-7836 7244
Un espléndido hotel eduardiano, remodelado de forma lujosa y con un gran bar con butacas de cuero, el gran Palm Court (cocina británica) y bailes populares los fines de semana, donde se sirve té.
292 Holborn/Covent Garden
Cerca Principales tarjetas

RESTAURANTES

CITY RHODES
$$$$$
1 NEW ST. SQUARE
EC4A 3JB
TEL 020-7583 1313
Un escenario muy sencillo para los platos de Gary Rhodes y de sus ayudantes Wayne Tapsfield y Michael Bedford. Platos casi perfectos, desde el pastel de tomate con queso de cabra hasta la lasaña de buey al vino tinto con crema de champiñones.
90 Chancery Lane
Cerrado sáb. y dom.
Principales tarjetas

PARA OCASIONES ESPECIALES

SIMPSONS ON THE STRAND

Es casi una caricatura de un restaurante tradicional inglés. Fue fundado en 1828 como una cafetería, pero en el Simpsons se sirven, en la actualidad, platos de ternera y cordero en carritos de plata seguidos de pastelillos de melaza.
$$$
100 Strand, WC2R 0EW
020-7836 9112
350 Charing Cross/ Covent Garden
Cerrado 21.00 dom.
Principales tarjetas

BANK
$$$$
1 KINGSWAY
WC2B 6XF
TEL 020-7234 3344
Un bar enorme, con la cocina vista, y un bullicioso restaurante. Los modernos platos de Christian Delteil se centran en el pescado, como por ejemplo el bacalao ahumado.
200 Holborn/Aldwych
Principales tarjetas

CHRISTOPHER'S
$$$$
18 WELLINGTON ST.
WC2E 7DD
TEL 020-7240 4222
Un antiguo casino alberga el restaurante de Christopher Gilmour, frente a Aldwych. En el bar/café del sótano sirven comida americana de calidad, al igual que en el cómodo y acogedor salón del piso superior.
100 Covent Garden
Cerrado dom. C
Principales tarjetas

NEAL STREET RESTAURANT
$$$$
26 NEAL ST.
WC2H 9PS
TEL 020-7836 8368
Comida italiana de calidad en el tranquilo entorno de Antonio Carluccio. Pruebe el *ragú* de verduras sicilianas con guisantes, judías y alcachofas aromatizadas con alcaparras en una espesa polenta. Carluccio es famoso por sus champiñones, que se incluyen a menudo en la carta..
60 Covent Garden
Cerrado dom. y la semana de Navidad
Principales tarjetas

JOE ALLEN
$$$
13 EXETER ST.
WC2E 7DT
TEL 020-7836 0651
Una carta americana en un subsuelo bullicioso. Le recomendamos una ensalada César, sopa de almejas, costillas y pastel de pacanas. Cócteles americanos.
180 Covent Garden
AE, MC, V

J. SHEEKEY
$$$
28-32 ST. MARTIN'S COURT
WC2N 4AL
TEL 020-7240 2565
Una iluminación moderna y un aspecto fresco contrastan con los paneles de madera de 1890 creando un estilo particular. La carta pone el énfasis en el marisco y el pescado. Pruebe el pastel de salmón con espinacas salteadas y salsa de acederas.
105 Leicester Square
Principales tarjetas

ORSO
$$$
27 WELLINGTON ST.
WC2E 7DA
TEL 020-7240 5269
Un antiguo restaurante regional italiano, todavía de calidad, con un ambiente muy bullicioso. Un buen plato de pasta puede ser el preludio de una carne de venado con granada y apio; una amplia carta de vinos italianos.
120 Covent Garden
Principales tarjetas

RULES
$$$
35 MAIDEN LANE
WC2E 7LB
TEL 020-7836 5314
Fundado en 1798, este tradicional restaurante inglés es un buen lugar para comer pato confitado, ciervo de las Highlands y filetes, riñones o *pudding* de ostras.
128 Covent Garden
Principales tarjetas

WORLD FOOD CAFÉ
$$
NEAL'S YARD DINING ROOM
14 NEAL'S YARD
WC2H 9DP
TEL 020-7379 0298
Cocina vegetariana de calidad, con fotografías del propietario colgadas en la pared. Pruebe las impresionantes ensaladas, los *falafels* egipcios, la tarta de limón y el sorbete de yogur de mango.
42 Covent Garden
Cerrado 17.00 lun.- dom.
Principales tarjetas

BLOOMSBURY

Varios hoteles y restaurantes a poca distancia a pie de los museos de Bloomsbury y Covent Garden.

HOTELES

BLOOMS
$$$$$
7 MONTAGUE ST.
WC1B 5BP
TEL 020-7323 1717
FAX 020-7636 6498
Un hotel que ocupa una antigua casa particular situada en una zona elegante cerca del British Museum. Un salón de desayunos precioso y un magnífico jardín.
27 Russell Square
Principales tarjetas

THE MONTAGUE ON THE GARDENS
$$$$$ ★★★★
15 MONTAGUE ST.
WC1B 5BJ
TEL 020-7637 1001
FAX 020-7637 2516
Muy céntrico, este elegante hotel tiene una decoración imaginativa con gusto por el detalle. Las habitaciones tienen una atrevida decoración y mobiliario de calidad.
104 Kings Cross / Holborn
Principales tarjetas

MYHOTEL
$$$$
11–13 BAYLEY ST.
BEDFORD SQUARE
WC1B 3HD
TEL 020-7667 6000
FAX 020-7667 6044
El equipo de diseñadores de sir Terence Conran, ayudado por un experto en Feng Shui, intentan combinar un servicio de alta calidad con una espiritualidad relajante. Cuenta con biblioteca y sala de música.
76 Goodge Street
Principales tarjetas

CRESCENT
$$$
49 CARTWRIGHT GARDENS
WC1E 9EL
TEL 020-7387 1515
FAX 020-7383 2054
Un *bed & breakfast* en una manzana estilo Regencia que

da a unos jardines donde los clientes pueden jugar al tenis. 24 (18 con baño en la habitación) Russell Square MC, V

RESTAURANTES

ALFRED
$$$
245 SHAFTESBURY AVENUE
WC2 8EH
TEL 020-7240 2566
Comida británica sencilla cocinada con ingredientes de calidad y servida en un entorno fresco. Pruebe la sopa de jamón y guisantes, el salmón marinado con enebro, el escarcho al vapor, el abadejo asado y el *pudding* de Sussex.
60 Tottenham Court Road/Covent Garden Principales tarjetas

BACK TO BASICS
$$
21A FOLEY ST.
W1P 7LA
TEL 020-7436 2181
Un restaurante local de pescado en lo que antiguamente era una tienda de ultramarinos. Pruebe el lenguado de Dover con estragón, mahi mahi con vinagreta de lentejas y no olvide degustar el *pudding* de pan y mantequilla con salsa de whisky.
36-40 Goodge Street/Oxford Circus Cerrado sáb. y dom. Principales tarjetas

TABLE CAFÉ
$$
HABITAT
TOTTENHAM COURT RD.
W1V 6LX
TEL 020-7636 8330
La cafetería italiana de Conran permite a los turistas comprar, detenerse, coger fuerzas y seguir comprando. Hay desayunos, almuerzos a base de platos de pasta, ensaladas y *ciabattas*; y pasteles para la hora del té.
80 Goodge Street Principales tarjetas

PRECIOS

HOTELES
Coste de una habitación doble sin desayuno

$$$$$	Más de 280 €
$$$$	200-280 €
$$$	120-200 €
$$	80-120 €
$	Menos de 80 €

RESTAURANTES
Coste de una comida de tres platos sin bebida

$$$$$	Más de 80 €
$$$$	50-80 €
$$$	35-50 €
$$	20-35 €
$	Menos de 20 €

WAGAMAMA
$
4A STREATHAM ST.
WC1A 1JB
TEL 020-7323 9223
Un bar japonés de pasta a un paso del British Museum. No se puede reservar, posiblemente deberá esperar para el *ramen* de pollo, el *gyoza* (bolas de masa rellenas al vapor) y el *edamame* (brotes verdes de soja).
104 Tottenham Court Road Principales tarjetas

EL LONDRES DE LA REGENCIA: DE PICCADILLY CIRCUS A HAMPSTEAD

Para orientarse mejor, los restaurantes de esta zona están reseñados de sur a norte.

HOTELES

THE CHESTERFIELD HOTEL
$$$$$ ★★★★
35 CHARLES ST.
W1X 8LX
TEL 020-7491 2622
FAX 020-7491 4793
Un elegante hotel con un lujoso vestíbulo de suelos de mármol, columnas acanaladas y candelabros resplandecientes. El tradicional restaurante ofrece una carta moderna.
110 86 Green Park Principales tarjetas

POSTHOUSE HAMPSTEAD
$$$ ★★★
215 HAVERSTOCK HILL
NW3 4RB
TEL 0870-400 9037
FAX 020-7435 5586
Un luminoso hotel moderno con cómodas habitaciones, entre las cuales están las elegantes «Millennium», que ocupan dos pisos.
140 70 Euston/Belsize Park Principales tarjetas

RESTAURANTES

PICCADILLY

MIRABELLE
$$$$
56 CURZON STREET
W1Y 8DL
TEL 020-7499 4636
FAX 020-7499 5449
Restaurante de Mayfair con un bar con estilo, suelo de parquet y jarrones llenos de flores. Pruebe el rabo de buey a la brasa «Mirabelle» y el cerdo asado con especias y jengibre. Buena carta de vinos.
110 Green Park Principales tarjetas

ATLANTIC BAR & GRILL
$$$
20 GLASSHOUSE ST.
W1R 5RN
TEL 020-7734 4888
Prepárese para esperar, incluso cuando tenga mesa reservada, en este ruidoso subsuelo. Cuenta con un buen bar y entre sus especialidades están el cordero con mostaza y el calamar a la brasa.
180 Piccadilly Circus Cerrado sáb. y dom. A Principales tarjetas

THE CRITERION
$$$
224 PICCADILLY
W1V 9LB
TEL 020-7930 0488

Justo al lado de la estatua de Eros en Piccadilly Circus, sus paredes de mármol y su techo de mosaico son el escenario desde el que Marco Pierre White prepara platos franceses como el pollo asado.
175 Piccadilly Circus Cerrado dom. A Principales tarjetas

REGENT STREET

L'ODEON
$$$$
65 REGENT ST.
W1R 7HH
TEL 020-7287 1400
Una gran escalinata conduce a este restaurante que tiene fantásticas vistas sobre Regent Street y Piccadilly Circus. El chef Colin Layfield elabora unos platos muy imaginativos e innovadores. Pruebe el atún a la brasa sobre lecho de patatas adobadas con lima, tomate y zumo de naranja.
250 Piccadilly Circus Principales tarjetas

ATELIER
$$$
41 BEAK ST.
W1R 3LE
TEL 020-7287 2057
En el edificio donde Canaletto tenía un estudio, se sirve la cocina francesa de Stephen Bulmer, con cierta influencia oriental. Pruebe la trucha frita, la pepitoria de ancas de rana y un irresistible mil hojas de plátano.
45 Piccadilly Cerrado sáb. A y dom. Principales tarjetas

RK STANLEYS
$$$
6 LITTLE PORTLAND ST.
W1N 5AG
TEL 020-7462 0099
Un buen restaurante que sirve sustanciosa comida británica. Pruebe los diferentes tipos de salchichas y las distintas bebidas británicas (sobre todo la cerveza).
140 Oxford Circus Principales tarjetas

VEERASWAMY
$$$
99–101 REGENT ST.
W1R 8RS
TEL 020-7734 1401
Entre por Swallow Street y desde allí suba las escaleras hasta un salón impresionante donde los platos hindues tradicionales se han modernizado.
121 Piccadilly Circus Principales tarjetas

PRIMROSE HILL

LEMONIA
$$$
89 REGENT'S PARK RD.
NW1 8UY
TEL 020-7586 7454
Cerca de Primrose Hill, este local sirve platos griegos y chipriotas como el *louvia* (alubias con espinacas), calamares y *pudding* de yogur griego con miel y nueces.
160 Chalk Farm Cerrado sáb. A y dom. C Principales tarjetas

HAMPSTEAD

CUCINA
$$$
45A SOUTH END RD.
NW3 2QB
TEL 020-7435 7814
Excelentes platos de cocina europa que compensan el ambiente algo sombrío. Pruebe los *blinis* de tinta de calamar con caviar de salmón, el pollo asado con tomillo y los tomates ahumados.
96 Hampstead (10 minutos a pie) Cerrado dom. C Principales tarjetas

LOUIS PATISSERIE
$
32 HEATH ST.
NW3 6DE
TEL 020-7435 9908
Una parada ideal en un recorrido por Hampstead o tras pasear por Heath. Buenas pastas danesas, entre ellas las de manzana, y húngaras, como las rosquillas de canela.
Hampstead Cerrado 18.00 Principales tarjetas

PARA OCASIONES ESPECIALES

THE HOLLYBUSH
Un pub escondido en una callejuela del pueblo de Hampstead. Luces de gas y buena cerveza. Sirven platos calientes, como los pasteles de carne caseros, y cenas ligeras.
$
22 Holly Mount,
NW3 6SG
020-7435 2892
Hampstead Principales tarjetas

KENSINGTON Y SOUTH KENSINGTON

En esta zona residencial al oeste del centro de Londres hay varios hoteles y restaurantes bastante buenos, frecuentados por los residentes de la zona a la hora de cenar.

HOTELES

BLAKES
$$$$$
33 ROLAND GARDENS
SW7 3PF
TEL 020-7370 6701
FAX 020-7373 0442
El primer hotel de Anouska Hempel: dos lujosas mansiones victorianas decoradas con ostentosos tejidos y gran colorido. Atraen a un gran número de famosos que buscan un poco de intimidad. Hay un jardín precioso. Vea también (más adelante) su última creación: The Hempel.
50 Gloucester Road/South Kensington Algunas suites Principales tarjetas

ROYAL GARDEN HOTEL
$$$$$ ★★★★★
2–24 KENSINGTON HIGH ST.

CLAVE Hotel Restaurante Habitaciones Nº de plazas Aparcamiento Metro Cerrado Ascen

W8 4PT
TEL 020-7937 8000
FAX 020-7361 1991
Este moderno hotel, con vistas sobre los Kensington Gardens y Hyde Park, ofrece un alto nivel de servicio y comodidad. El luminoso restaurante contemporáneo sirve cocina internacional.
398 100 150
Kensington High Street
Principales tarjetas

FIVE SUMNER PLACE
$$$
5 SUMNER PLACE
SW7 3EE
TEL 020-7584 7586
FAX 020-7823 9962
Una versión ligeramente más modesta del Number Sixteen (ver más adelante), a la vuelta de la esquina, a lo largo de una manzana estucada igual de impresionante.
13 South Kensington
Principales tarjetas

THE GORE
$$$$
189 QUEEN'S GATE
SW7 5EX
TEL 020-7584 6601
FAX 020-7589 8127
Abierto hace más de un siglo, el Gore conserva cuidadosamente los detalles victorianos y los salones con paneles, macetas de helechos, moquetas y magníficas vidrieras. El mismo edificio alberga los restaurantes Downstairs y Bistro en el 190 (Tel 020-7581 5666).
54 South Kensington
Principales tarjetas

HOGARTH
$$$$ ★★★
33 HOGARTH RD.
SW5 0QQ
TEL 020-7370 6831
FAX 020-7373 6179
Miembro del grupo Best Western. Un hotel moderno cerca de Earls Court Road y dirigido por un equipo muy agradable. Habitaciones renovadas con balcón en el piso superior. Buen restaurante.
85 20 Earls Court
Algunas
Principales tarjetas

CADENAS DE RESTAURACIÓN

Los chefs y los restauradores están expandiendo sus imperios. Marco Pierre White ha dejado de cocinar para concentrarse en sus restaurantes y ahora supervisa la cocina de su Oak Room en el hotel Le Meridien de Piccadilly, así como en sus demás restaurantes: The Criterion, Mirabelle y Quo Vadis. El grupo Conran continúa innovando y su imperio incluye el Mezzo, el Orrery y el Bibendum. Las estrellas del Belgo Group son The Ivy, Le Caprice y el J. Sheekey's, tres de los restaurantes más recomendables de Londres por la comida, el servicio y el ambiente acogedor.

NUMBER SIXTEEN
$$$$
16 SUMNER PLACE
SW7 3EG
TEL 020-7589 5232
FAX 020-7584 8615
Una casita de gusto impecable, a lo largo de una manzana estucada, cerca del metro y de los museos de South Kensington.
36 (34 con baño privado)
South Kensington
Principales tarjetas

HOTEL 167
$$$
167 OLD BROMPTON RD.
SW5 0AN
TEL 020-7373 0672
FAX 020-7373 3360
Un bonito lugar con habitaciones que están decoradas una a una y con estilo. Buena muestra de arte moderno en el salón de los desayunos.
19 (18 con baño privado)
Gloucester Road
AE, MC, V

ABBEY HOUSE
$$
11 VICARAGE GATE
W8 4AG
TEL 020-7727 2594
Un buen *bed & breakfast* de calidad en una bonita casa victoriana. Bien situado en el corazón de Kensington, cerca de las tiendas de anticuarios y del metro.
16 High Street Kensington/Notting Hill Gate
No aceptan tarjetas de crédito

RESTAURANTES

HILAIRE
$$$$
68 OLD BROMPTON RD.
SW7 3LQ
TEL 020-7584 8993
Los sustanciosos platos de Bryan Webb siempre impresionan. Pruebe el faisán asado con castañas, cebollas y *fondant* de patatas nuevas; la anguila ahumada con bacon y ensalada de patatas nueva, y las ostras con Stilton.
56 South Kensington
Cerrado sáb. A y dom., la semana de Navidad y dos semanas en agos.
Principales tarjetas

ABINGDON
$$$
54 ABINGDON RD.
W8 6AP
TEL 020-7937 3339
Un moderno *bistro* en un pub renovado. Pruebe el lomo de atún, el bistec con patatas fritas o el muslo de pato confitado.
45 High Street Kensington
MC, V

CLARKE'S
$$$
124 KENSINGTON CHURCH ST.
W8 4BH
TEL 020-7221 9225
A finales de la década de 1970, la comida ítalo-californiana de Sally Clarke dio nuevas ideas a los chefs jóvenes. Zumos recién hechos, pan casero, pato

No fumadores Aire acondicionado Cubierta/descubierta piscina Gimnasio Tarjetas CLAVE

PRECIOS

HOTELES
Coste de una habitación doble sin desayuno

$$$$$	Más de 280 €
$$$$	200-280 €
$$$	120-200 €
$$	80-120 €
$	Menos de 80 €

RESTAURANTES
Coste de una comida de tres platos sin bebida

$$$$$	Más de 80 €
$$$$	50-80 €
$$$	35-50 €
$$	20-35 €
$	Menos de 20 €

a la brasa y excelentes quesos, aquí son parte de una buena comida.
90 Notting Hill Gate Cerrado sáb. A y dom., la semana de Navidad y dos semanas en agos. Principales tarjetas

LAUNCESTON PLACE
$$$
1A LAUNCESTON PLACE
W8 5RL
TEL 020-7937 6912
Un escenario sofisticado con platos modernos. Pruebe el *risotto* de cangrejo con huevos escalfados y los rollitos de fresa y chocolate.
85 Gloucester Road/High Street Kensington Cerrado sáb. A y dom. C AE, MC, V

ST. QUENTIN BRASSERIE
$$$
243 BROMPTON RD.
SW3 2EP
TEL 020-7589 8005
Entre Harrods y el Victoria & Albert Museum, esta perfecta *brasserie* francesa se ha detenido en el tiempo. Los diplomáticos franceses de Londres disfrutan con su sopa de cebolla, el *boudin blanc* y la tarta Tatin; vinos de calidad.
75–80 South Kensington Principales tarjetas

STAR OF INDIA
$$$
154 OLD BROMPTON RD.
SW5 0BE
TEL 020-7373 2901
Antaño uno de los preferidos por los hindúes nostálgicos, Reza Mohammed lo ha modernizado con una decoración extravagante y platos como los escalopes con cilantro.
95 Gloucester Road Principales tarjetas

CHELSEA, BELGRAVIA Y KNIGHTSBRIDGE

Los londinenses elegantes y los diplomáticos extranjero marcan el nivel de estos hoteles elegantes y discretos, en los que sirven comida de calidad.

HOTELES

BASIL STREET
$$$$$ ★★★
BASIL ST.
SW3 1AH
TEL 020-7581 3311
FAX 020-7581 3693
Su clientela habitual disfruta del ambiente británico de este hotel: un edificio eduardiano con tranquilos salones y un personal muy amable.
80 Knightsbridge Algunas Principales tarjetas

THE BEAUFORT
$$$$$
33 BEAUFORT GARDENS
SW3 1PP
TEL 020-7584 5252
FAX 020-7589 2834
A pocos metros de Harrods, este hotel ofrece a sus clientes habitaciones decoradas de forma individual y excelentes instalaciones.
28 Knightsbridge Principales tarjetas

THE BERKELEY
$$$$$ ★★★★★
WILTON PLACE
SW1X 7RL
TEL 020-7235 6000
FAX 020-7235 4330
Un hotel moderno dirigido de forma tradicional: una chimenea en el vestíbulo, abundancia de flores, habitaciones espaciosas y servicio de ayuda de cámara. Un magnífico gimnasio, piscina en el piso superior y un excelente bar. Los restaurantes La Tante Claire (francés) y el Vong (del sudeste asiático) son soberbios.
168 60 La Tante Claire, 150 Vong 50 Hyde Park Corner Principales tarjetas

THE CADOGAN HOTEL
$$$$$ ★★★★
75 SLOANE STREET
SW1X 9SG
TEL 020-7235 7141
FAX 020-7245 0994
Un elegante hotel victoriano con habitaciones de mobiliario tradicional y comodidades modernas. Tome el té en el salón o pruebe la excelente cocina británica en su restaurante.
65 40 Knightsbridge/Sloane Square Algunas AE, MC, V

THE CAPITAL
$$$$$ ★★★★
BASIL ST.
KNIGHTSBRIDGE
SW3 1AT
TEL 020-7589 5171
FAX 020-7225 0011
Sábanas de algodón egipcio cubren las camas de este inmaculado hotel de diseño. Eric Chavot ofrece platos de calidad en el restaurante The Capital.
48 35 15 Knightsbridge Principales tarjetas

THE MILLENIUM KNIGHTSBRIDGE
$$$$$ ★★★★
17 SLOANE ST.

SW1X 9NU
TEL 020-7235 4377
FAX 020-7235 3705
Un hotel moderno totalmente renovado, muy adecuado para los clientes que adquieren prendas de alta costura en Sloane Street. Su restaurante sirve una cocina moderna y elaborada del chef Paul Bates.
222 10
Knightsbridge
Principales tarjetas

PARA OCASIONES ESPECIALES

THE HALKIN

El más innovador: el primer hotel londinense de diseño. Inspirado en el estilo clásico italiano, destacan su buen sistema de aire acondicionado y su iluminación. Su personal viste de Armani y su cocina italiana moderna es impresionante. El cocinero es Stefano Cavallini.
$$$$$ ★★★★
Halkin Street, SW1X 7DJ
020-7333 1000
Fax 020-7333 1100
41 45 Hyde Park Corner
Principales tarjetas

HYATT CARLTON TOWER

$$$$$ ★★★★★
CADOGAN PLACE
SW1X 9PY
TEL 020-7235 1234
FAX 020-7235 9129
Un hotel moderno e impresionante. Tiene una piscina y un gimnasio que indican su nivel de alta calidad. No se pierda la Chinoiserie Lounge para tomar el té, la Rib Room (platos tradicionales) y el Grissini (platos modernos italianos).
220 80
Knightsbridge
Principales tarjetas

GORING

$$$$$ ★★★★
BEESTON PLACE
GROSVENOR GARDENS
SW1W 0JW
TEL 020-7396 9000
FAX 020-7834 4393
Dirigido por la familia Goring desde 1910, este hotel promete una hospitalidad y un servicio excelentes. El restaurante sirve cocina británica, tanto tradicional como contemporánea.
74 8 Victoria
Algunas Principales tarjetas

THE LOWNDES HYATT

$$$$$ ★★★★
21 LOWNDES ST.
SW1X 9ES
TEL 020-7823 1234
Hermano menor del Hyatt Carlton Tower (ver antes), sus dormitorios y habitaciones están bien equipados, a menudo tienen balcón. Entre sus tranquilos salones destaca la Lowndes Brasserie 21.
78 (algunas suites)
Knightsbridge
Principales tarjetas

PARA OCASIONES ESPECIALES

FIFTH FLOOR RESTAURANT

El sueño de todo comprador: cuatro plantas de artículos del diseñador Harvey Nichols combinados con modernos restaurantes. Éste es el más elegante y sirve platos como codorniz con raviolis de calabaza. A veces la popularidad afecta la calidad del servicio y la comida, pero hay un moderno bar justo al lado, un café sencillo y un impresionante supermercado muy cerca de allí. En el subsuelo está el Foundation, igual de elegante pero más económico. Este almacén también dirige el Oxo Tower (ver pág. 260).
$$$
Harvey Nichols, Knightsbridge, SW1X 7RI
020-7235 5250
110 Knightsbridge
Cerrado dom. C
Principales tarjetas

MANDARIN ORIENTAL HYDE PARK

$$$$$ ★★★★★
66 KNIGHTSBRIDGE
SW1X 7LA
TEL 020-7235 2000
FAX 020-7235 4552
Un espléndido edificio eduardiano que ha sido remodelado de forma extravagante. Enormes habitaciones, ostentosos baños y vistas magníficas sobre Hyde Park. El Park Restaurant le ofrece platos sutiles, con una bonita presentación.
200 80
Knightsbridge
Principales tarjetas

RESTAURANTES

AUBERGINE

$$$$
11 PARK WALK
SW10 0AJ
TEL 020-7352 3449
El respetado chef William Drabble elabora sus imaginativos platos franceses en esta pequeña calle de Chelsea. Pruebe la langosta con patatas nuevas y menta, o el filete de buey con puré de apio y Madeira.
50 Fulham Road
Cerrado sáb. A y dom.
Principales tarjetas

BLUEBIRD

$$$$
350 KINGS RD.
SW3 5UU
TEL 020-7559 1000
El megarestaurante de Conran en Chelsea está emplazado en un antiguo garaje. El servicio es amable, pero la comida resulta cara. Es muy parecido a sus hermano mayor en St. James's, el Quaglino's (Tel 020-7930 6767).
288 Sloane Square
AE, MC

FLORIANA
$$$$
15 BEAUCHAMP PLACE
SW3 1NQ
TEL 020-7838 1500
FAX 020-7584 1464
Un moderno restaurante italiano con un interior chic y una propuesta de calidad para cenar. La cocina es deliciosa, pruebe la ensalada de cangrejo con berenjena frita y tomate o el *risotto* con azafrán al estilo milanés.
100 Knightsbridge Principales tarjetas

RESTAURANT GORDON RAMSAY
$$$$
68 ROYAL HOSPITAL RD.
SW3 4HP
TEL 020-7352 4441
El reconocido chef Gordon Ramsay crea sus platos franceses en este pequeño e íntimo restaurante. Pruebe las ancas de rana rebozadas con curry y salsa de alcachofas, o los salmonetes sobre endivias caramelizadas con buñuelos de langostino y vinagreta de pimentón.
44 Sloane Square (10 minutos a pie) Cerrado sáb. y dom. y 2 semanas en Navidad. Principales tarjetas

SALLOOS
$$$
62–64 KINNERTON ST.
SW1X 8ER
TEL 020-7235 4444
El clásico restaurante paquistaní de Mr. Salahuddin prepara sus recetas familiares. Sus platos se centran en la carne: chuletas de cordero adobadas, *shish kebab* de pollo y codornices con pan *nan*.
65 Knightsbridge Cerrado dom. Principales tarjetas

OESTE DE LONDRES (DE HOLLAND PARK HACIA EL OESTE)

Algunos hoteles de especial interés y varios restaurantes de calidad se combinan con las vistas.

HOTELES

HALCYON
$$$$$ ★★★★
81 HOLLAND PARK
W11 3RZ
TEL 020-7727 7288
FAX 020-7229 8516
Una casa transformada en un elegante hotel pequeño, pero muy bien decorado. Dormitorios y baños amplios. Pruebe la cocina francesa e inglesa de Toby Hill en su restaurante.
43 Holland Park Principales tarjetas

THE HEMPEL
$$$$$
31–35 CRAVEN HILL GARDENS
W2 3EA
TEL 020-7298 9000
FAX 020-7402 4666
El segundo hotel de Anouska Hempel contrasta con el primero, el Blakes (ver pág. 254). Aquí, el minimalismo se aplica al máximo: tejidos naturales, pizarra, cristales trabajados con arena, un jardín Zen, el Shadows Bar y el restaurante I-Thai (italo-tailandés).
41 + 6 apartamentos Lancaster Gate/ Queensway Principales tarjetas

ABBEY COURT
$$$$
20 PEMBRIDGE GARDENS
W2 4DU
TEL 020-7221 7518
FAX 020-7792 0858
Los tejidos del Gremio de Diseñadores se utilizan en las decoraciones individualizadas de este acogedor hotel. En todas las habitaciones hay muchos libros y un relajante jacuzzi.
22 Notting Hill Gate Cerca Principales tarjetas

PORTOBELLO
$$$$
22 STANLEY GARDENS
W11 2NG
TEL 020-7727 2777
FAX 020-7792 9641
Hotel cuya fachada victoriana de estuco oculta un interior con una decoración muy singular que gusta mucho a los clientes.
22 Holland Park/ Notting Hill Gate Principales tarjetas

DARLINGTON HYDE PARK
$$$
111–117 SUSSEX GARDENS
W2 2RU
TEL 020-7460 8800
FAX 020-7460 8828
Casa convertida en hotel que ofrece *bed & breakfast*. Habitaciones inmaculadas equipadas con amplios escritorios. Buen servicio.
40 Lancaster Gate Principales tarjetas

RESTAURANTES

JASON'S
$$$$
OPPOSITE 60 BLOMFIELD RD.
W9 2PD
TEL 020-7286 6752
Platos de pescado de la isla Mauricio servidos en una sala de ladrillo de un soleado edificio de Little Venice. Entre sus especialidades, le recomendamos la *soupe de poissons*, al igual que el cangrejo con salsa criolla y el pez papagayo con jengibre.
40 Warwick Road Cerrado dom. Principales tarjetas

LEITH'S
$$$$
92 KENSINGTON PARK RD.
W11 2PN
TEL 020-7229 4481
La alta cocina seria y moderna de Alastair Ross se sirve en una modesta casa victoriana de Notting Hill. Pruebe el tártaro de trucha marina con jamón serrano crujiente o los salmonetes salteados con aguacate y pimientos. Excelente, aunque breve, carta de vinos.
75 Notting Hill Gate Cerrado lun. A, sáb. A, dom. y 2 semanas en Navidad. Principales tarjetas

PARA OCASIONES ESPECIALES

THE BELVEDERE

En la actualidad, el único restaurante de calidad en los numerosos parques londinenses es el Belvedere, el antiguo salón de baile de verano de Holland House. Sirve platos de cocina europea de calidad, incluidos el cordero relleno de champiñones, la pintada asada y la tarta de pera y almendras con helado de jengibre.

$$$
Abbotsbury Road,
Holland Park, W8 6LU
020-7602 1238 132 Holland Park Principales tarjetas

L'ALTRO

$$$
210 KENSINGTON PARK RD.
W11 1NR
TEL 020-7792 1066

Un moderno restaurante italiano que ha promovido otros por todo Londres. En éste, el original, de estilo rústico, le aconsejamos la codorniz con polenta, la salchiicha Luganica, el pollito asado y los quesos.

45 Ladbroke Grove/ Notting Hill Gate Principales tarjetas

KENSINGTON PLACE

$$$
201–205 KENSINGTON CHURCH ST.
W8 7LX
TEL 020-7727 3184

Un salón grande y ruidoso. La innovadora comida incluye los escalopes a la parrilla con puré de guisantes y vinagreta de menta. No se pierda los distintos tipos de pan.

140 Notting Hill Gate Principales tarjetas

RIVA

$$$
169 CHURCH RD.
SW13 9HR
TEL 020-8748 0434

Disfrute de la excelente cocina italiana de Francesco Zanchetta. Sus platos regionales clásicos incluyen *fritelle* y *osso buco alla milanese* con *risotto* de azafrán.

50 Hammersmith (y bus 33, 72, 209 o 283) Cerrado sáb. A, 2 semanas en Navidad, Semana Santa y agos. Principales tarjetas

CHINON

$$$
23 RICHMOND WAY
W14 0AS
TEL 020-7602 5968

Jonathon Hayes y Barbara Deane dirigen este restaurante de barrio, que utiliza los ingredientes más frescos para crear comida de inspiración francesa con una buena presentación. Pruebe los *ravioli* de cangrejo o el hígado de ternera con salsa de mostaza y patatas *fondant*.

30 Shepherd's Bush/ Olympia Cerrado A y dom. Principales tarjetas

ESTE DE LONDRES

Fuera del tradicional Thistle Tower Hotel, esta área conserva parte de su carácter multicultural. Para los más atrevidos, es el mejor lugar para probar un restaurante hindú poco conocido. Entre en Brick Lane desde Whitechapel Road y escoja uno de sus restaurantes, todos dirigidos por bangladesíes.

HOTELES

THISTLE TOWER

$$$$
ST. KATHERINE'S WAY
E1W 1LD
TEL 020-7481 2575
FAX 020-7481 3799

Situado entre la City y los Docklands, es un hotel de calidad que se esconde tras un exterior nada bonito: habitaciones excelentes, suites con mayordomo, buena comida en Princes Room y vistas al Tower Bridge y South Bank.

800 118 Tower Hill Principales tarjetas

RESTAURANTES

THE AQUARIUM

$$$
ST. KATHERINE DOCK
E1 9AT
TEL 020-7480 6116

Comida sueca con vistas a la renovada orilla del río. Los chefs preparan todo tipo de pescado, pero después de tanta comida sana, le aconsejamos que termine con un suflé de frambuesas.

70 Tower Hill Cerrado dom. y lun. C Principales tarjetas

CAFÉ SPICE NAMASTE

$$$
16 PRESCOT ST.
E1 8AZ
TEL 020-7488 9242

Cocina hindú innovadora, preparada por Cyrus Todiwala. Pruebe el pato *tandoori*, el *pilau* de pescado Goan o cualquier plato que haya creado recientemente.

115–120 Tower Hill Cerrado sáb. A y dom. Principales tarjetas

SOUTH BANK

El paseo a lo largo de la orilla sur del Támesis se está revitalizando y es una de las zonas más innovadoras y excitantes de la ciudad.

HOTELES

LONDON MARRIOTT COUNTY HALL

$$$$$ ★★★★★
COUNTY HALL
SE1 7PB
TEL 020-7928 5200
FAX 020-7928 5300

Hotel que ocupa una parte de lo que fue el edificio de la administración londinense en la década de 1930. Algunas habitaciones tienen vistas al río y las instalaciones de ocio son de primera categoría.

COMER EN LOS MUSEOS

Sólo el restaurante de la Tate Britain está incluido en las guías de restaurantes (y más por sus murales y sus vinos que por su comida). Pero también se puede encontrar buena comida en el subsuelo del Victoria & Albert Museum, decorado con tesoros del museo. En el ala Sainsbury de la National Gallery también hay un buen bar y vistas magníficas a Trafalgar Square. También se come bien en la Whitechapel Art Gallery.

200 120 Westminster/Waterloo Principales tarjetas

LONDON BRIDGE
$$$$
8–18 LONDON BRIDGE ST.
SE1 9SG
TEL 020-7855 2200
FAX 020-7855 2233

Este moderno hotel, bien equipado, está justo al sur del London Bridge, a poca distancia de la City. No tiene vistas al río.
138 London Bridge Principales tarjetas

NOVOTEL LONDON WATERLOO
$$$$ ★★★
113 LAMBETH RD.
SE1 7LS
TEL 020-7793 1010
FAX 020-7793 0202

Miembro del grupo Novotel, donde lo práctico prevalece sobre lo decorativo. Algunas habitaciones tienen vistas a Lambeth Palace o a las Houses of Parliament, pero no hay vistas al Támesis.
187 40 Lambeth North Principales tarjetas

LONDON COUNTY HALL TRAVEL INN
$$
COUNTY HALL
SE1 7PB
TEL 020-7902 1600
FAX 020-7902 1619

Un emplazamiento excelente para este hotel de calidad, nada ostentoso, escondido tras el lujoso London Marriott. No hay vistas al río.
312 Westminster/Waterloo Principales tarjetas

MAD HATTER
$$$
3–7 STANFORD ST.
SE1 9NY
TEL 020-7401 9222
FAX 020-7401 7111

Una novedad muy apreciada, que se encuentra detrás de los teatros del South Bank, cerca del Blackfriars Bridge, a corta distancia a pie de la City o en taxi, del West End. No hay vistas al río.
30 Blackfriars Principales tarjetas

RESTAURANTES

BLUE PRINT CAFÉ
$$$$
THE DESIGN MUSEUM
SHAD THAMES ST.
SE1 2YD
TEL 020-7378 7031

De los restaurantes de Conran, éste es el que tiene las mejores vistas al Tower Bridge y el mejor servicio. Mesas con vistas al río. Pruebe la *bourride* de bacalao. Los otros restaurantes de Conran son Le Pont de la Tour (Tel 020-7403 8403), Butler's Wharf Chop House (Tel 020-7403 3403) y la Cantina del Ponte (Tel 020-7403 5403).
120 Tower Hill Cerrado dom. C Principales tarjetas

OXO TOWER
$$$$$
8TH FLOOR
OXO TOWER WHARF
BARGE HOUSE ST.
SE1 9PH
TEL 020-7803 3888

Impresionantes vistas de Londres y una terraza magnífica compensan una cocina moderna y un servicio irregulares. La *brasserie* adyacente tiene las mismas vistas y los platos están a mitad de precio.
135 Blackfriars Principales tarjetas

LIVEBAIT
$$$
43 THE CUT
SE1 8LF
TEL 020-7928 7211

Uno de los restaurantes de pescado preferidos por los londinenses, que se sientan en las abarrotadas mesas para degustar platos de pescado de todo el mundo: faijtas de pejesapo, halibut con *teriyaki*, almejas *palourde* y bacalao con cuscús.
76 Waterloo Cerrado dom. Principales tarjetas

THE PEOPLE'S PALACE
$$$
ROYAL FESTIVAL HALL
BELVEDERE RD.
SE1 8XX
TEL 020-7928 9999

Espléndidas vistas al río Támesis y un ambiente relajado. La comida es interesante, incluidos el nudillo de jamón, el bistec de cordero con roquefort y el *pudding* de chocolate al vapor.
200 Waterloo/Charing Cross Principales tarjetas

RANSOME'S DOCK
$$$
RANSOME'S DOCK
BATTERSEA
SW11 4NP
TEL 020-7223 1611

Vale la pena tomar un taxi para llegar a esta antigua fábrica de hielo, donde la cocina europea de Martin y Vanessa Lam incluyen escalopes de Loch Fyne, pechuga de pato Trelough y soufflé de ciruelas y Armagnac.
60 Sloane Square (20 minutos a pie) Cerrado dom. C Principales tarjetas

DE COMPRAS EN LONDRES

En Londres hay varias formas de comprar. Puede que usted tenga una lista hecha, que desee ver lo más moderno o que simplemente desee contemplar escaparates y comprar cualquier cosa. Sea lo que sea, Londres tiene varios centros comerciales y ofrece distintas maneras de comprar.

Datos de interés:
Aunque las tiendas abren tradicionalmente de 9.00 a 17.00, el horario de apertura no es fijo. Muchas tiendas de Oxford Street, Regent Street y High Street Kensigton están abiertas hasta las 19.00 o las 20.00 los jueves; la mayoría de tiendas en Knightsbridge y Chelsea hacen el mismo horario los viernes y muchas tiendas, incluidas las de Totthenham Court Road, abren los domingos. Las rebajas tienen lugar de enero a febrero y de julio a agosto.

La mayoría de tiendas aceptan las principales tarjetas de crédito. A menudo cobran un suplemento por pagar con cheques de viaje.

El IVA, actualmente del 17.5 %, se paga en casi todos los objetos (menos en los libros, la comida y la ropa de niños). Todos los extranjeros están exentos de pagar el IVA si sacan los objetos de Gran Bretaña en el plazo de tres meses. Los dependientes de las tiendas suelen ayudar a los clientes a rellenar los formularios para que les sea abonada la tasa que han pagado previamente. Existen unos formularios especiales para los miembros de la Unión Europea

Los compradores de Londres están bien protegidos por la ley. Por ejemplo, una tienda que muestre el símbolo de una tarjeta de crédito está obligado a aceptarla; los objetos a la venta deben estar en perfecto estado si no se indica lo contrario y si un objeto no cumple con su función deben devolver el dinero.

RECUERDOS

Las tiendas de museos y galerías de arte venden objetos de calidad, desde agendas con fotos de sus obras de arte hasta vajillas y juguetes. Algunos buenos ejemplos son:
British Museum, Great Russell Street, Tel 020-7636 1555. Tres tiendas y una especial para niños.
Natural History Museum, Cromwell Road, Tel 020-7942 5000. Miles de recuerdos relacionados con los dinosaurios.
Science Museum. Exhibition Road, Tel 020-7942 4000. Planos para científicos en ciernes.
Tate Britain. Millbank, Tel 020-7887 8000. Las elegantes agendas anuales de la Tate se han convertido en objetos de coleccionista.
Victoria & Albert Museum. Cromwell Road, Tel 020-7938 8500. Artículos inspirados en su colección.
British Tourist Authority Shop, Victoria Station, Tel 0839-123456. Una amplia oferta de recuerdos con motivos londinenses.
The BBC Shop, Broadcasting House, Portland Place, Tel 020-7765 0025. Una amplia gama de regalos relacionados con la BBC, entre ellos libros y vídeos.

MERCADILLOS

Los artículos de los mercados van desde las antigüedades hasta la fruta y la verduras, desde quincalla barata hasta productos de imitación (cuidado con los perfumes que sólo se parecen visualmente a los auténticos). Consulte las págs. 154-155.
Portobello Market, Portobello Road. Con casi 2 km de longitud, vende antigüedades de calidad, fruta y verdura.
Petticoat Lane Market, Middlesex Street. Moda a precio de ganga, productos de piel, menaje del hogar y baratijas en el mercado más famoso de Londres.

GRANDES ALMACENES

Visitar estos grandes almacenes que le permiten comprar de todo en una sola visita tiene sus ventajas.
Harrods. Knightsbridge, Tel 020-7730 1234. El epítome de estos enormes almacenes. A menudo los londinenses lo denostan, pero luego siempre admiten visitar alguno de sus departamentos: zapatos, alimentación, juguetes, animales de compañía, postales, libros, etc. (ver págs. 172-173).
Selfridges, 400 Oxford Street, Tel 020-7629 1234. Un enorme almacén cuyos mejores departamentos son los de alimentación y cosmética.
Fortnum & Mason, 181 Piccadilly, Tel 020-7734 8040. Los precios son altos, pero sus artículos de marca propia son regalos perfectos.
Harvey Nichols, 109-125 Knightsbridge, Tel 020-7235 5000. Ropa femenina con clase.
Fenwick, 63 New Bond Street, Tel 020-7629 9161. Moda, cosméticos y tejidos.
Liberty, Regent Street, Tel 020-7734 1234. Sus productos van desde suntuosas telas hasta lo mejor en porcelana y cristal.
Dickens & Jones, Regent Street, Tel 020-7734 7070. Una fiesta de ropa, fragancias, accesorios y tejidos.
John Lewis, Oxford Street. Tel 020-7629 7711. Menaje del hogar de calidad a precios razonables.
Peter Jones, Sloane Square, Tel 020-7730 3434. Tienda hermana de la John Lewis, con algo más de estilo.
Marks & Spencer, 458 Marble Arch, Tel 020-7935 7954. Visita obligada para comprar ropa interior.

TIENDAS ESPECIALIZADAS

Aquí es donde está la diversión, aunque puede que necesite estudiar el mapa con atención para evitar cruzar Londres una y otra vez. Algunos tipos de tienda se agrupan en una zona, como Bond

Street y Sloane Street en el caso de las tiendas de moda; Brompton Cross, Soho y Clerkenwell, para las de diseño contemporáneo y las joyerías; St. James's y Mayfair, para el arte de gama alta. Aquí tiene algunas ideas:

ACCESORIOS

Herbert Johnson, Bennett House, Bond Street, Tel 020-7408 1174. Sombreros clásicos.
Tiffany & Co., Bond Street. Tel 020-7409 2790. Para joyas chic.
James Smith & Sons, 53 New Oxford Street, Tel 020-7836 4731. Todo tipo de paraguas, sombrillas y bastones.

SUBASTAS DE ARTE

Las dos casas de subastas principales son:
Christie's, 8 King Street, St. James's, Tel 020-7839 9060.
Sotheby's, 34 New Bond Street, Mayfair. Tel 020-7493 8080.

También vale la pena visitar:
Phillips, New Bond Street, Tel 020-7629 6602.
Bonhams, Montpelier Galleries, Montpelier Street, Tel 020-7584 9161.

LIBRERÍAS ESPECIALIZADAS

Books for Cooks, 4 Blenheim Crescent, Tel 020-7221 1992. Probablemente la mejor del mundo para libros de cocina.
Henry Sotheran, 2 Sackville Street, Tel 020-7439 6151.
Murder One, 71 Charing Cross Road, Tel 020-7734 3483. Todo tipo de novela policíaca.
Maggs Brothers, 50 Berkeley Square, Tel 020-7493 7160. Libros de coleccionista, primeras ediciones y descatalogados.

DECORACIÓN Y DISEÑO

Designers Guild, 277 King's Road, Tel 020-7351 5775.
Divertimenti, 45 Wigmore Street, Tel 020-7935 0689.
Emma Bernhardt, 30 Portobello Road, Tel 020-8960 2929.
Haus, 25 Mortimer Street, Tel 020-7255 2557.
Heal's, 196 Tottenham Court Road, Tel 020-7636 1666.

MODA DE DISEÑO

En Bond Street, en Mayfair, hay gran cantidad de tiendas de alta costura:
DKNY, Tel 020-7499 8089.
Donna Karan, Tel 020-7495 3100.
Gucci, Tel 020-7629 2716.
Joseph, Tel 020-7629 3713.
Louis Vuitton, Tel 020-7399 4056.
Jigsaw, Tel 020-7491 4244
Nichole Farhi, Tel 020-7240 5240 y 020-7399 7300 (oficina central).

Hay muchas otras marcas conocidas cerca de allí:
Browns, South Molton Street, Tel 020-7491 7833.
Whistles, 12 St. Christopher's Place, Tel 020-7487 4484.
Vivienne Westwood, 6 Davies Street, Tel 020-7629 3757.
Comme des Garçons, 59 Brook Street, Tel 020-7493 1258.
Mulberry Company, 12 Gees Court, Tel 020-7493 2546.

En Covent Garden y sus alrededores encontrará:
Paul Smith, Covent Garden, Tel 020-7379 7133.
Agnes B, Floral Street, Tel 020-7379 1992.
Karen Millen, James Street, Tel 020-7836 5355.

En Knightsbridge, en Sloane Street, están:
Prada, Tel 020-7235 0008.
Dolce & Gabbana, Tel 020-7235 0335.
MaxMara, Tel 020-7235 7941.

Cerca de allí encontrará:
Betty Jackson, 311 Brompton Road, Tel 020-7589 7884.
Issey Miyake, 270 Brompton Road, Tel 020-7581 3760.
Emporio Armani, 191 Brompton Road, Tel 020-7823 8818.
Jean-Paul Gaultier, 171 Draycott Avenue, Tel 020-7584 4648.
Egg, 36 Kinnerton Street, Tel 020-7235 9315.
También vale la pena visitar los grandes almacenes, que tienen tiendas de muchos diseñadores.

REGALOS

Paxton & Whitfield, 93 Jermyn Street, Tel 020-7930 0259. Quesos.
Carluccio's, 30 Neal Street, Tel 020-7240 1487. *Delicatessen* como quesos, hierbas y cosméticos.
Alessi Oggetti, 143 Fulham Road, Tel 020-7584 9808. Para objetos chic de diseño.
Waterford Wedgwood, 173-174 Picadilly, Tel 020-7629 2614. La mayor selección de cristal de Waterford y porcelana de Wedgwood.
Bibendum, 113 Regent's Park Road, Tel 020-7722 5577. Excelente selección de vinos.
Falkiner Fine Papers, 76 Southampton Row, Tel 020-7831 1151. Elegante papelería.

ZAPATOS

Entre las zapaterías están:
Natural Shoe Store, 21 Neal Street, Tel 020-7836 5254.
Emma Hope, 33 Amwell Street, Tel 020-7833 2367.
Shellys, 266 Regent Street, Tel 020-7287 0939.
Manolo Blahnik, 49 Old Church Street, Chelsea, Tel 020-7352 3863.

ARTÍCULOS DEPORTIVOS

Lillywhite's, Lower Regent Street, Tel 020-7915 4000. Equipamiento y ropa para cualquier deporte.

JUEGOS Y JUGUETES

Hamleys, 188 Regent Street, Tel 020-7734 3161. Un paraíso de siete pisos para niños y no tan niños.

TALLAS ESPECIALES

1647, 69 Gloucester Avenue, Tel 020-7722 1647.

Base, 55 Monmouth Street, Tel 020-7240 8914. Similar a 1647.

ALQUILER DE ROPA

Moss Bros., 88 Regent Street, Tel 020-7494 0666; y 4 Blomfield Street, Tel 020-7588 7550.

OCIO

Una de las características más atrayentes de Londres, si bien algo frustrante, es que hay tanta oferta de ocio que es imposible ver todo lo que uno desearía. El abanico es muy amplio, desde la ópera, el cine y la música sacra hasta restaurantes de jazz, espectáculos deportivos y extravagantes musicales, sin contar las obras de teatro, la mayor atracción turística. Sería imposible nombrar todos los locales de ocio londinenses: la publicación *Time Out* necesita más de 200 páginas para hacerlo. A continuación le damos algunas pistas.

INFORMACIÓN

El *Time Out*, publicado cada martes, ofrece unas listas impresionantes de posibilidades. Sus críticas, a menudo irónicas, no deben tomarse demasiado en serio. El *Evening Standard,* publicado a diario de lunes a viernes, es el principal periódico vespertino londinense. En él aparecen cada día las críticas de los estrenos más recientes de obras teatrales, además de la lista de las más interesantes. También podrá leer críticas fiables en *The Times,* en *Financial Times* y en otros periódicos de gran formato.

TEATRO

TEATROS DE FINANCIACIÓN PÚBLICA

Los teatros financiados por el gobierno son el Royal National Theatre y el Royal Shakespeare Theatre, ambos con gran éxito. Los dos tienen varias obras en cartel, normalmente alguna de Shakespeare y obras contemporáneas.

Royal National Theatre, South Bank Tel 020-7452 3400, entradas 020-7452 3000. Tres teatros bajo un mismo techo.

Royal Shakespeare Theatre, Barbican Centre, Silk Street, Tel 020-7638 4141, entradas 020-7638 8891. Las obras se representan en dos teatros del Barbican.

TEATROS COMERCIALES

Los teatros comerciales del West End representan obras y musicales que ejercen gran atracción entre el público.

TEATROS DEL WEST END

Aquí podrá ver algunas de las obras teatrales más interesantes.

Royal Court, St. Martins Lane, Strand, Tel 020-7565 5000. Famoso por sus obras contemporáneas.

The Old Vic, Waterloo Road. Tel 020-7928 7616. Hace poco se salvó de ser cerrado.

Almeida, Almeida Street, Tel 020-7359 4404. Atrae a actores de prestigio con sus obras más intelectuales.

Donmar Warehouse, Earlham Street, Tel 020-7369 1732.

Hampstead Theatre, Swiss Cottage Centre, Tel 020-7722 9301.

The Gate, 11 Pembridge Road, Tel 020-7229 0706.

The Kings Head, 115 Upper Street, Tel 020-7226 1916.

Theatre Royal Stratford East, Tel 020-8534 0310.

Young Vic, The Cut, Tel 020-7928 6363.

«THE FRINGE»

El Fringe consiste en una zona de pequeños teatros repartidos por todo Londres. Los locales suelen ser pequeños y sencillos, algunos de ellos en pubs, y a menudo promocionan ideas nuevas y gente joven. Le aconsejamos los siguientes:

Etcetera Theatre, Oxford Arms Pub, Tel 020-7482 4857.

The Finborough, Hen & Chickens, 109 St. Paul's Road, Tel 020-7373 3842.

OTROS TEATROS

Globe Theatre (ver pág. 215)

Regent's Park (ver pág. 135)

ENTRADAS PARA EL TEATRO

Le aconsejamos que no adquiera las entradas en la reventa. Ticketmaster (Tel 020-7344 4444) y First Call (Tel 020-7420 0000) son agencias de calidad y ambas cobran comisión por las reservas. Harrods (Tel 020-7225 6666) tiene muchas entradas y las vende hasta última hora, con un considerable recargo (25 %). Atención: los teatros que hacen reservas por teléfono también pueden aplicar recargos.

Artsline (Tel 020-7388 2227) da consejo gratuito a visitantes con discapacidados. El Ticket Booth (Leicester Square, WC2), que vende entradas a mitad de precio, está abierto de lun. a sáb. de 14.30 a 18.30, y a partir de las 12.00 para la función de ese mismo día. Cada persona puede adquirir hasta cuatro entradas (sólo pago en efectivo, 2 libras por el servicio).

DANZA

Los espectáculos de danza están adquiriendo gran popularidad en Londres y la oferta es cada vez más amplia. Un ejemplo de ello es la reconstrucción del Sadler's Wells Theatre como centro de la danza en Londres.

Sadler's Wells Theatre, Rosebery Avenue, Tel 020-7863 8000.

London Coliseum, St. Martin's Lane, Tel 020-7632 8300.

The Place, Dukes Road, Tel 020-7387 0031.

Bhavan Centre, 4A Castletown Road, Tel 020-7381 3086. Danza tradicional hindú.

El **South Bank** y el **Barbican Centre** (ver sección de teatros) son también sede de importantes espectáculos de danza.

Dance Umbrella (Tel 020-8741 5881) es el último festival de danza de otoño celebrado en Londres.

MÚSICA

CLÁSICA

Cada semana se programan unos mil conciertos en Londres. La capital cuenta con cuatro orquestas de categoría internacional, muchos grupos pequeños e incontables locales. Los principales son:

Royal Festival Hall, Queen Elizabeth Hall y **Purcell**

Room en el South Bank, Tel 020-7960 4242.
Royal Albert Hall, Kensington Gore, Tel 020-7589 3203 y 020-7589 8912 (reservas). Es el escenario de los Proms.
Wigmore Hall, 36 Wigmore Street. Tel 020-7935 2141.
Barbican Centre (ver la sección de teatros)

Iglesias
St. Paul's Cathedral, Westminster Abbey, St. James's Piccadilly, St. John's Smith Square y St. Martin-in-the-Fields son algunas de las iglesias donde se celebran conciertos regularmente, a menudo al mediodía. En verano se celebran conciertos junto al río en Kenwood y en Marble Hill. Resultan una experiencia inolvidable.

Festivales
Los festivales más importantes son el Hampton Court Palace Festival, el City of London Festival, los Henry Wood Promenade Concerts, el Spitalfields Festival y el Almeida Festival.

CONTEMPORÁNEA

Las grandes estrellas actúan en sitios importantes como:
Wembley Arena, Tel 020-8902 0902.
London Arena, 36 Limeharbour, Tel 020-7538 1212.
Earl's Court Exhibition Centre, Tel 020-7373 8141.
Brixton Academy, 211 Stockwell Road, Tel 020-7771 2000. Aquí actúan artistas poco conocidos.
Astoria, 157 Charing Cross Road, Tel 020-7434 0404.
Hackney Empire, 291 Mare Street, Tel 020-8985 2424.

ÓPERA

Después de un cierre prolongado, la Royal Opera House abrió de nuevo en 1999. El **London Coliseum** (ver sección de danza) es la sede de la English National Opera. También se pueden ver óperas al aire libre en el **Holland Park Theatre,** Tel 020-7602 7856.

JAZZ

El mejor jazz de la ciudad en:
Ronnie Scott's, 47 Frith Street, Tel 020-7439 0747. Dirigido por músicos de jazz.
Pizza Express, 10 Dean Street, Tel 020-7439 8722. Excelentes pizzas y buen jazz comercial.
Bull's Head, 373 Lonsdale Road, Barnes. Tel 020-8876 5241. Buen jazz en un acogedor pub a orillas del río.
Dover Street Wine Bar, 8-9 Dover Street, Tel 020-7629 9813. Un conocido bar subterráneo.
Jazz Café, 5 Parkway. Tel 020-7916 6060. El preferido de los jóvenes.

Festivales
El **Soho Jazz Festival** y el **Oris London Jazz Festival** se celebran en otoño.

MÚSICA Y DANZA CON COMIDA

Londres no ofrece tanta calidad en cuanto a restaurantes de prestigio combinados con espectáculos de danza. El **Savoys' River Room** (ver pág. 243) es una excepción. En cambio, los lugares más modestos con música popular son más abundantes. Algunos bares y pubs con buena música son:
Bull & Gate, 389 Kentish Town Road, Tel 020-7485 5358.
Dublin Castle, 94 Parkway, Tel 020-7485 1773.

CLUBES NOCTURNOS

Annabel's, 44 Hays Mews, Tel 020-7629 1096. De prestigio internacional.

Los clubes de Londres con disc jockey, baile y grupos de música, son siempre muy divertidos:
Borderline, Orange Yard, al final de Manette Street, Tel 020-7734 2095.
Dingwalls, 35 Camden Lock Place, Tel 020-7267 1577.
Mean Fiddler, 28A High Street, Tel 020-8961 5490.
100 Club, 100 Oxford Street, Tel 020-7636 0933.
Spitz, 109 Commercial Street, Tel 020-7247 9747.

Cada sábado por la noche hay una miriada de clubes nocturnos donde divertirse. Muchos abren una noche a la semana y tienen normas de vestir. El *Time Out* le ayudará a orientarse.

CINE

El cine de Londres no es tan bueno como el de otras ciudades. Sin embargo, hay una buena mezcla de cine de Hollywood, películas independientes, europeas (subtituladas) y clásicas.

Salas de gran pantalla.
Los mejores lugares para ver los últimos estrenos comerciales son:
Empire, Leicester Square, Tel 020-7734 7123.
Warner, West End, Tel 020-7437 3484. Entradas: 020-7437 4343
Odeon, Leicester Square, Tel 0870-505 0007.

Otras salas
National Film Theatre, South Bank, Tel 020-7928 3232. Cine independiente con dos salas.
Everyman, Hampstead, Tel 020-7435 1777. Muestra buenas películas, tanto antiguas como modernas.
BFI London IMAX Cinema, 1 Charlie Chaplin Walk, South Bank, SE1, Tel 020-7902 1234.
Películas en museos. Algunos museos incluyen películas en su programación.

COMEDIA

The Comedy Store, 1 Oxendon Street, Tel 020-7344 0234. Es una prueba de fuego para todo cómico que desee triunfar.
Circus Space, Coronet Street, Tel 020-7613 4141.
Comedy Café, 66 Rivington Street, Tel 020-7739 5706.

NIÑOS

A los niños les encantará el **Segaworld,** en el Pepsi Trocadero, o pasar un día entero en **Legoland** (Windsor, Tel 0990-040404).

VOCABULARIO BÁSICO

PALABRAS Y FRASES ÚTILES

Sí *Yes*
No *No*
¿Me permite? (para pasar) *Excuse me*
Perdón (para reclamar atención) *Excuse me*
Hola *Hello*
Adiós *Hi, Bye* or Good-bye
Por favor *Please*
Gracias *Thank you*
¡Que tenga un buen día¡ *Have a good day!*
Vale, de acuerdo *OK*
Buenas noches (sólo al irse a dormir) *Good night*
Lo siento *Sorry*
aquí *here*
allí *there*
hoy *today*
ayer *yesterday*
mañana *tomorrow*
ahora *now*
más tarde *later*
enseguida *right away*
esta mañana *this morning*
esta tarde *this afternoon*
esta noche *this evening*
abierto *open*
cerrado *closed*
¿Tendría...? *Do you have...?*
¿Habla español? *Do you speak Spanish?*
Soy español/a I'm Spanish
No entiendo *I don't understand*
¿Podría deletrearlo? *Can you spell it, please?*
Por favor, hable más despacio? *Please speak more slowly*
¿Dónde está...? *Where is…?*
A la izquierda/derecha *To the left/right*
No sé *I don't know*
No pasa nada *No problem*
Así es, eso mismo *That's it*
Aquí está *Here/there it is*
¿Cómo se llama? *What is your name?*
Me llamo... *My name is…*
Vamos *Let's go*
¿A qué hora? *At what time?*
¿Cuándo? *When?*
¿Qué hora es? *What time is it?*
¿Me puede ayudar? *Can you help me?*
Querría... *I'd like…*
¿Cuánto cuesta? *How much is it?*

PEDIR LA CARTA

desayuno *breakfast*
almuerzo *lunch*
cena *dinner*
primer plato *first course*
segundo plato *main course*
guarnición *vegetable, side dish*
postre *dessert*
tentempié *snack*
carta de vinos *wine list*
la cuenta *the bill*
Quisiera pedir *I'd like to order*
¿Está incluido el servicio? *Is service included?*

BEBIDAS

coffee café
tea té
milk leche
mineral water agua embotellada
tap water agua del grifo
beer cerveza
  draught de presión
  bottled de botella
  stout negra
wine vino
sherry jerez

CARNE

lamb cordero
beef buey
veal ternera
chicken pollo
pork cerdo
steak filete
  grilled a la parilla
  rare poco hecho
  very rare sangrante
  just cooked al punto
  well done muy hecho
kidney riñones
sausages salchichas
ham jamón
partridge perdiz
pheasant faisán

PESCADOS Y MARISCOS

anchovies anchoas
lobster langosta
squid calamares
shrimp gambas
crab cangrejo
octopus pulpo
sardines sardinas
sole lenguado
tuna atún
trout trucha
John Dory gallo
sea bass róbalo
gilthead dorada
cuttlefish sepia
eel anguila
seafood mariscos
fish and chips pescado rebozado con patatas fritas

HUEVOS

fried fritos
hard-boiled duros
soft-boiled pasados por agua
scrambled revueltos

VERDURAS

asparagus espárragos
artichoke alcachofa
carrot zanahoria
cauliflower coliflor
green beans judías verdes
beans alubias
rice arroz
mixed-green salad ensalada mixta/verde
eggplant berenjena
potatoes patatas
  chips de churrería
  french fries fritas
  mashed potatoes puré
peas guisantes
  pea soup sopa de guisantes
tomatoes tomates
spinach espinacas
zucchini calabacines
gherkin pepinillo

FRUTAS

apricot albaricoque
orange naranja
  fresh orange juice zumo de naranja natural
cherries cerezas
strawberries fresas
apple manzana
pear pera
peach melocotón
nectarine nectarina
grapefruit pomelo
grapes uvas
lemon limón
melon melón
watermelon sandía

PAN, DULCES Y POSTRES

bread pan
wholemeal bread pan integral
biscuits galletas
pastries pastas, pasteles
plumcake pastel de frutas
cake pastel
ice cream helado
custard natillas

ÍNDICE

Los números de página en **negrita** indican las ilustraciones.

T

U

V

W

Y

Z

CRÉDITOS DE LAS ILUSTRACIONES

Abreviaturas utilizadas a continuación: (ar.) arriba; (ab.) abajo; (iz.) izquierda; (de.) derecha.

Cubierta, (ar., iz.), Pictor International; (ar., de.), Eye Ubiquitous; (ab., iz.), Pictor International; (ab. de.), Pictures Colour Library. 1, Pictor International. 2/3, Powerstock. 4, Image Bank. 9, AA Photo Library/Jenny McMillan. 11, Image Bank/Alan Becker. 12/13, Robert Harding Picture Library. 14, Jonathan Blair. 16/17, Tony Stone Images/Rex A. Butcher. 18/19, AA Photo Library/ Tim Woodcock. 21, Crown copyright: Historic Royal Palaces. 23, E.T. Archive. 24/5, Bridgeman Art Library London & New York/Museum of Fine Arts, Budapest, Hungary. 26, E.T. Archive. 27, Bridgeman Art Library London & New York/ Museum of London. 28, Popperfoto. 29, Rex Features. 31, Photostage, © Donald Cooper. 32/33, Chorley & Handford. 35, Richard Turpin. 37, Julian Cotton Photo Library/ Jason Hawkes. 38, Bridgeman Art Library London & New York/ Cortesía de Trustees of Sir John Soane's Museum, London. 40, AA Photo Library/James Tims. 41, Bridgeman Art Library London & New York/Bonhams, London. 42, Bridgeman Art Library London & New York/Private Collection. 43, PowerStock/Zefa (Neil Setchfield). 44, Tony Stone Images/ Oliver Benn. 45, Image Bank/Derek Redfearn. 47 (ar.), AA Photo Library; (ab.), Richard Turpin. 48/49, Bridge-man Art Library London & New York/Roundnice Lobkowicz Coll., Nelahozeves Castle, República Checa. 49 (ab., iz.), Rex Features; (ab., de.), Hulton Getty. 50/51, Pictor International. 51 (ab., iz.), Andrew Holt Photography; (ab., de.), AA Photo Library/Rick Strange. 52, Viewfinder. 53, AA Photo Library/Stephen Gibson. 54, AA Photo Library/Peter Wilson. 55, AA Photo Library/Paul Kenward. 58, Richard Turpin. 59, Richard Turpin. 61, Julian Cotton Photo Library. 63, AA Photo Library. 66, Robert Harding Picture Library. 67, Richard Turpin. 68 y 69, (todas), Museum of London. 70, AA Photo Library/Richard Turpin. 71, Robert Harding Picture Library. 74, Robert Harding Picture Library. 75, Michael Jenner. 76, AA Photo Library/Rick Strange. 77, AA Photo Library/James Tims. 78, Eye Ubiquitous /Paul Thompson. 79, Robert Harding Picture Library. 80, AA Photo Library/Peter Wilson. 82, John Freeman. 83, AA Photo Library/ Richard Turpin. 84, Robert Harding Picture Library. 85, Julian Cotton Photo Library/Jason Hawkes. 86/87, PowerStock/Zefa. 8889, © Her Majesty Queen Elizabeth II/Photo by Derry Moore, December 1994. 89 (ab.), AA Photo Library/Rick Strange. 90/91, Tim Graham. 91 (ar.), Impact/David Reed. 92, AA Photo Library/Rick Strange. 93, The Interior Archive/Fritz von der Schulenburg. 94, Reproducido con el permiso de Trustees of the Wallace Collection, London. 95, Impact/Tony Page. 96, Robert Harding Picture Library. 97, AA Photo Library. 98, Pictor International. 99–102 (todas), © National Gallery, London. 103, AA Photo Library/Richard Turpin. 104–105 (todas), por cortesía de la National Portrait Gallery, London. 106, AA Photo Library/Jenny McMillan. 107, Impact/David Reed. 108-111 (todas), Robert Harding Picture Library. 112, Michael Jenner. 113, Andrew Holt Photography. 114, Rex Features. 115, Collections/ John Miller. 118–119 (ambas), Robert Harding Picture Library. 120, AA Photo Library/Gregory Williams. 122, Michael Holford Photographs. 123, Robert Harding Picture Library. 125, Robert Harding Picture Library. 126, Michael Holford Photographs. 128/129, AA Photo Library/Gregory Williams. 128, AA Photo Library/ Martin Trelawny. 130, AA Photo Library/Rick Strange. 131, AA Photo Library/Roger Day. 134, AA Photo Library/Richard Turpin. 135, Robert Harding Picture Library. 136–137 (ar.), Bridgeman Art Library London & New York/Guildhall Library, Corporation of London. 136, (ab.), Collections/Dominic Cole. 137, (ab.), AA Photo Library/Robert Mort. 138, AA Photo Library. 139, Robert Harding Picture Library. 140, John Heseltine Archive. 141, Richard Turpin. 142, Bruce Coleman/Jeremy Grayson. 143, AA Photo Library/Rick Strange. 146, AA Photo Library/Paul Kenward. 147, Crown copyright: Historic Royal Palaces. 150–151 (ambas), Michael Jenner. 152–153, Robert Harding Picture Library. 153, AA Photo Library/Roger Day. 154, AA Photo Library. 155, Andrew Holt Photography. 156, AA Photo Library/James Tims. 157, Robert Harding Picture Library. 158 (ar.), Rex Features; (ab.), Bridgeman Art Library London & New York/ Victoria & Albert Museum, London. 159, John Freeman. 160, Rex Features. 161, AA Photo Library/ Roger Day. 162 & 163, (todas), Andrew Holt Photography. 163, Collections/ George Wright. 164, Collections/ George Wright. 165, AA Photo Library/Rick Strange. 168, Julian Cotton Photo Library/ Jason Hawkes. 169, Garden Picture Library. 170, Andrew Holt Photo-graphy. 171, Collections/Nigel Hawkins. 172–173, AA Photo Library. 174, Robert Harding Picture Library. 175, Pictures Colour Library. 176, Tate Gallery, London/David Hockney, *A Bigger Splash*, 1967, acrylic on canvas, 96"x 96", © David Hockney. 177, Robert Harding Picture Library. 180 & 181 (ambas), Robert Harding Picture Library. 182, AA Photo Library/Barrie Smith. 183, Robert Harding Picture Library. 184, AA Photo Library/Rick Strange. 185, John Freeman. 186, The Interior Archive /Fritz von der Schulenburg. 187, Collections/Liz Stares. 188, Robert Harding Picture Library. 189, Crown copyright: Historic Royal Palaces. 190, Pictures Colour Library. 191, AA Photo Library/Rick Strange. 193, Michael Jenner. 194, Julian Cotton Photo Library. 196, Rex Features. 197 (ar.), Robert Harding Picture Library; 197 (ab.), AA Photo Library/Wyn Voysey, 198/199, Robert Harding Picture Library. 200, Tony Stone Images/Janet Gill. 201, AA Photo Library/James Tims. 202/203, Image Bank/Matthew Weinreb. 204, Michael Jenner. 205, Pictures Colour Library. 206, AA Photo Library/Richard Turpin. 207, Robert Harding Picture Library. 210/211, Julian Cotton Photo Library. 211, Robert Harding Picture Library. 212, Rex Features. 213, Trustees of the Imperial War Museum, London. 214, AA Photo Library/Richard Turpin. 215, Rex Features. 216 y 217 (ambas), Tate Gallery, London/Hayes Davidson (computer generated images). 218, AA Photo Library/R. Victor. 219, Bridgeman Art Library London & New York/Private Collection. 220, Michael Jenner. 221, AA Photo Library/Derek Forss. 222, Collections /Robert Pilgrim. 223, Collections/Roy Stedall Humphryes. 224, Stuart Franklin. 225, Robert Harding Picture Library. 226/227, AA Photo Library/Steve Day. 226, AA Photo Library/Wyn Voysey. 228, Michael Jenner. 229, AA Photo Library/Steve Day. 232, AA Photo Library/Derek Forss. 233, Robert Harding Picture Library. 234, AA Photo Library/ Richard Newton. 235, Image Bank/Antonio M. Rosario.

Publicado por National Geographic Society
John M. Fahey, Jr., *President and Chief Executive Officer*
Gilbert M. Grosvenor, *Chairman of the Board*
Nina D. Hoffman, *Executive Vice President,*
President, Books and School Publishing
Elizabeth L. Newhouse, *Director of Travel Publishing*

Equipo editorial
AA Publishing (marca comercial de Automobile Association Developments Limited, Norfolk House, Inglaterra)
Betty Sheldrick, *Project Manager*
David Austin, *Senior Art Editor*
Josephine Perry, *Editor*
Phil Barfoot, *Designer*
Simon Mumford, *Senior Cartographic Editor*
Nicky Barker-Dix, Helen Beever, *Cartographers*
Richard Firth, *Production Director*
Selección de fotografías: Poppy Owen de I. S. I.
Mapas de área: Chris Orr Associates, Southampton, Inglaterra
Ilustraciones vistas en sección: Maltings Partnership, Derby, Inglaterra

Edición en español
RBA Publicaciones S.A.
Coordinación: RBA Realizaciones Editoriales S.L.
Traducción: Núria Torrens
Edición y maquetación: Edipunt

ISBN: 84-8298-284-2
Ref: NGS-45
Depósito legal: B. 409.496-2002
Impresión y encuadernación: Egedsa
Impreso en España – Printed in Spain

Audi TT Roadster
Audi